The Way Prior Learning Improves Reading Comprehension and Confidence: Success Depends on Your Teaching Skills

鏑木良夫

読解力を高め自信をつける先行学習

決め手はあなたの指導技術

ひつじ書房

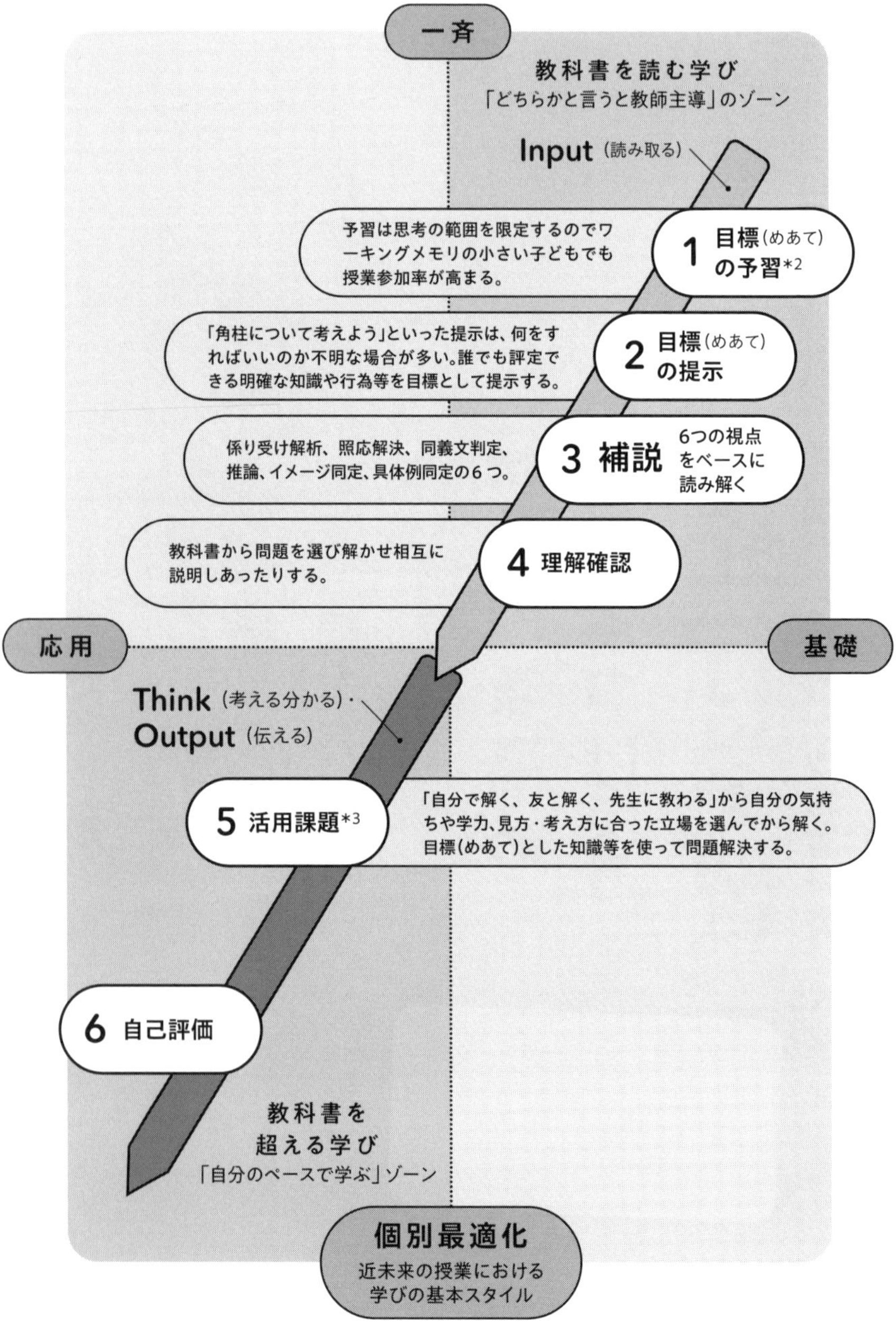
一斉
教科書を読む学び
「どちらかと言うと教師主導」のゾーン
Input（読み取る）
予習は思考の範囲を限定するのでワーキングメモリの小さい子どもでも授業参加率が高まる。
1 目標（めあて）の予習*2
「角柱について考えよう」といった提示は、何をすればいいのか不明な場合が多い。誰でも評定できる明確な知識や行為等を目標として提示する。
2 目標（めあて）の提示
係り受け解析、照応解決、同義文判定、推論、イメージ同定、具体例同定の６つ。
3 補説 6つの視点をベースに読み解く
教科書から問題を選び解かせ相互に説明しあったりする。
4 理解確認
応用
基礎
Think（考える分かる）・Output（伝える）
5 活用課題*3
「自分で解く、友と解く、先生に教わる」から自分の気持ちや学力、見方・考え方に合った立場を選んでから解く。目標（めあて）とした知識等を使って問題解決する。
6 自己評価
教科書を超える学び
「自分のペースで学ぶ」ゾーン
個別最適化
近未来の授業における学びの基本スタイル

*1「児童生徒の考える場面と教師の教える場面をどう組み合わせるか」の一方策（「平成 29 年学習指導要領総則編」p. 4）。

*2「家庭において学習の見通しを立てて予習したり…」（同上 p. 89）。

*3「学習指導要領に示していない内容を加えて指導することも可能」（同上 p. 13）。

図1　読解力を高める先行学習の構造*1

せめて教科書程度の文は読み解けるようにして卒業させたい

はじめに

分かる専科

授業がうまくなりたい。

「なるほど、そういう授業ですか。子どもがうれしそうな顔をしていますね。真似をしたい。教えて下さい」と言ってくれたら、もう最高……。

授業するなら本を出版するくらいにはなりたい。子や孫にこんなに頑張ったんだと見せたい。充実感を持って死にたい……。


私はどんな授業を求めてきたのか。

新任の頃は、教科書の内容をストレートに教えていた。しかし、続けるうちに教えることが教科書に記されているせいか、つまらなさそうな顔が気になった。

それなら答えが書いていない教科書が良いと思い、教科書採択時には、理科を例に取ると答えが書かれていない教科書に票を入れたりした。

次は、教科書をしまわせて授業をした。これは長続きした。しかしこれもまた教科書に答えが書いてあるので、授業前に答えを知った子どもは演劇部員になるしかなかった。教師の都合のよいときに出番を作ってくれる。本質的な改善にはつながらなかった。

試行錯誤していくうちに、必要に応じて教科書から離れた授業、すなわち素材も教材も教科書に掲載されていないものを使って授業ができるようになった。また、他社の教科書を使えるようにもなった。この工夫もかなり長続きした。

時が経ち、ちょっと待てよ、工夫と思っていたことは、教科書すら読めない子どもにとっては工夫でも何でもないと気付いた。これはまずい。そうか、じゃあ教科書を見られても困らない授業をすればいい。うん、それで行こう……。思いつくのは簡単だったが、いざ実行となるとかなり難しかった。

ここからが本当の学びだった。分かるとは何かを知りたくて認知心理学を初めとした本を漁るように読んだ。可能な限り授業研究会に参加した。仲間を募りサークルを立ち上げ勉強会を10何年も続けた。いくつかの学術団体にも加入し論考を書いて研鑽に励んだ。

そのような経験を積み重ねて迎えた1996年4月、念願の校長になった。校長としての仕事は、以前から構想していた教師の力量向上すなわち分かる授業の実現に他ならないと心に期した。

先行学習を確たるものにしなければと深く心に期したのは退職前年に、NHK「わくわく授業私の教え方」に出演してからだ。

本書で記した先行学習は私の教育実践の到達点である。

これからも、時代の流れに左右されない「分かるが第一」を基軸にして授業作りを論じていきたい。

読んでも分からないのです

本書は、以下に記す読者層を想定している。

第1は、疑いなく教科書通り展開し「先生、知ってるよ」、「先生、分からない」と言われて悩んでいる先生方。

1 **浮かない顔をしている**：このフレーズは湯澤正通・湯澤美紀編著（2014）『ワーキングメモリと教育』（北大路書房）のまえがきに記されてい

第2は、先行学習を実践している、あるいは実践しようとしている先生方。
第3は、教壇に立って日も浅く教科書通りにするしかない先生方だ。

これらの方々に向けて、実践の基本的な考え方と具体的な指導方法の2つの立場から、「分かる授業」としての先行学習全般の理解が深まるように執筆した。併せていくつかのエッセイも織り込んだ。

いずれの方々も、現実問題として授業スキルで悩んでいるのが本音だろう。若い頃の私も同じ悩みを抱えていたからその気持ちがよく分かる。その方々には、第4章「「分かる」を支える39の授業スキル」が役に立つだろう。

私たちは、もっと分かる授業をしたいと思っている。もちろん学力のみならず人間性をも高めたいと願っている。教師である以上、「1日中、浮かない顔をしている[1]子どもたちに分かる喜びを」についての思いは、全ての皆さんと共有できると思う。

「教科書は読めば分かる」といとも簡単に言う人がいる。そんな人は授業研究をしていない人だ。中・低学力層の子どもは読んでいて知らない言葉が出てきて分からなくなるのだ。それは丁度分からない言葉を辞書で調べようとしてその言葉に当たったら、その言葉の意味を説明している文の中に知らない言葉が出てくる状況と同じようなものだ。こんな場面を体験をすると簡単に「読めば分かるよ」という言葉は出ない。

さて、分かる授業とはどんな授業をいうのか。それは既習事項と未習事項の結びつきが確かになる授業を指す。

私は、分かる授業を「答えを与える予習から習得、そして活用へと進む流れ」で展開して、その実現を図ろうと考えた。それを「先行学習」と呼んでいる[2]。

る文言を参考にした。この文言のために教師になったのだと改めて思う。本書は必読の書と言ってもよい。大いに推奨する。

2 **先行学習と呼んでいる**：この用語については、私のオリジナルではない。オースベル、ロビンソン著吉田章宏・松田彌生訳（1984）『教室学習の心理学』（黎明書房）に出ている。先に結論を教える指導法のネーミングに悩んでいた時で、知った瞬間に自分が提唱する指導法のネーミングにぴったりだと思った。もちろん、真似をしていると言われそうだという不安もあったが、他に適切な用語がなく、まあ、真似でもいいかと割り切って決めた経緯がある。同席していた当時の教科調査官もそれでよいのではないかと後押ししてくれた。

ところで先行学習は、多くの飛び込み授業に裏打ちされた子どもの分かりたいと思う気持ちに添った指導法である。

この指導法は、本時の目標を授業冒頭に提示し、その丁寧な解説を前半に組み込む。これは習得させる知識やものの見方・考え方を、まず一通り記憶・理解させないと、学習が先に進まないという考えに基づいている。それはリーディングスキルを高める効果を併せ持つ。

学習対象は教科書の記述だが、読み解くにはかなりの基礎知識が必要だ。その基礎知識を使って思考したり、伝え合ったり、記録したりというレベルにまで上げたい。それが学校の存在意義であろう。この点で「ＡＩでは学べないことを学ぶのが学校だ」と喝破した新井紀子氏の言[3]には、共感する他はない。

しかし、多くの先生方にとって、習得させる知識やものの見方・考え方を問題解決的学習の流れに乗せて学ばせるという従来型の指導法は、まるで空気のような疑いようのないものと映っている。そのような先生方からすれば、その真逆な先行学習は、聞いたことも見たこともない「まるで黒船のような指導法」と見え、違和感や反発も起きたりする。

だが、何事も新しいことを提唱するときは、否定され無視されるものだ。引用はいささか古いが、大正時代の合科指導で有名な木下竹次は『学習原論』[4]（１９２１）の中で「世間の非難攻撃に對し如何に處すべき」（６１６頁）「気長に結果を待つ忍耐心と、失敗と攻撃とに脅かされない大勇猛心と、必ず成功し得るという自信を持つて猛進せねばならぬ」と言っている。

今から約１００年前の大正新教育運動[5]の時代だ。私はこの文言に接して改めて勇気が湧いた。新しいことを提案するときは無理解がつきものだ。恐れることはない。これからも全国行脚して「指導の幅を広げよう」と言い続けていく。

ところで、どうしても見逃せないことがある。

3　新井紀子（２０１９）『ＡＩに負けない子どもを育てる』（東洋経済新報社）の帯に記されている「ＡＩが苦手とする読解力を人間が身につけるにはどうしたらいいのか」を読んだだけでも、今日の教育の危機的状況が伺われる。

4　**学習原論**：木下竹次（１８７２-１９４６）奈良高等師範学校附属小学校主事（大正新教育運動の代表的な指導者）は「児童生徒の学習力を尊重したい」との考えから、自立的学習を提唱。学習原論はその集大成。当時は、子どもの興味関心を全く無視した指導が定番の時代であった。手元にある学習原論は１９２４年の13版だが、これを見てもかなり読まれた本であることが分かる。

それは、相変わらず世間を震撼とさせているいじめ問題だ。いじめによる自殺事件は教師の指導力への疑問を生み、学校への信頼は地に落ちると言っても過言ではなく、教育委員会制度の改革にまで波及するくらい大きな問題だ。

私はいじめ問題も長期的に見れば本書で記したスキル等で予防できると考えている。それは、分かる授業は道徳であり生徒指導でもあるからだ。友と共に学びを深める中で違いを認め、確かな自己を創っていく営みはいじめの予防につながる。そんな理由から、本書ではいじめ予防の章も設けた。

頼りがいのある教師になろうとしている読者にとって、いじめについても感度鋭く立ち向かう感覚の涵養は必須の課題だ。そのためにも、子どもの微妙な心の動きにまで気を配る授業研究は絶対に体験してほしいことだ。授業研究を逃げ回る人はもちろん、校長になってはいけない。本書で先行学習を学び、これまで学んで来た発見学習・問題解決的学習同様、自由に使いこなして二刀流の道を歩もう。

問題解決的学習の体現について水原克敏は、その著[6]の中でこの指導法の前提として「読んだり、書いたり、計算したり、図表にまとめたり、絵に画いたりする最小限の力が必要」と70年以上前の言葉を紹介している。70年以上前の言葉を、今取り上げるということは、とりもなおさず解決されてない、いや解決できないと捉えていると言ってもよいのではないか。その現実を見ずに、今でも日本全国各地で授業冒頭から復習そして気付きと練り上げる姿は、本当に時代遅れとしか言いようがない。

5 **大正新教育運動**：明治以来の詰め込み主義と管理主義からの脱却を目指して、公教育を改革しようとした１９２０年前後の動きのこと。成城学園、自由学園、文化学院、池袋児童の村小学校、明星学園、玉川学園の誕生がその象徴的な出来事。

6 水原克敏（２０１９）『新制中学校カリキュラムの形成過程―コア・カリキュラムから総合カリキュラムへ』（早稲田大学教職大学員紀要第11号２０１９年３月）の29頁の6行目以降。

目次

凡例

1.

本書は、2015年の『もっとわかる授業を！』（高陵社）の改訂増補版だ。そのときには掲載できなかった脚注を可能な限り多く掲載し、併せて索引も載せた。

時間がかかったのは「どんな段（項目のこと。以下「段」と言う）を取り上げるか」だった。考えた結果、先行学習に関連する段のみならず、教師の生きがい及びいじめ問題に対応する段も掲載することとした。

本書は、先行学習の実践に供するために、

❶ 拠り所となる段を130選抜した。

❷ 段に直接関係あるいは関連する用語の定義を掲載し、かつ理解の便を図るために、本書の最後に用語の索引を掲載した。また定義は、500回以上の飛び込み授業の実践及びこれまでの授業実践を通して身に付けた鏑木自身の授業感覚に拠った。

という方針で編んだ。

なお、このような発想の背後には、ある先生の「鏑木くん適切な言葉がなければ自分で作ればいいんだよ」という一言があった。

用語の定義については全て鏑木がその責を負う。いかがなものかと思われる定義があるかもしれない。

これは実践的な立場を重視した定義であると理解いただきたい。

2.

各段は〔解説〕〔定義〕〔補説〕〔関連用語〕〔補遺〕の順に執筆した。段によっては記載しない項目がある。

各項目の意図は以下の通り。

〔段〕……先行学習の理解を深めるための項目。
〔定義〕……段に直接関係ある用語の定義。
〔補説〕……定義の背後にある授業実践に関係する考え等。
〔関連用語〕…段あるいは定義に関連する用語。しかし、語義は多義にわたるのが普通なので、他の段の関連用語と交錯してしまう場合がある。そこは、煩雑さを恐れず読者の便を考慮して再掲とした用語もある。
〔補遺〕……蛇足に近くて言い足りないこと。

3.

本書は９つの章で成り立っている。

「前提」および「背景」の章では、先行学習の意義を述べ、リアルな現実から改革をスタートしようと呼びかけた。日本人は理想論に走りやすい傾向がある。こうあるべきだと主張する本人が、実際はリアルな現実を見つめ現実に即した行動を見せる。そんな人に理屈と現実が合っていないのではないかと指摘しても、まあ、理想は理想でとごまかして切り抜けてしまう。そんな矛盾を捨ててほしいと、リアルな現実の様相を述べた。

第1章では先行学習にふれた教師の感想を記した。先行学習とは分かる授業そのものだということが、リアルに語られている。先行学習を知らない人がまだ多い中、実際に体験した感想は、何人も先行学習を否定しようにも否定できない重みがある。

第2章ではなぜ先行学習なのかについて、9つの理由、8つの良さ、9つの効果、4つの生きがいという視点から記した。実践の根拠及び周囲の理解を得るための拠り所になる。

第3章では先行学習の実践方法を、段階を追って詳しく述べた。理論は方法とセットで初めて理論になる。これを地でいく章だ。日々の実践の中で読まれることを期待している。

第4章では授業スキルを述べた。9つの授業ルール、11の指示スキル、10の対話促進スキル、9つの瞬時判断スキルの4種だ。

ここだけ読んでも実践に十分役に立つ。学級経営、教科経営にも資する内容を掲載した。保護者会で話す内容としても耐えるように執筆した。教師を志す学生には貴重な情報となろう。

第5章では求める教師像への道を記した。単なる理想を語るのではなく、リアルな現実を踏まえての理想として「教科書を縦横無尽に使える教師」を掲げ、その道筋を記した。

第6章ではいじめ予防について触れた。「分かる」に向けて友と共に前進する先行学習は、その進行過程で違いを認めるという構えを醸成する機会を多く持っている。その認知過程で身に付く鋭い感性こそ、いじめ予防の鍵になると記した。

最後に「展望」の章を設けた。教師にはいわゆる前例踏襲しない柔らかな発想が求められる。蛸壺教師にならないように参考となる内容を記した。また、百科全書的な視点を持つためのＭＢＡコースの代わりになる図書紹介を掲載した。

前提

先行学習とは何か

先行学習

先に覚えさせるなんてあり得ない！
黒船だ！

我が子が、勉強が分からないよ
と言ったらどうしますか
すぐ塾に行かせますか

学校で面倒みますと強く言い張れますか

私たちは
指導法のために存在するのでも
先行学習のために存在するのでもない
子どもの「分かる」ために存在するのです

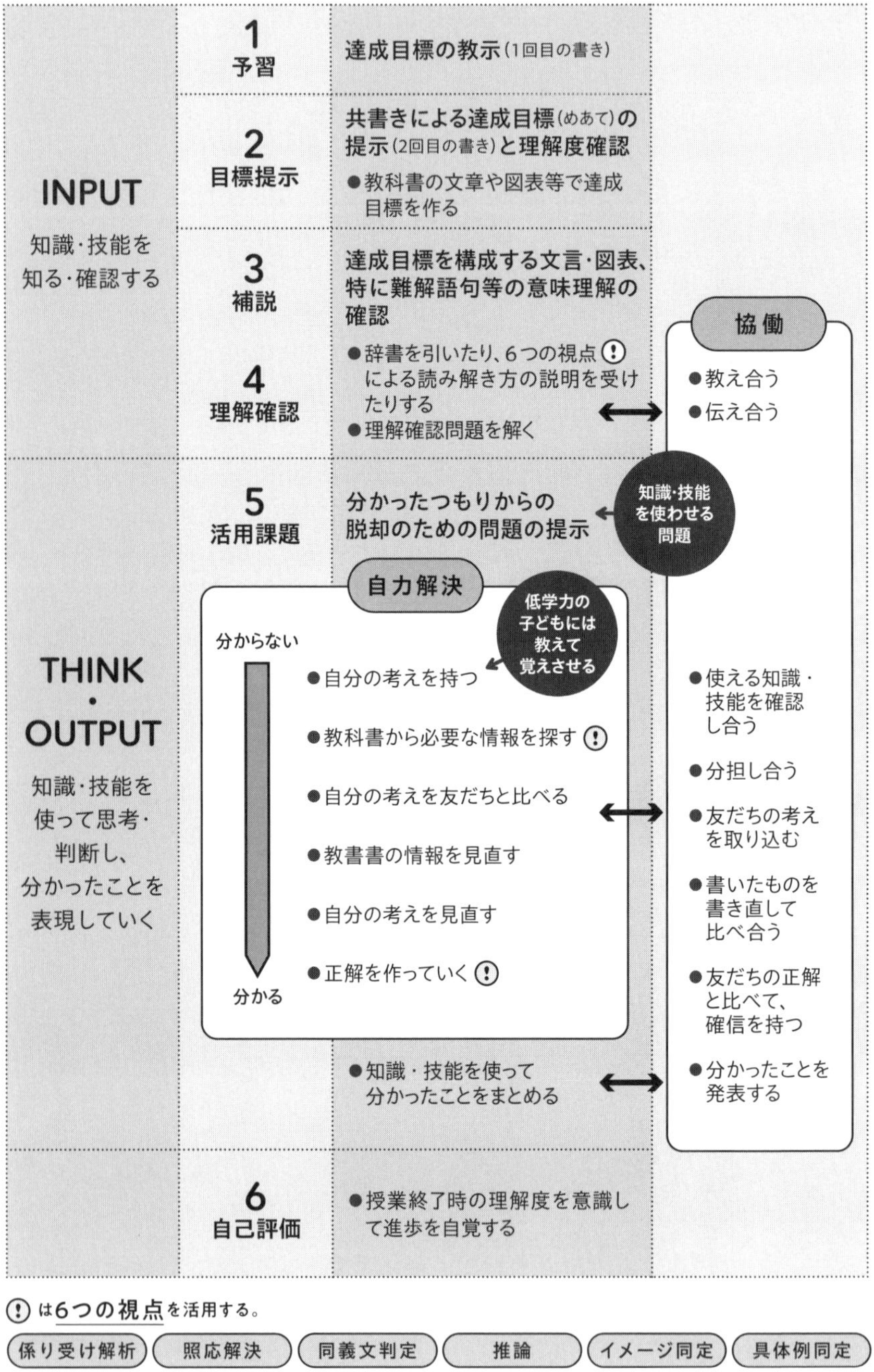

＊ 1単位時間で進まない場合も考えられる。前半と後半に分ける等、2単位時間かけてもよい。

図2　読解力を高め自信をつける先行学習過程

1 予習から習得そして活用という流れ

先行学習とは、予習から習得そして活用へと進む指導法である。言い方を換えると、知識を覚えさせ、使わせて記憶を確かにさせる指導法だ。なお、類似の用語に「教えて考えさせる」[7]がある。問題解決的学習とは対極に位置する指導法で演繹的指導法の1つである。

先行学習を問題解決的学習の前段に位置づけると、問題解決的学習場面で多くの子どもが参加できて、気付きや練り上げも実にスムーズに展開する。

深い学びは、主体的[8]、対話的な活動を通して可能となるが、先行学習はそれらの活動を保証する指導法となるよう設計している。

〔定義〕**先行学習** prior learning　授業後半の「知識活用」場面で深い理解と思考が保証できるような予備知識を、授業前半の習得場面で獲得させる指導法のこと。

「答えを与える予習」。及びメタ認知能力を高める「2回の理解度評定の場」を課す等の設定に特徴があり、学習意欲を深い学びに誘う確かな学力の定着が可能となる指導法。狭義には答えを与える予習から予習内容を確認するまでを指し、広義には予習から入る授業全体を指す。

〔補説〕発見学習とは知識の伝達を主とせず、動機あるいは理解の仕方や能力の育成に効果的な指導法を言う。発見学習は問題解決的学習の別名でもある。帰納を重視した指導法なので、学習内容を支える先行知識が担保されていない低学力層の子どもにとっては主体的に学習を進めることができないという欠

7 **教えて考えさせる**：先行学習と教えて考えさせる授業は大きく変わらない。しかし、微妙なところで違っている。まず、予習。先行学習では予習は❶家で、❷結論を書いてくることを勧める。教えて考えさせる授業では、その点は言及していない。次に、2点評価。先行学習は設定しているが、教えて考えさせる授業では触れていない。そして、自己評価。先行学習では、必ず授業冒頭に提示した本時の目標に対して2点評価させている。教えて考えさせる授業では、この点は実践者に任せられているようで、例えば、分かるところと分からないところを書かせるという方法を例示している。しかし、分からない子どもには書けない現実に直面する。

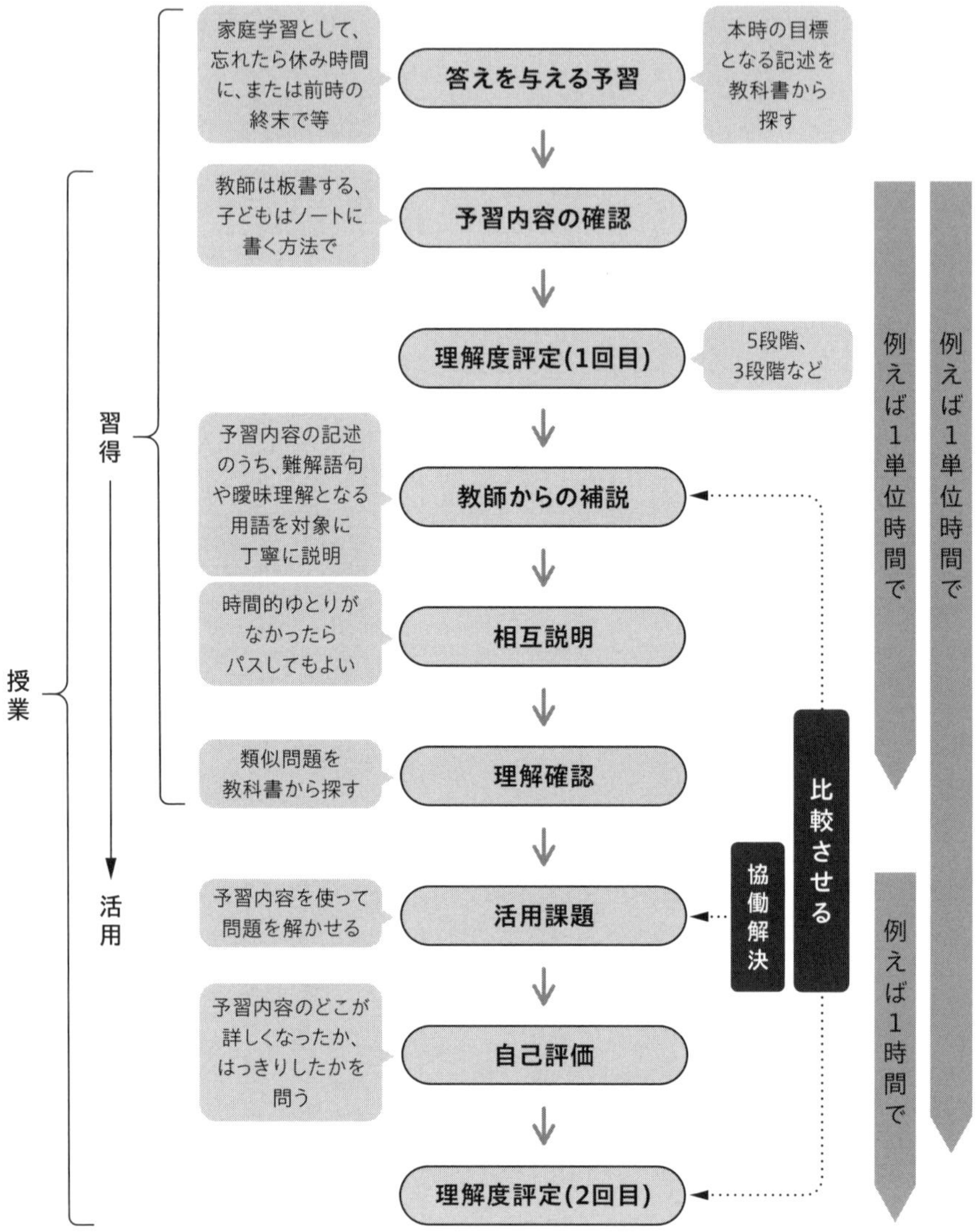

授業
習得
活用
家庭学習として、忘れたら休み時間に、または前時の終末で等
答えを与える予習
本時の目標となる記述を教科書から探す
教師は板書する、子どもはノートに書く方法で
予習内容の確認
理解度評定(1回目)
5段階、3段階など
予習内容の記述のうち、難解語句や曖昧理解となる用語を対象に丁寧に説明
教師からの補説
時間的ゆとりがなかったらパスしてもよい
相互説明
類似問題を教科書から探す
理解確認
予習内容を使って問題を解かせる
活用課題
予習内容のどこが詳しくなったか、はっきりしたかを問う
自己評価
理解度評定(2回目)
比較させる
協働解決
例えば1単位時間で
例えば1単位時間で
例えば1時間で

図3　予習・習得・活用という流れ

8　**主体的：**『新明解国語辞典』（三省堂　２０２０八版）には「自分自身の意志や判断に基づいて行動を決定する様子」と出ている。ところで、主体的は自主的と似ている。そこで確認してみたら、「自主的」は、当然なすべきことを、他から指図されたり他の力を借りたりせずに、自分から進んでやろうとする様子（同書）とあった。主体性とかなり似ている。念のために他の辞書で見ると、『ベネッセ表現読解』（ベネッセコーポレーション　２００３初版）には、「自主的」は、他からの保護・干渉を受けずに、自分だけの力で物事を決定したり行動したりすること、「主体」は、自ら思考し、行為をなすもの。外界への事物や現象にはたらきかけ、行為を及ぼす存在。物事を構成するうえで中心となるもの。主要な部

点を持つ。

一方、先行学習は、演繹を基本とした指導法で、学習すべき知識の全てが冒頭から最終的な形で与えられ、そのまま受容することによって学習が進む指導法をいう。既有の知識と関連づけられるなら深い学習となる。

ここで、先行学習の基本的な流れ[9]を示そう。十分な時間が確保できない時には下段の流れで行う。

❶ 答えを与える予習
❷ 予習内容の確認
❸ 理解度評定（1回目）
❹ 教師からの補説
❺ 相互説明
❻ 理解確認
❼ 活用課題
❽ 自己評価
❾ 理解度評定（2回目）

---

❶ 答えを与える予習
❷ 予習内容の確認
❺ 理解確認
❼ 活用課題

❶から❾までを図示すると前ページのようになる。

〔関連用語〕

1 **教育** education　学校教育に限定して定義する。

分を占めるもの（同書：主体的は掲載なし）とあった。どうやら、自主より主体のほうが内面的で個人の中にあるものとした定義のようだ。他人を意識すると主体的という言い方より自主的という言い方の方が適切に思える。しかし、この比較だけでは違いがよく分からない。ところが、『新理科教育用語事典』（初教出版 1985初版）に「自主」他から保護や援助・強制を受けないで自らものごとを主体的に考え、処理・行動する様子（170頁）とあり、どうやら主体性は自主性に含まれるものと判断できる。つまり、より狭い範囲の行動なら主体的、より一般的な行動なら自主的と使い分けできると言うことだ。この違いは「目的」と「目標」の違いに似ている。

人類の文化遺産を伝承すると共に、文化遺産を作り上げた人間の知恵を継承する営みのこと。その際、学ぶ者にとって、なるほど、そうなのか、視野が広がったなあ等と感じさせるスキルが必要となる。

なお、基礎知識を伝達する初等教育では上記の定義でよいと考えているが、中・高等教育では、それに加えて、知識の生成過程や動機等にも触れて知の世界の奥深さを味わわせることを含むものと捉えている。

2 **予習** homework　学習に先立って行う予備的な学習のことを指す。ここでは答えを与えることを条件とする。この「答えを与える」が予習指示上のミソである。答えを与えられれば「どうしてこのような答えになるのかな」というように、問いと答えの間に疑問が向く。思考が拡散せず考える枠組を限定すると同時に過程を意識させる効果がある。

一斉授業かつ学力格差があるという現実を考慮すると、入口で思考停止する子どもの数をできるだけ少なくしなければならない。このような意図を持っての予習を設定である。なお、予習は見通しを持てる効果があり入口でさまよわなくて済む。情緒不安傾向を示す子どもにとって予習は特に朗報と映るだろう。

3 **演繹** deduction　普遍から特殊を導き出すこと。確実な前提となる一般的な原理から出発し、経験に頼らず論理的な規則に従って、個々の事実を推論したり、特殊な理論を導き出したりすること。また、そのような思考方法。帰納とは逆の思考手順。話題や議論の趣旨の範囲を広げることや、ある物事に関する考えや事実などを押し広げて、他の物事にも当てはめることも演繹ととらえてよい。先行学習や教えて考えさせる、反転学習、知識伝達事例化学習等は、演繹的な指導法である。

9 **基本的な流れ**：基本的な流れで実践できる場合とは、落ち着いたクラス、指示が通るクラスとして運営され自由闊達な雰囲気がある場合を指す。これまで多くの飛び込み授業を体験してきたが、このような学級は残念ながら少ない。多くは、何らかの課題を抱く学級で実践することとなるが、その場合には基本的な流れで展開せず。適宜端折った流れになるのは否めない。だからといって、それでダメだというわけではなく、却って先行学習の本質・柔軟性・汎用性を確かめられるので大歓迎である。

4 帰納 induction　特殊から普遍を導き出すこと。経験によって得られた個々の事実から、これらに共通する一般的な原理や法則を導き出すこと。またはそのような思考方法。演繹とは逆の思考手順。発見学習は帰納的な思考を大切にした学習方法。発見学習の典型である問題解決的学習は帰納的な学習である。

5 教えて考えさせる授業[10] thinking after instruction style lesson　市川伸一氏の提唱によるもので、教科書に出ているような基本事項は共通に教え、相互説明や教え合いを通して理解確認を図り、その後、理解を深める課題によって問題解決や討論等を行い、最後に分かったことと分からないことを自己評価として記述させて終わることを基本とする指導法を指す。

　また、意味理解を確かにさせるために「教科書を超えた説明の工夫」、「理解確認における生徒自身の説明や教え合い」、「理解深化における問題解決と討論」、「メタ認知を促す自己評価」という4つの場の設定が重要と主張する。

　しかし、1単位時間内の展開については、実践者の捉え方及び授業スキルによってその現れが異なり、当初の趣旨と異なる展開になる可能性があることは留意すべきであろう。

　予習の扱い方や2回の理解度評定、書くという行為等の捉え方とその具体化となると、先行学習と異なる部分も少なくない。教えて考えさせるは、どちらかというと理論から実践へという方向性なので、その具体化は授業スキル次第となる傾向が強いのに対して、先行学習は授業スキルをリアルに見つめての実践から理論へという方向性なので、その違いが出る。

10 **教えて考えさせる授業**：市川伸一著（2008）『教えて考えさせる授業の創造』（図書文化社）、市川伸一・鏑木良夫編著（2009）『新版教えて考えさせる授業小学校』（図書文化社）に詳しい。なお、鏑木との共編著は絶版となっていて、新たに市川伸一氏と植阪友理氏の共編著による同名の本が出版されている。

6 先行オーガナイザー advance organizer

学習以前に与えられる知識の概念や枠組みのこと。先行学習を論じる時には、知識の概念という意味で使うよりも考える枠組みの意味で使うことが多い。

このことを、関ヶ原合戦屏風絵を見る例で説明してみよう。関ヶ原の戦いの知識を持っていない場合に生じる問いは「これ何の絵?」であり、関ヶ原の戦いと知っていて石田三成も知っていれば「石田三成の陣はどこ?」等となり、知っている場合の問いは「存在の問い」より質の高い「内容の問い」となる。

人は皆、何らかの先行オーガナイザーに頼ってものを見る。先入観を持つのが普通と心得よう。

7 有意味受容学習 meaningful receptive learning

学習以前に学習する内容の概要を与え、見通しを持たせて学習させる方法。オースベルが提唱して広まった。先行学習は、それにヒントを得て「予習時に答えを与える」ところまで先鋭化させている。人間は見通しを持てないと不安になるが、その不安をなくして学習の土俵に上らせることができる。

受容学習という用語があるが、あまりにも一般的な言い方なので私は使うのを躊躇する。授業実践を念頭に入れると有意味という言葉をかぶせた方がしっくりする。

8 反転学習 flip teaching

提唱者は「説明型の講義など基本的な学習を宿題として授業前に行い、個別指導やプロジェクト学習など知識の定着や応用力の育成に必要な学習を授業中に行う教育方法」[11]と主張している。2014年時点、日本では佐賀県武雄市で実践を試みている。そこでは、授業前にタブレット端末の動画等を見て学習させるとしている。しかし、先行学習のように予習させた内容を確認する場面を設けていない。学習者任せとしている。したがって、この学習方法は、一斉授業になじむかど

11 **反転学習**:ジョナサン・バーグマン、アーロン・サムズ著(2014)『反転学習』(オデッセイコミュニケーションズ)の3頁の定義を引用。

うかは不透明だ。なお、中・低学力層の子どもに付いていけないと思わせる一方で高学力層の子どもには歓迎されるのではないか。そう考えると私立はともかく公立小・中学校になじむとは思えない。授業スキルが伴わないと問題解決的学習と似た道をたどる可能性が大きい指導法である。

9 アクティブ・ラーニング active learning

『新たな未来を築くための大学教育の質的転換に向けて〜生涯学び続け、主体的に考える力を育成する大学へ〜（答申）』（平成24年8月28日　中央教育審議会）によると、教員による一方向的な講義形式の教育とは異なり、学習者の能動的な学習への参加を取り入れた教授・学習法の総称。学習者が能動的に学習することによって、認知的、倫理的、社会的能力、教養、知識、経験を含めた汎用的能力の育成を図る。発見学習、問題解決的学習、体験学習、調査学習等が含まれるが、教室内でのグループ・ディスカッション、ディベート、グループ・ワーク等も有効なアクティブ・ラーニングの方法である。

なお、アクティブ・ラーニングという用語を２０１６年夏以降、あまりにも概念が広すぎて捉え方にも幅がありすぎるとして文科省は使わなくなった。

10 プライミング効果 priming effect

先行の学習もしくは記憶課題が、後続の別の学習もしくは記憶課題の成績に、無意識的に影響を与えることを指す。こうしたことが可能となるのは、単語や概念が互いにネットワークを形成しているためである。

授業において、先に手本を示したり、覚えさせたい事柄について説明してから教えたりすることで、プライミング効果による学習効率が高まることが期待できる。

予習の正当性を高める用語である。職員室では滅多に飛び交わない用語だが、もっと飛び交ってよい

12 **データ**：先行学習のデータ。東京都足立区立千寿常東小学校の相馬亨氏が２０１４年７月に実施。5年生31名を対象に算数「合同な図形」単元の２時間目から９時間目まで先行学習で展開した後に調査したものである。予習を取り入れた授業の時は、授業の冒頭に３分から５分かけて予習内容を話し合わせたとのこと。ここで、相馬亨氏のコメントを紹介しよう。意を強くした感想であり、実践意欲をそそられるコメントだ。―鏑木先生の著書を拝読し、早速算数の授業で取り入れました。子どもたちへの影響はこちらが驚くほどでした。授業は５年算数科「形も大きさも同じ図形を見つけよう」（東京書籍）でした。予習の仕方を伝え、授業の始まりに予習してきたことを５分ほどグループで

用語だ。

11 **言語感覚** 言語で理解したり表現したりする際の正誤・適否・美醜などについての感覚。どのような言葉を選んで表現するのが適切であるのかを直感的に判断したり、対象を理解する場合に、そこに使われている言葉が醸し出す味わいを感覚的に捉えたりするときに使う感覚。

2 先行学習で授業すると意欲的になる

先行学習を特徴づけるのが予習だ。

戦後の義務教育の流れでは予習はまっとうな視座を得ていない。予習と聞いただけで反射的に拒否的な構えを取る教師がほとんどだ。しかし子どもから見ると、予習を分かりやすいことにつながるものだと肯定的に捉えている。このことは次のデータ[12]で明らかだ。

Q1 予習したことで授業の分かりやすさはどうでしたか。

良く分かるようになった	87%
少し分かるようになった	13%
分からない	0%
分からなくなった	0%

話し合う時間を毎回取りました。グループの話し合いの中では、主に❶自分で学習してわかったこと、❷自分ではわからなかったこと、が出ていました。自分ではわからなかったことが友達の説明でわかったという場面もありましたし、わかったことでも説明の仕方が違って参考になるという意見も出てきました。そして、グループから学級全体でわかったこと、わからなかったことを確認して、授業を進めました。授業を進めていくと、❶先生の説明でわかった、❷問題を解く上で改めて理解を深められた、❸発展の問題でさらに理解を深められたと分かる場面がたくさん出てきたようです。特に驚いたのは意欲の面です。本校では習熟度別なので違うクラスの子も授業を受けてもらえ

Q2　予習をすることで力がつくと思いますか。

思う　90%
少し思う　10%
思わない　0%

このように、先に習得させても、子どもは授業が分かりやすくなり力もつくと感じている。これは意欲的になっている子どもの姿と捉えて差し支えないだろう。先行学習効果だ。

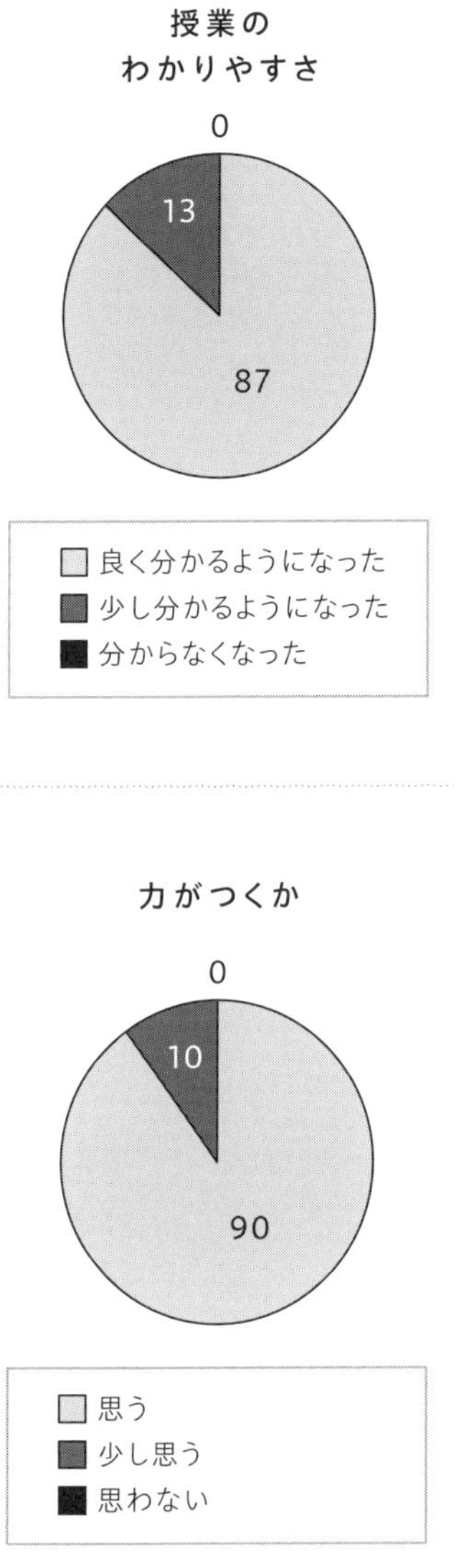

図4　先行学習効果

ます。ある日、職員室で隣のクラスの担任から「相馬先生はどんな教え方しているんですか」と尋ねられました。なんでそんなことを聞かれるのかと思ったら、そのクラスのある女の子が放課後に黙々と勉強していたそうです。担任の先生が「何をそんなに一生懸命やっているの?」と尋ねると「算数の予習です。」と。「自分で教科書読んで問題解くのも面白いし、友達にも上手に説明したいから。算数が今とても楽しいんです」と話したと聞きました。先行学習ではまだ一単元しか取り組んでいませんし、自分の指導の仕方も足りないところが多分にあるので、先行学習、授業スキルをしっかりと磨き、子どもにとって楽しく、また力のつく授業をしていきたいと思っています。

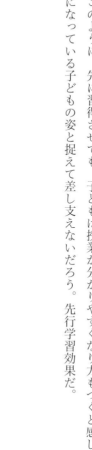

背景

リアルな現実を
真正面から受け止めよう

平行四辺形を見せ
気がついたことはと聞く
疑うことをしない指導法
問題解決的学習

低学力層の子どもにとっては
分からない学習法に映る

読めない書けない子どもたちの存在を
真正面から受け止めよう

覚えさせ、使わせてこそ
確かな知識となる

子どもの「分かりたい」という願いを
保証するのが
教師の第一の仕事である

教員は理想に走りやすい。その結果、リアルな現実を見ないで実践する傾向がある。「学校教育門を出ず」というフレーズはその象徴だ。

現実に根ざした実践こそ世の中を動かす。机上の空論にならないようにいつも心したい。

3 今、どんな時代か――成果の可視化[13]の時代

今はどんな時代で、これからどんな時代になっていくのだろうか。

具体的な授業実践を考える時、どうしても、どう実践するかという目で見てしまう。これはこれでよいのだが、やはり広い視野で見ることが大切だ。つまり、何のための先行学習の提唱なのかということからの意味付けが欠かせない。しかし、そのような目で見ることが大切だと思いつつ、これが結構難しい。正直言うと今の自分の力ではなかなか見通せない。そこで、書物の力を借りることとした。

その書物とは、苅谷剛彦著（２０１４）『教育の世紀―大衆教育社会の源流』（ちくま学芸文庫）である。

著者によれば、学力低下論の次は「成果の可視化」の時代が来ると言う。そうか、なるほど。そう言われてみると、しっくり来る。それを授業レベルで言うのなら「これからは出口が問われますよ」となる訳だ。

――なあーんだ、先行学習のことを言っているじゃあないか。先行学習では、出口でどのくらい成果が出たかを確認している。うん、これは、間違いなく可視化の時代に合った指導法だ――とてもうれしくなった。

やはり、問題解決的学習一辺倒では済まない時代となっている。長期的に見たら、問題解決的学習は、義務教育段階では廃れていく[14]だろう。いや廃れていくといったら言い過ぎか。適切な場面での座を確保

13 **成果の可視化**：教育分野は成果の可視化はなじまない。しかし、成果の可視化は「避けて通れない道」と捉えた方が、時代の流れとも合う。可視化は、企業でも一時、極めて合理的と思われて積極的に取り入れられた。だが、富士通の例――城繁幸著（２００４）『内側から見た富士通「成果主義」の崩壊』（光文社ペーパーバックス）――で分かるように可視化ばかり追っては、モチベーションが上がらないと気付いたのか、極端な可視化は一部改善されているようだ。

14 **廃れていく**：社会科が他の教科に比べて苦手意識が強いという結果に関して「問題解決的な学習がなかなか定着していない」、「問題解決的な学習の流れが十分に理解されていない」という文言を

するにとどまるだろう。

著者は、ＰＩＳＡを例に挙げて、可視化の時代を説明している。ＰＩＳＡとは、Programme for International Student Assessment の略で「ＯＥＣＤ生徒の学習到達度調査」のことだ。3年ごとに調査し、65カ国、51万人の15歳の子どもが参加し、到達度を調査している。これが認知されるに及んで、世の中は一気に国別比較の時代となった。

次に、著者は「個人の内面をフロンティアにしていればよい時代は終わりを告げるものになった」と言い、「数値として示される結果なしには、内面のフロンティアを重視した教育の議論は、机上の空論かありもしない理想論として排除される」と指摘している。そして「グローバルなレベルで新たに登場した外部の基準によって、教育の成果を見る視線に変化が生じたのである」（326頁）と結論づけている。

これを読んで、先行学習の位置付けがさらに明確になった。どんな批判も来いという気分になった。ちょっと大げさかもと思いつつ、そう書いてしまうくらいの高揚感を感じた。

今振り返ると、矢継ぎ早に教育改革が進んでいる。思いつくまま挙げても、かつては教職大学院があり（必ずしも優秀な学生が入学しない）、教員免許更新制が実施され（これでレベルが上がるとは思えない。とうとう2022年7月1日、廃止された。）地域運営学校（ことの本質を追究できるのかどうか）や、確か株式会社立学校（まさか経営優先とはならないよなあ）があったはず……等々。今は教科担任制、英語導入、オンライン授業……。大局を見ると学歴カーストと見間違う社会の〝空気〟。そしてコロナ後の教育を見通すことも求められている。そう言えば35人学級も単純によろこんではいられない。

どこを見ても本当に良い授業をするのに必要なものなのか？　とつい反問したくなるくらいだ。

まずは教師の定数配置を増やしなさいと強く言いたい。

出口を問うことは成果主義だから反対だと言えば済む時代ではない。そして、どんな改革・制度になろ

目にした。（内田稔著（2013）『「学んで楽しい」「教えて楽しい」社会科授業を広める』（教育出版、小学校社会通信2013年秋号の11頁））これを読んで、今更理解されていないとのコメントはおかしいと思った。問題解決的学習が何10年間も実践されている事実の結果としてのコメントであれば、もう問題解決的学習は破綻していると悟らないのだろうか。

うとも「分かる授業」のニーズだけは絶対に変わらない。これはもう、時代[15]を越えた不易と言ってもよい。そう断言できる。

4 新しいことを学ぶのは面倒だ——取引コストを越えて

発見学習[16]に問題点も多いと感じている教師が、先行学習の講演を聞いてなるほどと思ったり、飛び込み授業を見て感心したりしても、なかなか実践に移せない。なぜだろうか。実はその理由は「取引コスト」という概念で説明できる。

取引コスト transaction cost とは、アメリカの経済学者オリバー・E・ウィリアムソン（2009年ノーベル経済学賞を受賞）が提唱した概念である。その意味するところは「取引そのものが成立するために必要となる費用。情報収集や危険負担費など。交渉には駆け引きがおこり、相手を調べたり、弁護士を雇ったり、契約履行をめぐって監視したり、頭の固い人たちを説得したりするのにかかる過剰な時間と労力」である。

ウィリアムソンは、取引コストを引き合いに出して、人間が不条理に陥る理由を「人間は合理的に考えた結果、現状がたとえ非効率的であると分かっていても、その状態に留まるという不条理に陥る可能性がある」とした。

要するに、人間社会の進歩が直線的に進まない現状を、そう見抜いたのだ。

人間の面白さ、複雑さ及び自己中心性を、取引コストという概念で解釈した事実は授業改革にも当てはまる。「いくら良い授業になると言われてもねえ。まあ変えなくても生活は困るわけでもないし……」というわけだ。新しいことを取り入れる場合、何事にもかかわらず取引コストを無視して進めると、思わぬ抵抗に遭遇することを肝に銘じる必要がある。

15 **時代**：人口問題から見てみよう。2090年に日本の人口は、約6000万人になると試算されている。国力も低下（このままいけば、だが）するだろう。一方、中国はアメリカを抜いて中華帝国となるだろう。14億人という人口を見れば容易に想像がつく。果たして尖閣問題もどうなるか……。こんなことを考えると、日本は教育立国で生きるしかない。ノーベル賞レベルの研究者を輩出すべく、人材の育成を図るのだ。世界から無視されないだけの力を培うしかない。ところで、山梨県の北東部に小菅村がある。東京都の川、多摩川の源流にある村だ。そこにある中学校では、中3の生徒にオーストラリアに修学旅行に行かせている。村費でだ。この意気込みを我々は見習うしかない。

知っている者同士でも改革するためには、日頃の友好的な人間関係や、先輩後輩等のしがらみを時には断ち切る必要がある。その時に生じる精神的負担や労力や時間は並大抵なものではない。実行に移すには、どんなことがあってもぶれないだけの強い意志が求められる。

私は12年間の校長時代に、全く新しい発想の2学期制や授業研究システム等を構築したが、まさしく取引コストとの戦いだった。時には孤立し非常に精神的にきつかった。賛成する教員を1人増やすのも大変だった。

いろいろな面で気を遣うことでストレスがたまり、吹き出物が出たりした。完全に出なくなったのは、校長を辞めた時だった。

このような体験を振り返ると、ほとんどの校長が改革をしない理由がよく分かる。周りを見てそろそろと進むのがせいぜいだ。若い頃には勇ましいことを言った人でも、いざ校長になると「現実は厳しいですからねえ」等と自嘲的に言って、自分をごまかす。

護送船団方式とはよく言ったものだ。

だから、私の場合は校長仲間からは「どうしてそこまでやるの」と言われたりした。

しかし、志の旗を立て、それに邁進する生き方は悔いを残さない。私の12年間の校長時代に悔いはない。前例踏襲、自己抑制、思考停止、固定観念から抜けだそうとした12年間に退職後の15年で計27年間はそこから抜け出さない人々との戦いだった。

取引コストを知った時、目からうろこだった。そうだ、その通りと思わずうなずいた。学校改革、授業改革が進まない本質を見抜く用語だ。先行学習を実践している先生方は、少なくとも取引コストを克服している方々と言える。

16 **発見学習**：詳しくは22段参照。先行学習とは真逆な指導法。なお、本書では問題解決的学習とほぼ同義としている。また、発見学習と記すか問題解決的学習と記すかは、文意に合わせて決めている。表記の揺れと思うかもしれないが、ご了解いただきたい。

5 もう気付きと練り上げだけでは立ちゆかない

もう1つのスタンダード・先行学習もマスターしないといけない。

そう思う根拠は、問題解決的学習の授業を受けた子ども、特に中・低学力層の子どもたちが「授業、ちょっとよく分からない」と言うからだ。

では、なぜこのような声が上がるのか。

それは、授業の終末、すなわち出口で知識獲得状況を確認せずに、学習者任せにしているからだ。もちろん、このような展開が適切な場面もある。しかし、いつでもどこでも問題解決的学習ではないはずだ。

要するに、問題解決的学習一辺倒という偏りが原因なのだ。

問題解決的学習は、多くの教科書に採用されている指導法だ。その特徴は帰納的、つまり気付きと練り上げで決まりを発見させる指導法である。

ここで、その流れを確認しよう。具体的には以下のような手順を踏む場合が多い。

❶ 授業の入口で事実を見せたり、事象を提示したりして疑問を抱かせ、問題意識を高めさせる。

❷ その高まりをバネにして意欲的に答えを予想させた後に解決方法を考えさせる。

❸ やってみたいという意欲をさらに高めさせ、解決活動へと進ませる。

❹ 授業の終末で結果を考察させる、つまり帰納し答えを導かせる。ただし、導き出した答えの質は学習者任せ、つまり出口はオープンエンドである。

このような特徴を持つ問題解決的学習は、特に理科、社会、算数・数学では指導法の主流となっている。

しかし、課題も多い。例えば、

❶解決方法を考えられない子どもへの対応をどうするか。
❷予想や意見が拡散する場合が多いが、その収束をどうするか。
❸❶に関連して、知識の系統が必ずしも担保されていないカリキュラムにどう対応すればよいのか。
❹解決活動に必要な知識が確かでない子どもは、授業の土俵に上れなくなるが、その対応をどうするか。
❺授業の終末、つまり出口を学習者任せにしてしまってよいのか……。

実は、問題解決的学習の実践上の課題は、何も最近言われたものではない。私が新任の頃の1960年代でも指摘されていた。

もう、いい加減にTPOに応じて指導法を変えるべきだろう。子どもの成長は待ってくれない。例えば、2年後には良い授業をするからでは済まされない。学校も先生も選べない現実を厳しくかつ冷静に認識するならば、子どもの実態に応じて、その場に合った指導法を採用すべきなのだ。

しかし、残念ながら問題解決的学習しか知らない教師にとっては絵に描いた餅だ。そして、その原因は教師に指導力がないからではない。他の指導法を知らないだけなのだ。

そもそも、指導法は学校現場でしか学ぶことができない。これが現実だ。大学にはそのようなことまで教えるゆとりはない。大学で教える内容を決めるのは担当の教師だが、その教師に❶学力格差が問題、それが❷経済的な格差から来る、かつ❸経済的な格差が固定化しつつあるという認識を持たない限り、先行学習まで言及することはまずないだろう。

ここまで書いて改めて強調したいことは、先行学習と問題解決的学習の併用で実践しようということだ。

具体的には、先行学習で展開し、次に問題解決的学習で進めるという手順だ。その後に習熟場面を設定する。このことを「先行↓問題↓習熟」というフレーズで覚えよう。

6 MBAプログラムが抜けている

MBAとは〝Master of Business Administration〟の略で、「経営学修士」のことである。これを管理職育成に当てはめるならば、いわゆる定型的な試験問題を解いてその資質を高めるのではなく、例えば、実際の事例を課題として自ら発見し、それについて判断し、決断して課題解決するプログラムと言えよう。

ところで、学校は校長次第だ。これまで接した校長の中で「この人のようになりたい」と思わせた人は非常に少なく、そのあまりの少なさに「いないと思った方がよい。自分がそうなろう」と何回思ったことか。

その思いが教頭選考試験の面接で表れた。

「なぜ教頭試験を受けたのですか」「校長試験は教頭にならないと受けられないからです」「……」「いきなり校長試験が受けられるなら教頭試験は受けていません」。

ここで私の考える「校長として人前に立つ」条件を挙げてみよう。❶授業ができる。職員室で授業の話をする。❷所属職員の悩みやぼやきを聞き出しストレス解消の手助けをする。❸前向きの提案は「いいね」と言い、副校長・教頭に条件整備を指示する。❹改善点が見つかったら前例に囚われることなく、その具体化を図る。❺他校の研修会等に参加させて視野を広げさせる等々を実行できる、等だ。

このような校長なら心に残る校長となる。先行学習も然りで、鏑木を呼ぶ校長は進取の精神のもと、先行学習を学ばせて現状打破したいと考えている点が共通点で、それはMBAレベルに達した人と見なして良いだろう。

では、学校版MBA〝学校経営学修士〟レベルに到達するには、どんな力を発揮すればいいのだろうか。まず前年と同じ経営はしないという強い意志と進取の精神を前提に、❶こんな学校を作りたいと明確にビジョンを持ち、それを明確に伝え全職員を動かす。❷わかる授業の実現は学校としての最低限の義務と心得て研修を実施させる。❸伸ばしたい教師を決め期待をかけ育成する。❹副校長・教頭の望ましい行為を教示し校長感覚の涵養を図る……等を掲げ貫徹することである。

しかし、学校現場には、冒頭で記したようにMBAプログラムに相当する研修はない。状況的学習（職場で目標を持つ者がコミュニティを形成し、リアルな場で情報共有したり、教え合ったりする学習法）に全面的に頼っているのが現状だ。

本書がMBAプログラムの代わりだ。

7　小・中学校の現実と先行学習

まず先行学習で展開する。次に問題解決的学習、さらに習熟そして自由課題という流れを基本として実践してほしい。

いきなり問題解決的学習では学力低下の二の舞だ。教えることも考えさせることも両方とも大事なことなのだ。

1960年〜1970年代にかけて、ブルーナーの発見学習が紹介され日本中を席巻した。その後それ以外は邪道だと言われたりした。私もその流れに乗った口だ。しかし中学校の校長を体験してみて、出口（高校入試と授業の終末のこと）を問われることの厳しさに直面し、考えが一歩先に進んだ。

ところが、小学校は出口を厳しく問われることはないので「中学校でがんばりなさい」と深く考えずに言ってしまう。ここに、小学校の授業実践の甘さがある。校内研修も学力格差を広げる可能性がある問題解決的学習一辺倒で済んでしまう。偏っている。

私もかつて、確かな知識獲得よりも主体性や思考力の育成ばかりを授業実践のねらいとすることに違和感を覚えなかった。もちろん、終末がオープンエンドでも気にならなかった。確かな学力をつけることと授業法に乖離があったことに疑問を持ちもしなかった。

しかし、これで良い訳がないと気付いた。

中学校の授業も先行学習から問題解決的学習、習熟という流れでやってほしい。中学校は小学校よりも教え込みの色が濃い。それは中学校は高校入試を控えていて、文字通り出口を問われるからだ。文化祭や体育祭で活躍し教師から評価が高い生徒でも、希望の高校に入れないと、かなり落ち込む。確かな学力を付けて希望の高校に入学してほしい。これが中学校側の切なる願いだ。

ところで、生徒は「中学校でがんばりなさい」と言われて入ってくる。しかし、がんばるのはそう簡単ではない。部活があり、成長に伴う反抗期もあり、心は揺れ動く……。要するに新たな集団への抵抗と不適応、様々な葛藤、予想される分化的現実（同じだと思っていた友人と学力が違うことを目の当たりにして、自分との違いを認めざるを得ない現実を突きつけられること）への不安に直面し、教師の方も生徒指導、部活、進路指導の3点セットに追いまくられ、心ならずも不本意な授業実践に陥ってしまう。

授業時間の確保が厳しい中学校は、特に先行学習にぴったりだ。中学校でも、先行学習を丁寧に実践してその手応えを感じている教師がいる。先行学習は高校入試にも役立つことが分かり、もう元には戻れないと言う。私も、２０１６年９月に長崎県佐世保市立吉井中学校２年２組に３日間張り付いて数学と国語の授業をしたが、我ながら先行学習の良さを改めて実感した３日間で、はるばる佐世保まで行った価値があった。

本気を出して、先行学習から問題解決的学習への流れに取り組もう。

そのためにも、まずは先行学習を学ぼう。

8 答えを与える予習から入る「先行学習」を否定できない

もう元には戻れない……。

先行学習を体験した教師の共通の思いだ。

多くの先行学習に出会った。今では全面的に否定したり、無視されるようなことはなくなった。学力低下をどうすれば克服できるか。学力を向上させるにはどうすればいいのかを真剣に取り組む時代となった。

継続的に取り組んだ結果、学力は上がり授業規律は確かになり、併せて生徒指導にも寄与することも明確になった。その具体――第1章の「先行学習にふれて」を初めとして、本書の至る所に記してある――については省くが、自信を持って実践できるときが来た。

第 1 章

先行学習にふれて

全国各地で
小・中・高・教科にこだわらず
複式学級でも
特別支援学級でも
飛び込み授業をした

自立心の育成の前に耕すことがある
冴えない顔で
不安そうな顔で
授業を受けている
存在感を味わえない子どもたちへの対応だ

そんな子どもたちにも
分かる楽しさを
何としても味わわせたい

子どもたちの声に耳を傾けよう

子どもの声は正直だ。特に小学校１・２年生は言葉を飾らずに本音を吐露してくれるのでうれしい。

さて、子どもの声の中身だが、やはり「分かるとうれしい」が圧倒的多数を占める。改めて、授業は分かってなんぼであることを再認識させてくれる。

一方、先生方の声のほとんどは、「分かる」ための行為としての先行学習の良さと、それを支える授業スキルの重要さに言及している。

9　塾より分かる――小学生の感想

❶すごくたのしい日でした

さいしょは、きんちょうしていたけど、どんどんたのしくなってきてうれしかったです。わからないところもあったけど、わかってうれしかったです。７＋１と４＋３＋１と４＋１＋３と１＋３＋４と１＋４＋３と１＋７があって、わたしは４＋１＋３だけだとおもっていたけど、ぜんぶ８だったから、すごくいいおべんきょうだったです。またせんだぎしょうにきてまたべんきょうをおしえてください。きょうはすごくたのしい日でした。ありがとうございました。

（小学１年算数「並んでいる人数の計算：文章を図に表す」）

❷12のだんがすこしできるようになった

まず、さいしょにまとめをしました。まとめは、べんきょうのことを書きました。かけ算のかける数をわけて計算しても答えは同じで、こんな「12×９は、12を６と６にわけて６×９と６×９にわけて54と54を足す」ふうにします。11のだんと12のだんが少しできるようになってきました。かけ算のひっ算みたいなものをつかってやるとできることがわかりました。
（小学校3年算数「かけ算の工夫」）

❸予習だけでは表面的理解になる

実際に実験をして、塾などで教材だけを見て理解するよりも、目で見て、手で触って、においをかいで、耳で聞いて理解する方が、わかりやすかったし、楽しかったです。また、やはり、予習してきてわかったことがあり、物事や現象の本質を理解するなら、実際に体験することが大事だと思いました。（実感！）なぜなら、宿題でインターネットなどを使って調べても、表面的だけしかわかっていないからです。だから、実際に五感を使って調べた方が、細かな数値はわからないかもしれないけど、いいと（何となく）思います。そんな色んな事を教えてくれた今日の授業をしてくださった鏑木先生に、ありがとうの一言をおかけしたいです。
（小学6年理科「塩酸とアルミニウム」）

ここで、授業進行に合わせて、1人の子どもの気持ちの変化を調査[17]したもの紹介しよう。

❹塾より奥深いものがある

Ⅰ　予習……比例のことはもう塾で習いました。しかし、比例はやって反比例はやらないのかと不思議に思いました。

Ⅱ　予習内容の確認……僕は「比例する」等が赤で書くと思ったのに、「と」や「も」等の助詞や「いいます」等が赤になったので驚いた。

Ⅲ　1回目の理解度評定……「5 説明できる」か「4 かなり」か、迷った。しかし、説明するとなると、少し無理だと思った。

17 **変化を調査**：鏑木良夫（2013）「先行学習における情意を視点とした認知過程分析」（未発表資料）による。

Ⅳ　補説……難しい言葉を知って、これから、これらの言葉を活用していきたいと思った。式、表、グラフからパッと説明できるようにした。難しい勉強は楽しい。少し時間が刻々と迫ってきているので焦った。

Ⅴ　相互説明……「比例定数」や「変数」という言葉が上手に使えて気持ち良かった。説明は意外と難しいと改めて実感した。多様な接続詞、具体事例等を使ってより良い説明ができるようにした。

Ⅵ　活用課題……比例の勉強をしているのに、比例していないものが２つもあったので少し戸惑った。説明する時はうまく説明できるか不安だったが、鏑木先生のお手本を活用できて良かった。

Ⅶ　自己評価（２回目の理解度評定）……最初は塾でやったから簡単だと思っていたが、比例の説明、言葉にも奥深いところがあるのだと思った。

Ⅷ　授業を振り返って……比例の勉強は、説明や難しい言葉を教えてくれて楽しかった。もっと違う勉強をしてみたいと思った。

（小学５年算数の「比例」）

❺「５」の「説明できるようになった」までいけた

鏑木校長先生の授業では、困っている時には必ずアドバイスをくれます。５の説明までいけて、そこまでいけるとは思ってもみなかったので、とってもうれしいです。記憶に残ったのは、５段落の最初の「興奮していながら、太一は冷静だった」です。最初はどっちがどっちなのか分からなくて、とまどっていたけれど、外面では興奮していながら、心の中ではとっても冷静だったのかなと思いました。海は、太一にとって心配のいらない場所だから、殺さない方に心が動いたのかなと思いました。

（小学６年国語「海の命」）

10 人生が変わる——中学生の感想

❶理解度評定は良い

私は、鏑木先生の授業を受けて思ったことは、とにかく全体的に楽しかったことです。1時間目はノートの使い方などを習いました。私は、今まで漢字などを間違ったら、真っ白に消して、書き直していました。でも、鏑木先生の話を聞いて、確かに書き直しは、間違ってしまったのを残しておいた方が、確かに忘れにくくなるなあと思いました。そして、机の上に置く物の中に、消しゴムがないことも理由がわかりました。そして、授業の初めと終わりに理解度を聞かれました。それをすることによって4段階のうち、どれくらいいっているのかがわかり、授業の初めより終わりの方が理解度が上がっていて、わかりやすくていいと思いました。発表をして間違っても、それは他の人も自分も、その事について深く考えたりするから、間違うことも、時には良い事だということがわかったので、これからは発表をたくさんしていきたいです。

（中学校1年国語「大根は大きな根？」）

❷予習するから分かりやすくなる

僕は、今日の国語の授業を受けて、わかったことがとても多かったので良かったと思いました。理由は、この授業を受ける前に予習をしていたからです。予習をしていたことで、今日の国語の授業に出てきた言葉の意味などがよくわかったり、予習でやった事などが出てきたりして、とても問題などを考えやすくなっていきました。もし、予習をしていなかったら、文章などに出てきた言葉の意味がよくわからなかったりしていたのではないかと思います。僕は、これからも今日のようなわかりやすく考えたりすることができる授業を受けたいと思ったので、予習をずっと続けていき、わかりやすい授業を受けたいと思います。

（中学1年国語「大根は大きな根？」）

❸ 第2の人生が開けた

今日の鏑木先生の授業では、いままでに体験したことのない授業でした。僕はいつも席を立って頭の良さそうな人のノートを見ると「立つな」、「人のをカンニングするな」と言われたことが何度もありましたが、今日の授業では、席を立って人の知識を奪って自分のものにできたし、カンニングが大切ということがわかりました。消しゴムを使わず間違いを残し、間違いを直すということも大切だと思いました。今日は、僕の第2の人生が開けたと思うので、今日の授業、今までの授業をしっかり復習し、これからの授業では、全てにおいて予習をしていきたいと思います。今日からは、僕の人生が変わっていくように努力します。本当にありがとうございました。

（中学2年国語「盆土産」）

❹ 目標が見えるから良い

初めに「これを分かるようにしよう」というテーマが見えていて、授業がやりやすかった。自分は上手く意見を言うことができなかったが、とても意見を発表できる良い雰囲気だった。これでもかというほど国語の授業が楽しく思えた。消しゴムは使わないという授業スタイルは新しく、自分の中で取り入れようと思った。

（中学2年国語「盆土産」）

❺ 頭を回転させっぱなし

わかり方は「少し」から「かなり」でした。今日の授業は、とてもきんちょうしました。しかし、会話や体操できんちょうがほぐれました。通常行っている授業と違うことがたくさんありましたが、話をよく聞き、楽しく行えました。ノートに、聞きながら書くということが初めてだったので、先生の言う通り、ずっと頭を回転させながらやっていました。たしかに、この授業をしていると疲れるので、大変でした。数学の授業では、計算をより簡単に解くということをやっていきました。最初はよくわからなかったりしましたが、少しずつできるようになり、うれしかったです。最後に出た問題は、まったくわかりませんでしたが、先生に教えてもらい理解することができました。この時間が良いものになり、良かったです。普段は体験できない授業ができたので、これから数学の授業だけでなく、生活から学んだことを使っていきたいです。楽しい授業ができてうれしかったです。

（中学3年数学「複雑な多項式の計算」）

11 百聞は一見に如かず——教師の感想その1

福島県郡山市。大雪の中、ノーマルタイヤで走行した国道4号線。いくらアクセルを踏んでも時速35㎞しか出ない。死ぬかもと思ったくらい怖かった。このことは当時、教育センターに勤務していた現郡山市立日和田小学校長の伊藤孝行先生の積極的な取り組みと共に忘れられない。

先行学習への思いを記述していただいた。

鏑木先生及び先行学習との出会いから18年が経とうとしています。最初は新たな指導法に衝撃を受け戸惑いましたが、次第にその素晴らしさに魅了され数多くの研修会に参加しました。その後、鏑木先生にとって校長最後の学校の草加市立八幡小学校の研究にも関わらせていただく機会を与えていただきました。それと前後して、郡山市に先行学習のパイロット校を設け、鏑木先生には講師として数年にわたりおいでいただき多くのご指導をいただきました。『分かる授業の指導案80』には、先行学習を学んだ郡山市内の先生方の実践を多数掲載していただけたことは有難く嬉しいことでした。

それ以降も自分の学校の研究に先行学習のよさを取り入れるため、鏑木先生には何度となくご指導を仰ぎました。鏑木先生の授業を参観し触発され、自分でも授業実践を始めた先生は先行学習に魅了されていきます。その一番の理由は、子どもが変わっていくからです。子どもが学びに意欲的になっていく姿を目の当たりにできるのは教師冥利に尽きるものです。これればかりは、いくら本を読んでも映像を見ても実感としてとらえることのできないものだと思います。

多くの先生は真剣に授業改善を求めていますが残念なことに保守的です。自分の知見が及ぶ範囲内での授業改善には積極的ですが、そうでないものには極めて消極的です。

広く知られるようになったと言え、多くの先生にとって先行学習は未だ未知の領域なのかもしれません。問題解決風な授業スタイルに慣れ切った先生にとって、先行学習のスタイルで授業を行うには越えなければならないハードルが多数あります。一番は教材研究の仕方の違いです。「予習内容イコール本時のまとめ」これが一番理解に苦しむ点のようです。先生方から出る質問は「学習のめあてはなくていいのですか?」、「本時のまとめを予習させたら、本時は何をやるのですか?」等々です。

そういうときこそ、百聞は一見に如かずです。私や私の学校の先生方が鏑木先生の授業を参観して衝撃を受けたように、先行学習により変わった子どもの姿を見てもらうしかありません。私も拙いながら授業実践を通して続けています。

言い古された言葉になりますが「子どもの姿で勝負」です。先行学習を通して変わっていく子どもの姿で勝負できるよう授業力を磨いていきたいと思います。

当時は郡山市あげての取り組みで勢いがあった。東日本大震災で授業どころではない状況になってしまったけれど、伊藤校長先生が蒔いたタネは確実に育っている。

12 教科書がいらんのですか——教師の感想その2

岡山県津山市での出会いも、意欲的な校長先生方のお陰で長いお付き合いとなった。当時若手校長として「これでいいのか」と分からない指導法を憂い、改革の先頭に立ち、退職後は岡山県奈義町教育委員会指導主事として活躍したりした鷹取正人先生にコメントをいただいた。

私は、年間で20回くらい小・中学校の授業参観・指導に行かせてもらっています（小7割　中3割）。授業を見て、話をするのが一番面白いですね。

授業を作るのに大切なことはたくさん有りますが、相手は新採用や若い先生の先生が中心ですから、次のようなことを話題にしています。

○単元全体で理解させる内容は何かをつかむ。

・指導要領を読む。教科書を見て単元の計画を作る。指導書（赤本）は細切れでたくさんの内容を盛り込んであるので時間不足になりがち。

○児童生徒に、単元全体の進め方（学習の見通し）を伝える。

・主体的な学習につながる。

○本時のゴールが具体的に身に付ける内容になっている。

・「…考えよう」、「…調べよう」では抽象的で身に付く内容がわからない。
○ゴールに向かっての道筋（流れ）がシンプルで児童生徒に分かる。
○学習規律はできているか。
○板書は分かりやすいか。
○学び合いの場面はあるか。
○どの子も参加していたか。
○生徒指導と特別支援の視点で児童生徒と接しているか。
○教師が一方的にしゃべりすぎていないか。
○教室はきれいか。
○学習用具は整っているか。

等々です。

先日も小学校に行きました。3年生　算数（単元：小数、啓林館　下　76頁）小数と分数の大小比較の所でした。担任の先生は一生懸命準備をされ、指導案も丁寧に書き、1学期に比べ学級も進歩していて良かったです。授業中の笑顔が増え子どもとの人間関係も良くなっていました。

さて本時の授業ですが、教科書には大小比較で「分数にそろえる」、「小数にそろえる」、「数直線を利用し比べる」という3種類の方法が出ています。新採用の先生は、発見学習の方法をとって進めました。教科書を出さない授業でした。その時、男の子が1人「先生、どうして教科書がいらんのですか」という発言をしました。先生はなんと答えたか記憶にないのですが、非常に意味深い重要な発言で、子どもからの言葉に私もびっくりしました。

授業は心配していた通り、45分という時間では3つの方法を全てこなす時間は無く、「小数にそろえる」という事に時間がかかり、「分数にそろえる」、「数直線を利用し比べる」ということはスピードでいってしまい、子どもには十分定着しないようでした。

後の授業反省で、熱心さを賞賛して授業の中身について話し合いました。

「先生、どうして教科書がいらんのですか」という重要な発言について、❶教科書は誰でも見ることができる大事なもので、隠さない授業を考えようということ。❷予習もさせて、教科書に3種類の方法が出ていることを教えること。❸学級の学力差は必ず有り、3つの方法を全て1時間に教える事はむずかしいこと。❹学力（ワーキングメモリ）の低い子は3つも1度に理解できないこと。❺自分ならどれが一番分かりやすいかを決めて、その方法で問題を解いていき練習問題の量を確保し習熟すること。❺1つ分かったら、ほかの2つの方法もチャレンジすること。全ての子に3つの方法全てを理解させる必要は無いこと。❻特に、新しく習う内容があるときには、丁寧に教え、その時間に身に付けさせておくこと等を話し合いました。

鏑木先生が言われ、本にも書かれているように、いつも問題解決的学習では限界が出てくることや、教科書をしまう授業の不合理さを改めて考えたところです。そして、教科書を隠さない、先行学習での授業作りを提案しました。単元全体や本時の中で、先行学習と問題解決的学習を内容によってうまく織り交ぜ、「分かる」ことを大事にした授業作りを考えていきたいと思っています。

私にも「教科書はいらんのですか」は、心にズッシーンと響いた。本当に「いらんのですか」だ。心ある全国の先生方、この言葉を復唱してから教室に入ろう。

13 知識と結び付いた感動——教師の感想その3

以下は、京都市立深草中学校（現京都市立伏見中学校）の松本圭代氏の感想である。氏とは京都で出会い、京都にある私立光華小学校の校長になるきっかけを作ってくれた。この出会いは京都ゼミ（NPO活動法人授業高度化支援センター主催の学習会）のスタートでもあった。氏は生徒の変容を目の当たりにして先行学習に惚れ込み、その良さを伝えたりするなどして、今は、授業の指導助言者や講演を依頼されるまでになった先生である。

予習や共書き[18]を行い、前半に教えることが、知識の習得を促す効果は想像以上であった。また、実験・観察の前にまず言語的な知識を持つことの意味は実践を進めるほどに明らかとなった。先述の「雲のできかた」を例に挙げれば、すばやくピストンを引いた瞬間に、フラスコ内が白く曇る様子を見て「おー」という声が上がる。この声は単に曇ったから驚いたという反応ではない。「なるほど、空気が膨張して、気圧が下がったことで、温度が下がったのだ」、「露点に達して、水蒸気が水滴になり、雲ができた」ということが生徒の頭の中でつながっていくのだ。単に「白い曇りができた」という驚きではなく、それが共書きでノートに書いた「雲のでき方」と結び付いたうえでの感動なのだ。結果や結論を知っていると感動が薄れる、面白くなくなる、という意見があると思う。しかし、何も知らずにびっくりすることと、理由を知っていてなるほど！　という感動を比べてみたい。

「酸化銅の還元」でも、炭素と酸化銅の混合物を加熱し、色が変化し始めた瞬間に「あ！　還元が始まった」と反応に見入る生徒たち。還元という化学変化の具体を目にして、それが言語と結び付き、さらにその様子を注意深く観察していく。いくら実験結果を知っていても本当にそうなるのだろうか

18 **共書き**：板書技術の1つ。教師が板書するとき、同時に子どももノートに書いていく方法のこと。詳しくは200頁を参照。

という視点で実験・観察を見ると、中身をよく理解しているからこそ、分析的、焦点的に観察することができるようになるのだ。この実験においても、酸化銅の色の変化と気体の発生の関連付けなど、以前よりも詳細かつ深い観察記録が数多く見られた。さらに、活用課題として「砂糖でも酸化銅を還元できるか」に取り組む。班ごとに「絶対、還元できる。だって砂糖には炭素が入っているから」等と、それぞれが理由も述べながら議論する様子が見られた。学んだ知識を活用して協働で問題解決に取り組むことで、何となくわかっていた知識がより確実な知識へと変化していくことが生徒たちのやりとりからも感じ取れた。また、生徒自身が自分の観察の力や思考力が向上していると自覚していることがアンケートからも確かめられた。

これらの実践に加え、ワークシートからノートに変えたことは生徒の学びを大きく変えたといえる。「ノートを書いていくと自然と頭によく入る」、「自分で図を書くと実験のしくみがよく分かる」という記述がノートを書くことの効果を物語る。ノートを書くことは、子どもたちにとって知識の構造化を図る場となっていると言える。自由度の少ないワークシートではその機能が十分に果たせないのだ。しかも一枚のシートはノルマのように思え、書いたら終わりという感覚があると生徒が語ったことはシビアな現実であった。この実践を通して痛感したことは「まず『分かる』を保証することが生徒の自信と意欲を生む」という事実であった。子どもの主体性を育て、思考を促す前提として、まず子どもたちに「分かる」を保証するためには、教師が自分の常識を覆す勇気を持つことが大切ではないだろうか。

松本圭代氏の、先行学習の本質を突くコメントを読んで、多くの人がこのように感じてほしいと思わずにはいられなかった。ありがたいコメントである。

教師の生き様はかくありたいと思う。

14 感想を楽しそうに話す――教師の感想その4

楽しそうに話すという表題を記したのは、富山県高岡市立高陵中学校教頭の本田智氏である。出会いは京都市立開睛小・中学校で開催したゼミだった。遠く富山から京都までサンダーバードを乗り継いで参加するエネルギーに瞠目した。富山県高岡市に先行学習が根付き、かつ広がりを見せているのはただただ氏のお陰である。

私が、鏑木先生の「先行学習」の授業を参観したのは、平成23年11月に行われた京都市立四条中学校での研修会に参加したときである。

当時私は、市川伸一先生が書かれた本を読み、実験を行う前に、予習を取り入れて授業を行っていた。しかし実態は、「教えて考えさせる授業」でも、「問題解決的学習」でもない中途半端な授業であった。毎日、生徒の頭の上に「?」が浮かんでいるように感じ、悶々としながら授業を行っていた。

そんなときに参観した鏑木先生の授業は、驚きと新しい発見で溢れていた。答えを与える予習、共書きによる板書、用語の意味だけでなく言葉の関係を含んだ補説、メタ認知を働かせる2点評価、確かな理解に導く活用課題、活用課題に取り組む立場の自己決定。どれも私の授業にはないものばかりだった。そして何より授業を受ける生徒たちの表情が違っていた。先生の補説に納得している生徒、好奇心を持つて活用課題の結果に注目する生徒。2回目の理解度評価から、ほとんどの生徒が自分の理解の深まりを感じ、「わかった」を実感できていた。特に印象に残っているのは、授業が終わってから先生に授業の感想を楽しそうに話す女子生徒の姿であった。
学校に戻り、私の見よう見まねの「先行学習」の実践が始まった。
予習の具体的な内容と補説の仕方を考えることで、私自身があらためて教材や教科書と向き合い、授業で何を教えたいのか考えた。以前聞いた「言葉の正確さは、知識の正確さ」という言葉を実感した。

共書きによる板書も新鮮だった。それまでは、「教師が授業の要点や生徒の発言を板書し、それを見た生徒がノートに書き写す」というのが板書であった。時には、それに口頭での説明や質問が加わり、生徒は「聞く、見る、書く、考える」の違った行為を同時に処理しなくてはならず、書き写すことで精一杯で板書の意味理解や課題についての思考には及ばない生徒が多かったのではないかと思う。共書きによる板書では「聞く」と「書く」が明確に分けられそれぞれに集中できる。そして、集中できるのはその行為だけでなく、書く「言葉」にも集中できる。そして、共書きは、単に板書の仕方だけでなく、生徒への指示の出し方や生徒のワーキングメモリについて考えることのきっかけとなった。

活用課題を何にするかはずいぶん悩んだ。知識の適用範囲を広げる単なる応用問題でなく、授業前半で得た知識を使って取り組むことで予習内容の理解を確かにする課題は何か。鏑木先生の本や指導案を参考に考えた。よい活用課題を設定できたときには、生徒の話合いの様子や理解度評定にその手応えを感じることができた。

「先行学習」に出会ってから、10年以上が経った。生徒が「なるほど」と思える理解を得ることができる授業を目指してまだまだ悩むことや考えさせられることが多い。理科教員として36年経つが、まだ発展途上である。そう思えるのも、「先行学習」と出会ったからのように思う。

富山の高岡に行けるのは本田先生がゼミを開催してくれるからだ。京都で出会ってから、授業改革の先頭に立って活躍してくれる。お陰でメンバーが増えた。授業の質も向上した。本田先生のコメントを読む度に、この新鮮さを私も忘れないようにしなければと心新たにする。

15 分かりたいんだな——教師の感想その5

ある日、遠く九州の博多からメールが来た。先行学習に取り組んでいて、どうやれば多くの先生方に理解してもらえるか悩んだりしている福岡市立大楠小学校の北藍子氏だ。氏の思いも確かな実践をしたいとの思いがあふれていた。

子どもたちは〝わかりたい〟んだな。

これが、10年近く先行学習を実践してきて、最近特に感じることである。

子どもたちはは内容を理解したいという意欲だけではなく、その先の「自力解決をしたい」という意欲もちゃんと持っている存在だということは、私が自ら先行学習を実践していなかったら気づかなかったかもしれない。

私が先行学習に出会ったのは、18年前の初任者だったころ。当時、同学年だった先輩がこう教えてくださった。

「ゲームに例えると、子どもたちにちゃんとアイテムや武器を持たせるということだから、何も間違っていないよ。丸腰で最後のドラゴンに挑む勇者はいないでしょう。新しい武器や魔法をしっかり練習して、レベルを上げて戦うはず。勉強もそんなふうに考えたら、きっと子どもたちは難しい問題にも、自分たちで立ち向かうことができるようになるよ」。

当時の私にも、ものすごく腑に落ちる話だった。

自分の授業を振り返ると、わからなくて何もしない子どもや喋ってしまう子どもに対し、「何でちゃんとやらないの！」と自分の怒りをぶつけ、罰で言うことをきかせると言う、教師としてあるまじき態度であった。学びは子ども同士の対話や発見から導き出すものだから、教師は積極的に教えないことが正しいと思っていたから、当然のように授業では低学力の子どもたちが蚊帳の外になっていた。そんな私に対して「ちゃんと教えていいんだよ」と言う先輩の言葉は、大きな希望になり、今も私の授業を後押ししてくれている。

それから今まで、主に理科の授業で先行学習を実践してきた。子どもたちは初めこそ戸惑うところもあったが、単元の最後には必ず、一人ひとりが課題を作る発展的な実験に自分たちで取り組むことができるように育ってくれた。実験に対しても、結果がわかっているため「なぜ結果が違うのだろう。先生、もう1回やり直します」と、自分たちの実験を自分たちで振り返る姿勢が育ってきた。教科書の知識や自分たちの実験結果を疑ってみることができるというのは、大人の私から見ても驚きだったが、知識を得てそれを使いこなす中でそのような視点も身についてきたのだと感じる。考えたら、やってみたらいいことや楽しいことがある。そう子どもたちが思うから、みんな私が来て理科をするのを楽しみに待ってくれている。

私が勤務する自治体の研究会では、10数年前に先行学習の形式で授業実践をするということを、私と前述の先輩が所属している研究会を中心に提案を重ねてきた。最初は「答えを最初に言うなんて、子どもが育つわけがない」と大きな議論を呼んだ。しかし、研究会のメンバーが積極的に授業公開を引き受け、授業を見せ、子どもの姿を見せてきた。自分で理科を楽しむ子どもたちの姿が、「子どもが育つわけがない」と言ってきた方々の見方を少しずつ変えてくれた。おかげで現在は、鏑木先生がおっしゃるように「このやり方もあっていい」と言われるようになった。

1人で実践していたら心が折れていたかもしれないが、指導案を書くたびに「この教え方でよいか」、「この教材でよいか」、「この発問でよいか」とたくさんの示唆を与えてくださった研究会の先生方と、先行学習で理科を楽しんでくれた子どもたち、そして離れていてもすぐに相談に乗ってくださる鏑木先生をはじめNPOのメンバーの先生方のおかげで、自分の授業を改善することができていることに、本当に感謝の気持ちでいっぱいである。

これからはほかの教科へ実践を広げていきたい。理科以外でも、子どもは「わかりたい」と思って学校に来ている。その気持ちを大切に思うなら、自分の授業をブラッシュアップするしかないからだ。まずは算数を、こんどは勤務校の先生方と一緒に実践していこうと思っている。

氏の今後の活躍が楽しみである。

16 スジが通っている――教師の感想その6

2022年3月まで私は、板橋区立舟渡小学校で高学年の理科を中心に週21時間の授業をしていた。私が先行学習で展開していても、それが当然の指導法だと周囲の教師は見るようになってきた今、とうとう昨年度から校内研究のテーマを先行学習とすることができた。これは私の頑張りではない。頑張りの中心的な役割を担っている研究主任の中島進介氏だ。以下は氏の先行学習にかける思いである。

鏑木先生のご指導のもと、先行学習の授業実践を重ねてきました。

先行学習に出会っていない先生方に、私がまず伝えたいのは、先行学習の理論、鏑木先生の理論は「スジが通っている」ということです。

児童に身に付けさせたい知識・技能を予備知識として全員に等しく与え、補説、理解確認の場面でしっかりと教える。学習塾や家庭学習で教わり「そんなこと、もう知っているよ」という子も、発見学習のプロセスでは「よく分からないまま授業が終わってしまった」という子も、授業の前半で同じ土俵に乗せるのですから。

児童から、「中島先生が授業で書くめあては〝○○を見つけよう〟とか〝○○を考えよう〟っていうのが少ないのはなんでですか」、「中島先生はよく、まとめに書いてあることを最初に共書きするよね」と言われたことがありました。

私は、「この1時間でみんなに理解してほしいことだから、最初に共書きをして、ちゃんと説明するんだよ」と話します。

先行学習での授業が学級で定着してくると、授業後半の活用課題への挑戦も、より活気が出てきます。「だって、共書きしたことを使って考えるとさ……」と相談し合う声が聞こえてきたときには、思わずニヤリとしてしまいます。まさに「知識活用を通して、分かったつもりから脱出しようとする」場面です。

授業前半でしっかりと教え込み、後半の問題解決を通して、理解深化を図る。実に〝スジが通っている〟のです。

一方で、鏑木先生は常々、〝両刀遣いを目指せ〟ともおっしゃっています。

先行学習一辺倒ではなく、本時の指導目標に応じて発見学習型の授業も取り入れて単元指導計画を立てていくことが肝要だと学びました。

「もし私たちが生徒に昨日と同じように今日も教えるならば、私たちは子どもたちの未来を奪っているのです」というデューイの言葉を胸に、すべては児童の「分かった」、「できた」のために同志の先生方とともに、これからも「もっと分かる授業」を追求し続けていきます。

中島先生が校長になるときが来る。そのとき校内研修は先行学習にするだろう。そのときの指導助言者は氏自身だろう。楽しみだ。その日まで実践を続けていたい。

17 引き出しが増えた——教師の感想その7

東京都板橋区立舟渡小学校で精力的に取り組んでくれたのが柴﨑優美氏だ。令和2年に公開した2年生算数の授業は白眉だ。若手の中核メンバーの1人として大きく育った。徐々に先行学習への理解が深まっていく姿は印象的だ。以下に紹介しよう。

先行学習を通して、学力を高める授業をしたい。

先行学習を学んで、自分の中に新しい引き出しがたくさんできました。例えば、ただ答えを知るということではない「予習」の役割と重要性、児童が自分の分かり方を認知する「理解度評定」を「2点評価」で行う効果、等です。とくに、「全文視写」、「共書き」、「教科書の徹底活用」、「速い子を待たせない」については、私自身が授業を構成する基盤になっているといっても過言ではありません。

先行学習については教えていただくだけでなく、先行学習を取り入れた指導案を書き、実際に授業をさせていただく機会も何度かありました。令和2年度9月に行った、小学校第2学年算数科「ひっ算のしかたを考えよう」の研究授業では、上記に述べたような先行学習の特徴や授業スキルに加えて、「単元計画の立て方」について、深く考えさせられました。

単元計画を立てるとき、本時や本時に深く関わる前時や次時については、これまでも計画的に考えていましたが、大まかな単元の流れは教科書の通りに実施することがほとんどでした。しかし、鏑木先生と単元計画を立てる中で、「指導書通りの計画が、はたしてベストな展開なのだろうか」という疑問が生まれました。その視点から単元計画を見直すと、「先行学習を取り入れることで3時間分時数を短縮できる。しかも、短縮してもテストの解説という＋αの時間まで入れられる」という結論に至りました。最初は「なんと、すばらしい！」というより「こんなにも大きく指導書と変えて良いのだろうか」という不安の方が大きくありました。ただ、鏑木先生と話をすればするほど、「指導書で決められているから」という枠にとらわれていることに、何のメリットもないことに気づかされました。むしろ、先行学習を取り入れることで時数を短縮でき、習熟問題や応用問題に取り組む時間を生み出すことができるのです。つまり、学力の向上に直結すると感じました。授業後に「勇気がいる決断でした」という振り返りをしましたが、鏑木先生に背中を押していただいて、1歩上へ踏み出すことができたことは、私自身にとって少しの自信にもなりました。

先行学習を学んでいなかったら……。今では想像できません。先行学習を学べば学ぶほど、新しい引き出しが増えることが実感でき、授業を計画することが楽しくなりました。また先行学習を取り入れるようになってから、児童の学力が高まっていることを感じられることが増えました。「みんなが分かる授業をしたい」という意識から「学力が上がる授業をしたい」という考えに変わっていったのも、先行学習を学んだからこそだと思います。問題解決的学習と先行学習をハイブリッドにして、児童の学力を高める授業を求め続けたいです。

どこまで高まるか。楽しみである。焦らず、諦めずじっくりと進んでほしい。

18 誰が受けても面白い――教師の感想その8

高校の先生の感想を掲載したい。山﨑正義氏は、執筆当時は埼玉県立浦和高等学校教頭で、現在は埼玉県立宮代高等学校の校長先生だ。

山﨑正義氏との出会いは、東京大学の学習会だった。

氏は高校の数学の先生だが、中学校の数学、小学校の算数の飛び込みも体験している希有な先生だ。全国広しといえどもこのような先生はいないのではないか。貴重な体験を有する先生で、将来の活躍が大いに期待できる。

令和2年度以降、現在まで高校の校長先生として校内で高3の数学や久喜市内の中学校で数学の飛び込み授業をして、これまた非常に前向きの姿勢を見せている。

鏑木先生の先行学習による授業は、十分知っているはずの私も本時の内容について理解に深まりを感じる。ゆえに毎回の授業参観が楽しい。そして、自分が子どもの頃に教わっていたら人生がもう少し違ったかと今さらではあるが思ってしまう。子どもたちがうらやましい。同時に、自分の授業は「ああ、こういうことを教えてこなかった」と反省しきりだ。

例えば、中学校数学「因数分解」の導入場面。まず定義を共書きし、言葉の理解を図るために具体的な計算例を挙げながら概念化を図る指導を拝見した。授業初めの共書きは言葉と対峙する機会、そして自分の知識との比較により思考が活性化。この場面は、各生徒の理解状況に応じてそれぞれが考えさせられる場面となり、私も自分の理解状況が改まった瞬間だった。

そして授業では因数分解とはどういうことかという概念がよくわかり全員が共通に使える言葉として定着した。

一般に因数分解の問題は解けるが、そもそも因数分解とは何かを説明できる生徒は少ない。一事が万事、他の定義についても問題の解き方の説明で終始してしまうことが多いのではないか。従前の指導では、使う言葉に明示的になれないのでその知識を活用した問題解決がうまくいかない。学べば学ぶほど怪しくなっていく。先行学習は概念化を図り知識の活用を促す授業実践の具体策だ。

また、先行学習は予習をして良かったと思える授業である。小学校では予習を奨励しないと聞き驚いた。是非、小・中学校で予習する学習習慣を身に付けてほしい。高校や大学になると予習をするのが当然と言われてしまう。しかし、現実には予習できずに困っている子どもが多い。経験がないのである。教師も子どもも予習の価値を共有したい。

さて先行学習の良さをあらためて振り返ってみると、

❶ 言葉による確かな知識の獲得に成功している
❷ さらにその知識は活用可能
❸ 言葉の獲得により教科書が読めるようになる
❹ 言葉共有による友達との会話による思考の活性化
❺ 予習→授業→復習という学習習慣が身につく

❻　2点評価で学習内容の深まりを実感
❼　自分の理解度を把握しながら学習を進めることができる＝学習力アップ
❽　何を学んだのかがわかりやすい
❾　先行学習の授業展開が教師の授業スキルをアップ
❿　言語活動の充実を図る指導法
⓫　学力差に応じた指導
⓬　授業で勝負を本当の意味で実践できる授業スタイル
⓭　能動的に学ぶ姿勢を身につけさせる（勉強したくなる授業）

いかがだろうか。含蓄のあるコメントだ。高校の先生で小・中の先生を納得させるコメントができるのは山﨑氏をおいて他にはいない。

19　学問の本質的な楽しさを志向する——教師の感想その9

ここで、国内留学という形で令和元年度1学期に、私のところに3ヶ月間学びに来た富山県高岡市立五位中学校の土江田美穂氏に登場していただこう。

中学校の教師が小学校の教師のところ3ヶ月張り付く。普通なら考えられないことだ。教育委員会の決断に感謝である。3ヶ月間で大学以上の体験をさせる責任があると心得て接した。

人柄も良く、前向きなその姿勢は実に素晴らしかった。

その結果、立派な実践論文を書いた。先行学習にとってもうれしい業績となった。

先行学習はどんな刺激を氏に与えたのだろうか。

最近授業していて感じていることは、入試問題の長いリード文の意味が分からない生徒や問題の意図を理解できない生徒が増えてきたということだ。さらに、実験結果から考察しなさいと言っても何を書けば良いのか分からない、結果と感想と考察の区別が曖昧でごちゃまぜに記入している生徒が年々増えていく様子を見る度に、こうした状況を何とか改善できないかと考えていた。また、生徒たちは理科が分かるようになりたいと思っているのに、どうすれば「分かる」実感を味わわせてあげることができるのか、というのが長年抱いていた私自身の課題でもあった。

そんなとき、「先行学習」という指導法があることを知り、実践したのが、1年のシダ植物の観察である。一般的な授業展開では、まず生徒に観察させて、気付いたことをレポートに書かせるが、先行学習的な展開では、最初にシダ植物のつくりの特徴について説明し、胞子や胞子嚢についても紹介した。その後で生徒に顕微鏡で葉の裏を観察させたところ、どこに着眼すれば良いか前もって理解していたので、ほとんどの生徒が対象物である胞子嚢を確認することができた。そして、それまではほとんど見ることができなかった胞子嚢から胞子がはじけ飛ぶ瞬間を観察した生徒も何人か出てきてとても感動していた。このとき、「先行学習」の良さを確信することができた。

そして、昨年秋から先行学習を実践して、ますますその効果に気付いた。

まずは、予習の良さである。復習を宿題に課してもやってこない生徒が、予習にすると意外とやってくるのである。それを授業中に発表させると自信たっぷりに紹介する姿が見られた。うっかり、授業中に私が調べてしまうと、予習が減ってしまうと嘆く生徒さえ出てきた。

2つ目は、共書きの良さである。生徒は一言もしゃべらず集中して共書きをするようになり、書いた内容が頭に残るようになったという。私自身でも、どこを朱書きするか考えることで言葉に対して敏感になったように思う。最近では、友達の発表を聞いて、「そこは○○という言い方ではなく、××がいいのでは？」と言葉にひっかかりを感じる生徒が増えてきた。

3つ目はなんと言ってもチャレンジ問題の良さである。「先生に教えてもらう」を選択した生徒たちは、自分の考えを確かめるために、あるいは素直に分からないから、ノートを持って集まり、私の説明を熱心にメモする。分からないことをしっかり教えてもらえるので、迷わず聞きに来るようになった。一斉指導の中では、やる気なさそうにただ座って時間が経過するのを待っていた生徒が目を輝かせて質問に来る。この姿が見られるようになっただけでもチャレンジ問題を与えた価値はあったといえる。また、友達同士で盛んに話し合ったり、自分が教えてもらったことを友達に教える姿が見られたり、教わっても説明が理解できないと真剣に質問する姿が見られたりした。そして、どちらも満足感あふれる笑顔を見せてくれたことがとても印象的だった。生徒の中には「チャレンジ問題が楽しい」、「これまで理科は嫌いだったけど、チャレンジ問題は好きになった」という声も聞かれるようになり、他人に「教えてもらう」、「説明する」という行為を通して理解をより確かなものに変えることができたと感じている。

4つ目は振り返りの良さである。これまで、私は振り返りをさせたことがなかった。だから、振り返りの時間にもう1度、共書き文について考えることや50分ひたすらインプットしてきたことをアウトプットすることで、何が分かって、何が分かっていないかを明確にできることに気付いた。文章で書かせることにより、書く力も少しずつ向上している。最近は、より詳しく、よりピントをずらさずに書けるようになったと実感できている。

最後に2点評価の良さである。これまでは、授業の終末のみ評価していたが、最初に評価することで、その時点での自分と他人の理解度が分かり、終末の評価では自分が理解できたこと、あるいは理解できていないことがメタ認知できていると感じるようになった。

以上のように、先行学習に取り組んでまだ2年余りであるが、すでに生徒にも私自身にも変化が見られている。生徒から「考えることが楽しい」や「分かるようになった」という声が聞かれたことは私自身の自信にもつながり、大きな充実感を得ることができた。より効果的な学習にするため教材研究に時間をかけるようになり、大変やりがいを感じている。

実践を通して、「先行学習」による授業展開の仕方や教師による補足説明によって成果に大きな差が出ると気づき、教師の力量が問われていることを実感できた。

今後は、先行学習一辺倒ではなく、問題解決型学習と先行学習を巧みに使い分けることのできる二刀流を目指していきたい。

いかがだろうか。教える神髄に触れている。こんなうれしいことはない。同じ研修でも3ヶ月間学校を離れて自己を見つめるゆとりがある研修の効果であろう。うらやましい。

先行学習をしてみたいと感じてくれたと思う。

ここに登場いただいた先生方のコメントは元気の出るコメントだ。教師をしている以上、こんなコメントに囲まれたいものだ。

学ぶ本質。これこそ求めてきたところである。

これまで北海道から沖縄までの全国各地で飛び込み授業や講演をしてきた。多くの授業も見た。

そこで改めて実感したのは本質を追究しようとする先生と多く触れあうには日本全体を視野にいれないとだめだということだ。

本書をここまで読んだ方は本質を求めようとしている人だ。よい授業をしたい、子どものための授業をしたい、分かる授業をしたいという教師の皆さん、ぜひ鏑木主催の「分かる授業の本質を学ぼうとする先生方の会」であるNPO活動法人授業高度化支援センターに入ってほしい。

NPO活動法人授業高度化支援センターでは、月1回のゼミで授業について話し合っている。実践を交流している。認知心理学を学んでいる。夏の高度化セミナーでは全国の先生方との交流の場とを設け本物の議論をしている。

未来予想図1 格差固定化脱却を

これまでの問題解決的学習では格差固定化を助長する。そう強く思う。

先行学習を提言したとき、猛烈な反発を受けました。先に習得させるなんてあり得ない。学ぶものがなくなるじゃないか。問題解決的学習にならない！　まあ、それはそれはひどい反発でした。でも、実際にやってもらうと嘘のように反発は消えました。問題解決的学習は、気付きと発見を主とする指導法です。それは、❶学力格差を固定化させます。❷能力主義に傾き、生じた格差は本人の努力だけでは越えられない等の問題が生じます。

これは今話題になっている新自由主義への行き過ぎ、つまり、誰もが能力や努力で成功できない社会になってしまったこと、能力すら運次第という流れに対して個人の努力だけでは越えられないということと軌を一にするのです。

あのトランプ大統領を生んだアメリカ社会が潜む問題点を、そう見抜いたマイケル・サンデル著

（2021）『実力も運のうち　能力主義は正義か』（早川書房）の主張とピッタリ重なります。これには驚きました。

問題解決的学習一辺倒から今すぐにでも脱却すべきでしょう。

その具体策が先行学習です。問題解決的学習の前に先行学習を置くのです。

小学校2年の算数「かさのたんい」を先行学習で授業をしました。そのとき、学力のかなり低い子どもが「今日は楽しかった！」、「朝からずっと4時間算数をやってもいい」と言いました。一番ありがたい反応です。この体験が継続されれば、格差流動化につながります。これが格差固定化脱却の実践ポイントでしょう。

なお、格差の固定化とは、格差の縮小や拡大ではありません。格差の固定化をこのまま放置してはいけません。これまでのこだわりを捨てて子どもの「分かる」ことを通して脱却しましょう。

お薦めの本があります。日経BP社刊（2019）『FACTFULNESS』（ファクトフルネス）です。表紙カバーに「思い込みを乗り越え、データを基に世界を正しく見る習慣」とあります。

第 2 章

先行学習の意義

先行学習に関心を向けると
「なぜ」が次から次へと湧いてくる

なぜ指導法を変えるの
なぜ今までのままじゃいけないの

困らないよ
変えると面倒だよ
聞かれたときにうまく言えないよ

暇がない？
難しかったら
途中からで良いのです
飛ばし読みで良いのです

子どもの未来のために
今、励んでおこう

問題解決的学習は、多くの教科書に採用されている指導法だ。その特徴は帰納的、つまり気付きと練り上げで決まりを発見させる指導法である。

ここでその流れを確認しよう。具体的には以下のような手順を踏む場合が多い。

❶ 授業の入口で事実を見せたり、事象を提示したりして疑問を抱かせ、問題意識を高めさせる。
❷ その高まりをバネにして意欲的に答えを予想させた後に解決方法を考えさせる。
❸ やってみたいという意欲をさらに高めさせ、解決活動へと進ませる。
❹ 授業の終末で結果を考察させる、つまり帰納し答えを導かせる。ただし、導き出した答えの質は学習者任せ、つまり出口はオープンエンドである。

このような特徴を持つ問題解決的学習は、特に理科、社会、算数・数学では指導法の主流となっている。しかし課題も多い。例えば、問題解決的学習の実践上の課題は、何も最近指摘されたものではない。数十年前から言われている。ここで確認の意味で、問題解決的学習とその課題を今一度再掲する。

❶ 解決方法を考えられない子どもへの対応をどうするか。
❷ 予想や意見が拡散する場合が多いが、その収束をどうするか。
❸ ❶に関連して、知識の系統が必ずしも担保されていないカリキュラムにどう対応すればよいのか。
❹ 解決活動に必要な知識が確かでない子どもは、授業の土俵に上れなくなるが、その対応をどうするか。
❺ 授業の終末、つまり出口を学習者任せにしてしまってよいのか……。

再掲はここまでで、1つ追加する。

❻ 子どもの「なぜ教科書を机の上に出さないのですか」、「なぜ使わないのですか」という素朴な疑問に答えられない。

これらの課題は、特に低学力層の子どもにとっては、重大かつ深刻な課題である。まじめにかつ深く実践する教師ほど悩みは深い。解決しなければという意識は共有できるものの、改善の方途を探っても、堂々巡りのような迷路に入りこんだ状況に陥ってしまうのが現実だ。

これらの課題を解消するとき、問題解決的学習の範囲内での工夫では土台無理なのだ。問題解決的学習をする前に先行学習で土俵を揃える等、発想の転換が必要だ。

第1節 9つの理由

本節で問題解決的学習が持つ問題点を明確にする。問題点を読者と共有できれば、これに対応する方策も共有できる。

20 知らないという前提が崩れている

問題解決的学習は、これから学ぶことは知らないという前提が成立条件だが、その前提がとっくに崩れている。

なぜならば、今は学校に行かなくても学べてしまう時代だからだ。この典型が、高校に通わなくても大学に入学できる高等学校卒業程度認定試験（旧大学入学資格検定）制度の存在だ。この試験に受かれば大学入試を受けることができる。実際に高校に行かずに某有名国立大学に合格した例は、まさしく学校で学ばなくても学べてしまう典型となった。

また「本気の勉強は塾で」という考えが通用するのも、前提が崩れている証拠である。特に都会地あるいはその周辺地域に住む子どもの通塾率[19]が高い。そのせいか「先生、学校に毎日元気に通ってくれれば言うことはありません。勉強は何とかしますから」という親も、もう珍しくなくなった。

私は、京都にある私立光華小学校の校長として、２０１５年1月1日から２０１６年8月31日までの1年8ヶ月間という短い間だが勤務した。そこで体験したのがまさしく「学力の保障は結構。とにかく元気で居させてくれればいい」であった。２学期後半の受験時期に近くなる頃から6年生は欠席が急増する。1月から受験が終わるまでは登校させませんと宣言する親が続出する。全校集会が成立しない。もちろん家族旅行で2週間以上海外に行く例も珍しくない。私立の良さなのか、義務教育軽視なのか、校長として判断に苦しんだが、現実を素直に見つめる姿勢を保つようにした。

「我が校では分かる授業を展開し、塾に行かなくても平気です」と、胸を張る学校をあまり聞かない。残念なことだ。家庭の経済力が学力に大きく影響するとの認識が共有され、かつ公教育ではお金をかけられない縛りがそれを助長する。

今一度、学校に通えば学力が間違いなく向上することを前面に出して、「先生の学校に通わせると確かな学力が保障されるので塾を辞めました」と言う保護者が続出する学校を創りたいものだ。

19 **通塾率**：２０２１年度の全国学力・学習状況調査結果で見てみると、中3では63・5％、小6では47・4％となっている。東京都は中3で73・8％、小6で60・1％である。

〔定義〕**学校** school　一般には選択不可能な国民一人ひとりの充実した人生のための教育機関。国が国として栄えるための機関。子ども・青年の潜在的能力を発達させ、併せて労働力の養成と再生産のための人的能力の社会的選抜機能を持つ機関。

学校教育で可能なことは、将来必要に迫られた時に自助努力で使えるレベルにまで高めることができる基礎学力をつけること。それ以外はできない。例えば、子ども全員が英語をペラペラと話せるようになるというのは全くの幻想だ。他教科でも同様である。塾や予備校に取って代わられる可能性が高い機関といえる。

〔補説〕学校で育成したい能力としては、主体性・積極性、チャレンジ精神、協調性・柔軟性、責任感・使命感等の資質だ。これらはキー・コンピテンシー（104頁参照）、つまり、地域や人種を越えた世界標準の学力ともいえる能力にあたる。これらが育つ教育でなければならない。そのことで驚いたのは、各都道府県の公立中高一貫校の学校経営方針等[20]だ。極めてグローバルだ。

また、異質な文化や人間を受け入れられる構えの育成も見逃せない。多様性すなわち「違いを認める」である。これらの育成が日本は弱い。日本人は協調＝異を唱えないという図式を持っているからだ。でも、このイコールは前向きならイコールでなくてもよいはずだ。ここが民主主義の根幹なのだから。いずれにせよ、知識獲得過程での育成となるが、学校でしか学べないことを学ばせることが学校再生の鍵だ。

〔関連用語〕**塾** juku: A juku is a private supplementary school where school children cram outside school hours.
学校教育では飽き足らない子ども、あるいはフォローし得ない子どもにとって必要不可欠な学習環境

20　**公立中高一貫校の学校経営方針等**：これについては、河合敦著（2013）『都立中高一貫校10校の真実』（幻冬舎新書）に詳しい。他にも、小林公夫著（2013）『公立中高一貫校』（ちくま新書）、横田増生著（2013）『中学受験』（岩波新書）も読むと視野が広がる。

を用意してくれる、今や無視できない第2の学校とでも言うべき私設の教育機関。

学校の勉強なんて簡単だと思っている子ども、難しくて学校に行ってもつまらないと感じている子どもは、先行学習に接すると初めて学校が楽しいと言ったりする。塾でできない授業をすることで、学校教育の復権が初めて可能となる。

２０１５年以前私は2週に1回、花まる学習会のお茶の水校で、中高一貫校受験科理科を教えていた。そこに通ってくる子どものほとんどが、座学ばかりなので学校の勉強に強い知的欲求不満を抱えていた。本当に何とかしないと、学校は早晩、塾と合併しないと生き残れない時代が来るのではないか。


〔補遺〕今は、塾の講師を公立学校に招いて講演してもらうことが珍しくなくなった。しかし、私が校長になった頃（１９９６年）はまだその走りの時代だった。私は躊躇せず、花まる学習会代表の高濱正伸氏に講演を依頼し、その実現に努めた。併せて学校評議員の役に就いていただくこともお願いした。お陰様で学校とは何か、塾とは何か等々、本質の議論ができて、学校の活性化と指針の確定に大いに役立った。学校と塾との交流はもっと盛んになってもよいと思う。

小宮山博仁著（２０００）『塾』（岩波書店）や富田一彦著（２０１２）『試験勉強という名の知的冒険』（大和書房）という本がある。また「受験に勝つ！　塾＆予備校徹底比較」という記事名をつけた週刊誌（週刊ダイヤモンド２０１４年3月1日号）がある。

これらはぜひ読んでほしい。

21 発見学習には10の落とし穴がある

オースベル、ロビンソン他の『教室学習の心理学』（1989 School Learning 黎明書房）の第16章「発見による学習」には「発見学習の長所と落とし穴」と題して10の課題が挙げられている（652-665頁）。思わずドキッとすることが記されているので紹介しよう。

❶ 本物の知識とはすべて自分で発見したものである。
❷ 意味は非言語的発見としてのみ生じる。
❸ 非言語的に気付くのが鍵。
❹ 教科内容の伝達における発見的方法。
❺ 教育の第一目標としての問題解決能力。
❻ どの子も創造的に考える。
❼ 提示的な教え方は権威主義的である。
❽ 発見は学習を後に使うのに効果あるように組織だてる。
❾ 発見は動機づけと自信の唯一の発生源。
❿ 発見は内発的動機づけの主因。

この落とし穴には共感する。

これを読んだとき、発見学習は理想主義だと思った。ロビンソンらは勇気を奮って発表したのだと思うと敬意を表せざるを得ない。私にその勇気があるか……。

今、余りにも発見学習を信じ過ぎている。楽天的過ぎる。そもそも自主的に動くことができる子どもは、自主的に動くことを知っている子どもだけなのだ。そのためこの主張は、人間とは何かまで問わざるを得ない「落とし穴」となっている。

また、ここで言われている発見学習は、広い意味で「教育環境について配慮不足」と定義してもよいかもしれない。というのは、文化資産の貧弱な家庭、親の無関心と放任等の環境で育った子どもは、発見学習の土俵にすら乗ることができないからだ。

ロビンソンらの研究はすばらしい。

〔関連用語〕

1 動機付け motivation

行動意欲を起こさせる心の過程をいう。基本的には、人間がもともと持っている理解したいという願望や、さまざまな分野で見通しを得たいと願う気持ちがベースとなっている。動機付けの要因には外発的と内発的との2つがあり、学習動機の2要因モデル[21]によれば、充実、訓練、実用、関係、自尊、報酬志向の6つあるとのこと。

なお、学習科学の考え方では、そもそも外発的か内発的かというような二項対立的発想に立たない。対立よりも融合の発想に立つ。例えば、外発的な動機をどう刺激すれば内発的な動機に変えていけるか[22]のように。

「動機付け」は、授業作りに関する用語のなかでも王様のような位置を占めている。私も、その通りと思いつつ、一方で動機付けを強く意識させなくても楽しい授業は可能であると考えている。動機付けそのものを授業のねらいとする展開や知識獲得の楽しさを芽生えさせる展開等もイメージできるからだ。

2 問い question

未知のものに接したり、既知のものに矛盾や曖昧さを感じたりしたときに、説明や探求を求めたり不理解や不同意・異議を表明したりする認知行為を言う。

21 市川伸一著（1995）『学習と教育の心理学』（岩波書店）19-21頁。

22 **外発的から内発的へ**：行動の価値が完全に外にあったものが、次第に自分の中に取り入れられ、自己概念に統合されていく。これを内面化というが、それを可能とするには自己選択の機会を与えることだという。先行学習には自己選択の場がある。藤田哲也編（2007）『絶対役に立つ教育心理学』（ミネルヴァ書房）を参考にした。

学校教育の中に問いの立て方を指導する時間はないが、授業の中で、常に疑問を表明させる指導を意図的計画的に設定することが重要である。

なお、子どもの持つ問いを教師が授業中に瞬時に把握して、「発問」という形で生み出すことこそ、本当の教師力ではないか（詳しくは、鏑木良夫（２０２１）「考えることが楽しくなる発問」『問う力を育てる理論と実践』（ひつじ書房）２６７-２９１頁を参照）。

〔補遺〕「長所と落とし穴」とはいい得て妙だ。私はこれまで発見学習を実践してきて、それなりの感動を味わった。しかし、授業の入口ばかりを実践課題とし、出口の検討をしてこなかったのは事実だ。単元が終わって、テストをしてみると他のクラスより悪く、もう一度テストをし直したこともあった。今思うと、そんな程度の授業実践であったこと自体、本当に恥ずかしい。

授業の導入[23]の工夫にエネルギーを費やすだけではなく、終末の子どもの学びの様相にも目を向けて、指導法を早くから工夫・開発すべきだったのだ。入口も出口も共に大切なのだ。先行学習を提唱した後に、オースベル・ロビンソンの本を読んだが「なあーんだ、もう１９６０年代にこんなことを言っていた人がアメリカにいたんだ。世の中は広いなあ」と素直に感心した自分を思い出す。

22 無条件過ぎる発見学習への信奉

先行学習の対極にあるのが発見学習である。改めて発見学習とはどういうものであろうか。

50年以上前の本だが、まだまだ色あせていないと私は思っている。このことを「広岡亮蔵編著（１９６９）『発見学習』（明治図書）」で確認してみたい。

23 **（授業の）導入**：目的を持つまでを言う。例えば、開始から10分間が導入だと言ったりするが、これは間違い。時間では区切れない。

読んでいくと、「注　本校では、発見学習の過程を重んじるので、教科書による予習は、全然しないたてまえをとっている」（202頁　原子の発見　北沢和郎　信州大付属松本中学校）と書かれているところがある。このコメントは、まさしく発見学習の極致を示している。事前に知識を与えない方策を採ったのだ。

しかし、広岡氏は発見学習は万能ではないとも言っている。広岡氏によれば、発見学習で展開するにふさわしい教材とは、❶発見すべき対象的な法則性が明確な教材、❷生活経験との連続がある教材、❸再生成過程が容易にたどれる教材（28頁）だという。

しかし、本人の意図とは関係なく言葉は一人歩きする。予習を否定するスタンスは、学習以前に結果を知られては困るという立場の墨守へと変わっていった。ここに発見学習を過度に信奉する源がある。

この源は絶たれることなく今につながり、読み手の批判的読解力[24]の低下にまでつながってきている。

改めて思うことは、発見学習で授業をしなくてはいけないと思い込んでいる教師、特に、学校現場に指導者として入っていく指導主事クラスは、広い視野と柔軟性・多様性をもって授業者に接してほしいことだ。

私の場合は、人生一度限りだ、ゴマをすってもすらなくても一度しかないと思った途端、えい！　何も恐れることもない、無派閥だし、学閥もないし、無理をして校長にならなくてもいいやと思い定めたときに前例踏襲から脱することができた。

本田宗一郎氏風に言えば、「やりたいことをやれ[25]」の如く腹をくくった。先行学習の提唱は、その結果である。

〔定義〕発見学習 discovery learning　対象に関係する知識の想起を元に新しい知識を帰納していく学習のこと。

24　**批判的読解力**：苅谷剛彦著（2002）『知的複眼思考法』（講談社）の69－120頁に詳しい。大いに推薦したい。冷静な議論をするためにも。

25　本田宗一郎著（2005）『やりたいことをやれ』（PHP研究所）

高学力層の子どもだけが活躍し、中・低学力層の子どもは目的を示されないので学習目標を見出せず、結果として分からないまま終わってしまう危険性をはらむ学習である。また、知識先取りの子どもは知らない振りをしたり、教師が困った時に指名するポイントゲッター役を無意識に担わせたりさせてしまう学習でもある。知識の伝達を主とせず、情意的能力あるいは思考・表現力の育成を重視する学習方法のこと。

全ての時間を発見学習で展開するのは無理だと分かっていてもつい展開してしまうくらい体に染みついている授業スタイルで、１９６０年代にブルーナー[26]によって提唱された。

〔補説〕 そもそも学習指導要領に忠実であればある人ほど、予習という概念をもち合わせない。そこには発見学習への無意識的、かつ過度の信奉がある。もちろん、学習指導要領を仮説と捉える発想も、残念ながら持っていない。

さて、広岡氏の言う発見学習の基本的な指導の流れは以下の通りである。

第１　事実のあらましにふれて、学習意欲を持つ。
第２　予想ないし見通しを立てる。
第３　これを精錬して、理法や技法へと高める。
第４　生きた能力へ転化する。（前掲書17頁）

今日に脈々と続いている基本路線だ。

これを一概に否定しない。過度の信奉をやめようと言っているだけだ。飛び込み授業を依頼される時、

26 **ブルーナー**：Jerome Seymour Bruner　アメリカの心理学者。発見学習の提唱者、教科の構造化の提唱者。『教育の過程』（１９６０　岩波書店）

先行学習だけではなく問題解決的学習で展開してほしいと要請されたこともあるし、実際に展開したこともある。

双方の良さを生かそうというスタンスだ。

〔関連用語〕問題解決[27] problem solving　手段・方法を自ら見出すことをいう。提示された問題や状況に対し、解決の目標やその目標に到達するための手段・手続きを、推理などの思考によって自力で発見し解決に至ること。科学者が新しい理論を見出す過程と類似する。問題解決学習あるいは問題解決的学習と混同される用語。

〔補遺〕　１９７６年、小学校理科における実践研究を「問題提示と問題意識[28]」というタイトルで、埼玉県理科教育研究発表会で発表する機会を得た。今、その時の発表資料を読むと、問題解決学習と問題解決の意味の違いすら意識に入れていないことが手に取るように分かる。しかも、恥ずかしいことだが、当時の私は意識に入れないだけでなく完璧に混同している。しかも、この混同傾向は私だけではなかった記憶がある。自分が所属する世界は、言葉の使い方に甘さがあっても通用してしまうレベルだったのだ。用語の意味の違いを大学の先生等から指摘を受けても、何ら反論もできないレベルでしかなかった自分がいた。悔しいと思うと同時に、実践研究をしているという自負もこの程度だった。

あれから50年弱経った……。

それにしても、問題解決的学習における自力解決中心の指導案によって展開された授業を見ていると、余りにも費用対効果の悪さが目立つ。これから学ぶことを知らないという前提が崩れているにも関わらず、それを無視、いや、この前提すら考えもしないで実践している姿は、誠に悲しい限りである。

27 **問題解決**：心理学で言う意味とは異なり、学校関係者の間では広範な意味に捉えられていて、発見学習とほぼ同義と捉えられている。ところで、発見学習の実践を強力に推進した一人に荻須正義がいる。その考えは、荻須正義著（１９８６）『理科―覚える理科から求める理科へ』（小学館）に詳しい。当時は私も感動し徹底的に読み込んだ記憶がある。

28 **問題提示と問題意識**：１９７６年12月７日に川越市立第一小学校で開催された埼玉県理科教育研究会主催の研究発表会で発表した時のタイトル。「４年 ものの浮き沈み」、「５年 電流と発熱」、「６年 物の燃え方」を例に採り、単元第１時における事象提示とその反応を整理して研究発表した。ガリ版刷りの資料には、平

現実をリアルに客観視するならば、中・低学力の子どもの声無き声が聞こえるはずだ。保護者だったら「先生、うちの子を分かるようにして下さい」と叫んでしまうだろう。

ところで、指導案作り、そして具体化へと至る一連の過程を見ていると、その苦労は並大抵ではない。それこそ指導案作りで疲れ果ててしまう。

そこまでして発見学習にこだわる理由は何か。

実際のところ、本人もその理由ははっきりしないのではないか。そのくせ、それを信奉している教師自身は、自分の子どもを、そんなことをやるから落ちこぼれてしまうとばかりに私学に通わせたりしている現実を見ると、複雑な気持ちになる。

これで良いのか公立小・中学校、だ。

23 高学力[29]の子どもだけがついてくる

問題解決的学習は帰納的な手順で授業が進む。だから、高学力の子どもは神経を研ぎ澄ませて「先生はこれをやらせたがっているな」と忖度し、それに合わせて行動を決定しようとする。それは、まるで優秀な演劇部員を育成しているように見える。結果的に教師にとって都合の良い子どもを育成することとなる。これで良い訳がない。

多くの意見を発表していた。討論がすごい。ぼくも言わせてほしいと言っている。次から次へとリレーのように意見が出る。ああ、自分のクラスでもこんなようにやりたい……。若い頃、こんな感動を味わった授業を筑波大学附属小学校で見て憧れた。そして発見学習にのめり込んだ。

高学力の子どもは、本時の学習の支えとなる先行知識がきちんと身についているし、場合によってはこ

易な言葉を多く使っていて読みやすいが、学問レベルとは言い難いレベルだ。今読むと恥ずかしい。

29 **高学力**：いわゆる5段階で言う5、4に該当するレベルを指す。例えば国語辞書を持ってきなさいと小学生高学年に指示したら、小学校用の辞書ではなく中学・高校用の辞書を持参するレベルと言えば話は通りやすいのではないか。あるいは、基礎的な知識は知っていてその活用に関心を示すレベル。または、どちらが時間内に入試問題を多く解けるか等のようにゲーム感覚で解く競争を楽しむレベル。

れから学ぶ内容も知っているので気付きと練り上げの展開でも遅れずに付いて来る。例えば、その気付きと練り上げの流れにクラスの子どもの内、まあ10人も付いて来たら、もうそれは大成功の授業と讃えられる。

しかし今思うと、あの筑波大学附属小学校でも学力の振るわない子どももはいたはずだ。そんな子どもの授業中の気持ちはどんなだったのだろうか。

私たちは子どもを選べない。子どもも先生を選べない。互いに真剣勝負の関係なのだ。これを肝に銘じたい。高学力の子どもだけを相手にしていると、子どもの人間関係のねじれにも気付かず、気が付いた時には、いじめ発生！　というような事態もありうることに注意を払いたい。

24 知らない振りをすることを推奨してしまう

問題解決的学習は、知っている子どもに知らない振りをさせる。教師が困った時に素早く手を挙げ、期待通りの意見を言う……。これでは授業が演技力育成の場となる。こんなことを続けていくと、「あの先生は困った時に必ず自分を指すのだから、ったくもう……」、「先生から感謝されるから、それなりにいいか」という空気が醸成され、まともな人間関係とは無縁の尊敬、期待、軽視、軽蔑、忖度、おもねり等が入り交じった複雑な空気となる。

知識先取りの子どもはいつの時代も存在する。そのような子どもは授業がつまらないと感じると授業中に内職するようになる。例えば、平方根の授業を受けている中3の生徒が5ページも先の問題を解いたり、漢字学習中の小2の子どもが漫画を読んだり……。そんな場面に出会う。

教師は気付かない訳ではない。扱いかねていてやりづらいと感じている。しかしやめろとは正面切って言えないのだろう。子どもの感性は鋭いから、そのような教師の思いを瞬時に読み取るので、知っているよとは言わない。教師のプライドを損ねないだけの仁義は持っているのだ。

繰り返すが、最大の山場に来た時に、あたかも考え抜いたような発言で教師を助ける。これは教育ではない。教師の都合の良いように行動することを覚えるだけとなる。うまく立ち回ることを覚えることは決して良くない。

25 新鮮さを失うという誤解が払拭されていない

先行学習の授業を見た指導主事に「これでは新鮮さがない」と言われて悔しい思いをしたという話を聞いた。

授業の目的は「分かる」である。教師の全ての営みは「分かる」に収斂しなくてはいけない。新鮮かどうかは、ことの本質ではない。にも関わらず、新鮮さを最重要視する教師がいる。きっぱりと言うなら、間違いなく勉強不足である。

新鮮さを重視する教師は、授業の導入で意欲化を図るべきだと考えていることが多い。その背後には、学習指導要録の観点別評価項目の記載順が影響していると思えてならない。

長い間、どの教科の観点も最初に「関心・意欲」、最後に「知識・理解」が置かれていた影響ではないか。ここから、授業の入り口では意欲を高め、出口で知識理解の程度を確認すると解してしまうのだ。

今は「知識・技能」、「思考・判断・表現」、「学びに向かう力・人間性」となっているから、そういう指摘は当たらないと思うかもしれない。しかし教師の思い込みはそう簡単に転換しないものなのだ。

さて、子どもは出口で確かな理解、つまり「分かる」に到達する[30]のでやる気が出て、「よし、明日も

[30] **分かるに到達する**：PISA調査で学力問題がグローバルになった。その結果、授業の結果が国際的に問われ、これまでのように出口は不問に付すという日本国内向けの態度は通用しなくなった。そこからも、出口の結果を明確にする2点評価を設定する先行学習は価値ある指導法と言ってよい。

学校に行こう」となる。意欲は授業の最後で測定してこそ、初めて観点別評価が機能する。授業の終わりが近づくにつれて意欲が低下するなんて、考えてみたっておかしい。

新鮮さを最重要視するなら、例えば修学旅行の事前指導は要らないはずだ。

〔関連用語〕

1 対象 object

自分の周囲にあるもののうち、意識によって切り取られた「こと」。すなわち、対象に注意・関心・興味が向けられ、主観的な判断が働いた結果、頭の中にイメージされた「こと」を指す。

被写体にカメラを向け、その全てをファインダーに入れることができない時、なんらかの切り取りがなされる。これと同じで、対象とはある判断下で視野に入った「こと」の中の意識を向けた「こと」を指す。

今の私がこのような文を書けるのは、もう40年以上も前、意気揚々として実践研究に励んでいた頃、東京都の小学校の校長先生をしていた研究会の先輩から「君、対象とは何かねえ」と問われ、恥ずかしながら答えられなかった自分がいたからだ。ああ、根本を学んでいない、と反省した。それ以降使う言葉[31]には細心の注意を払うようになった。もし、あの時聞かれていなかったら、対象とは何かという根本的なことも知らずに中途半端な実践を続けていただろう。

先輩に感謝である。

2 ステレオタイプ stereotype

ある社会の階層に所属する誰もが知らず知らずのうちに持ってしまう「ものの見方の傾向」のこと。例えば「日本人は勤勉だ」、「子どもは遊びが仕事だ」等に代表される、過度に単純化しようとする偏見一歩手前の見方考え方を指す。例えば、理科の授業で「観察・実験すれ

31 **使う言葉**：言葉にうるさくなることが大切だ。その当時、国語辞典は1つしか持っていなかった。しかし、これがきっかけで、言葉の意味をきちんと解釈して授業研究しないといけないと心に期したのだった。質の違う国語辞書を持つ必要性である。それ以降、先輩の家に行ったりしたときに意識して机の上を見た。先輩によって実に様々だった。持つか持たないかがシャープな文章が書けるのかの境目だと分かった。では、どんな辞書を使うか。私は以下に記す5つの辞書を常時活用している。❶語の基本なら『基礎日本語辞典』(角川書店)、❷語釈なら『新明解国語辞典』(三省堂)、❸語彙力なら『明鏡国語辞典』(大修館)、❹読解力なら『ベネッセ表現読解国語辞典』(ベネッセコーポレーショ

ば何でもはっきりする」と捉える傾向もそれに当たるし「問題解決的学習は能力を伸ばす」も同様だ。思い込みや固定観念に染まることなく思考の柔軟性を保つ意味でも、非常に大切な戒めの用語。

〔補遺〕 ステレオタイプに陥ることがよくある。最初のイメージが後を引き、こういうものだと思い込んでしまう。そうなると一面的にしか見られなくなってしまう。人間の人間たる所以だ。思い込みは、大人になってもなかなか払拭できない。一つひとつ言葉の意味を確認してからコメントしたい。

学生時代に先行学習しか学ばず、着任した学校が先行学習だけの研究校だとしたら、やはり偏ってしまうだろう。

こんなものだと思い込まないバランス感覚だけは堅持したい。

26 拡散させた意見を収束できない

提示した課題によっては多様な意見が出る。

このようなとき、想定した範囲内の多様さならよいのだが、子どもの発想は教師を超えるのが普通だ。「いや、そう言うけれどそんな発想は出ないよ」という人がいたら、それは別の理由、例えば「こんなことを言ったらいつも先生から注意されるから、もう止めよう」等のブレーキがかかっているからだと言いたい。

話を戻す。

意見がどんどん拡散していく――多様な意見を出させようとして、最後はいつも時間がないなか、まとめをしている私の授業は一体何なのだろうかと思わずにはいられなかった。考える力をつけようと問題を

ン、❺意外と役立つ『現代新国語辞典』（三省堂）である。

こねくり回して多様な考えを出させたまま、さばききれずに時間切れとなり、結局子どもたちに、何１つ確かなものを与えられなかった。——このような時、内心焦るものの子どもに意見表明を求めた以上、今更止めようとも言えない。しかし、それも対応の限界を超えると、せっかくの発想も認めることができず「悪いけれど先生の言う通りの方法でやってくれるかな」と言ってしまう。子どもの心は穏やかではない。わずかだが諦めと不信が芽生える。その結果、人間関係で悩み、ひょっとして私はいじめられているかもしれないと思っても、その先生には相談に行かないことだって起こりうる。

子どもの考えを聞こうとする姿勢からの突然の方針転換。これなら最初から教師主導型で展開したほうがましだ。

このようなことが連続するとフラストレーションは高まり、ひいては教師と子どもの人間関係が悪くなり、学級が荒れる源を作ってしまう。

その結果、思い通りに展開できない自分にいらだち、休職寸前になる若い教師もいる。

〔関連用語〕素朴概念 naive conception

「太陽や月は自分と一緒に動く」等のように、経験と直観を基礎とした判断を通して自発的に形成される概念で、本人にとっては一貫性のある概念である。この概念は実に強固で、そう簡単に修正されない。なお、似た用語として誤概念があるが、これは、日常経験知の観点から、科学概念を積極的に解釈した認知過程を示すものとなるので、素朴概念とは切り分けた方がよい。その他の似た用語として前概念、代替概念、現象学的概念[32]がある。

ところで、素朴概念は問題解決的学習だけでは修正されない。演繹的な手法も取り入れる必要がある。ここにも先行学習の出番がある。

32 **前概念、代替概念、現象学的概念**：これらについては、麻柄啓一他著（２００６）『学習者の誤った知識をどう修正するか』（東北大学出版会）が詳しい。目からうろこの本だ。お薦めしたい。

〔補遺〕ここは拡散したままになりそうだと判断した場合は、教える授業をすればよい。授業していて「収束させられないのは、研鑽が足りないからだ」と自分を責めない方がよい。教えるだけの展開に方針転換をすることだ。教えるだけでも子どもは満足することが多い。

ところで、意見が拡散して収拾がつかなくなる典型の教科は理科だろう。それは、「こうなるだろう」という予測の元に実験器具を用意するからだ。用意した実験器具を使わないという勇気はなかなか出ない。せっかく用意したのに……、次の時間は別なことをしなくてはならないし……、実験するだけでも子どもは喜んでくれるし……等々の理由から、予定調和的に用意した実験に突き進んでしまう。

他教科ほど柔軟性を発揮できない。

27 分からないまま終わってしまう

「私のクラス、学力も低いし、落ち着きのない子どもが多いのです」と言われる学級で飛び込み授業をすることが多い。実際に、中学生なのに小学5・6年の問題ができない等の現実に出会う。

これじゃあ分からないはずだ。子どもが教室を出たくなる気持ちに同情する。学校に行こうという気持ちも失せてしまう。しかし、教室から出る勇気がない子どもは、教室内で反乱を起こすしかない。学習用具を持ってこない、遅れて教室に入る、机の上に教科書を出さない……。分かることを諦める。いや、分かることの楽しさを感じてこなかったと言ってよいだろう。そして、せめて授業を邪魔しないでくれと懇願される。

このようになる原因は1つではない。かなりの確率で、いや確実に、とてつもなく複雑な要因が絡んでいる。

しかし、その原因の1つに発見学習による指導があることは偽らざる事実だ。前時までの知識が確かな子どもは授業に付いて来られるが、それが曖昧な子どもにとっては、「帰納的に、これが先生の言いたいことかな等と思い巡らせ、気付きと仲間相互での練り上げで知識を発見し獲得すること」は不可能に近い。この結果、授業に参加できず、もちろん自力解決でと言われても「……」となるしかない。こうして授業は、分からないままに終わってしまう。

家庭状況等が厳しく、分かる授業である先行学習の実践でも救えない子どもはともかく、先行学習の適切な導入で救える子どもが多いのも事実だ。

まずは、そのような子どもを救いたい。

28 復習は分かる子どもだけができる

宿題で一番多いのが復習だ。自習課題で一番多いのも復習だ。このように、復習は授業を補完するものとして根付いている。

疑いもせずに復習を与えることに疑いを持とう。なぜならば復習が分からなかったら授業を受けていないことと同じになるからだ。つまり学んだことが分かるから復習になるのであって、復習ができなければその授業は、その子どもにとっては遊びの時間、暇な時間になってしまっていると言わざるを得ない。

子どもはこのようなときにできないこと、分からないことを確実に思い知らされる。当然、やる気もなくなる。一方、親は心配して塾に、家庭学習教材の購入に、家庭教師にと、対応に大わらわとなる。

塾が流行るのは復習のせいではないかと勘ぐりたくなるくらいだ。また予習の宿題に比べて復習の宿題忘れは格段に多い。

〔定義〕**復習** review　授業を振り返り理解の曖昧な部分を見つけて学び直すことで、より深い理解へと誘う学習のこと。主に家庭で行われる。復習は授業内容を理解できた子どもだけが可能な学習である。一般に、授業終了時に理解が悪いと判断した場合に、復習を課すことが多い。しかし、このような復習はあまり意味がない。それは、学校不信、教師不信につながることがあるからだ。安易に復習を指示することは避けよう。塾産業を繁栄させる根源だ。

昔はこんなことも考えずに「復習してきなさい」と言ってきたが、本当に恥ずかしい限りだ。今、現役の先生方には、このようなミスをしてほしくないとつくづく思う。

〔補説〕宿題は絶対に出さないときっぱりと言う教師がいた。授業をちゃんとやるから要らないと言う。一見もっともな意見に聞こえるが、実は高慢な考えである。仕事をサボりたがっているのではないかとさえ思ってしまう。

そう思う理由は、まず、1回学べば学んだことは定着すると勘違いをしていること。自分自身子どもの頃、かけ算九九を、たった1回唱えただけで覚えられない経験をしているのにそう考えるのは誠におかしい。

次に、今のカリキュラムでは、同じ授業を繰り返して実施することや復習の時間を多く取るといったゆとりがないことを承知しているのに、授業完結型から抜け出せないことだ。このように見ていくと、中・低学力の子どもにとっては学びづらい世の中になっている。

やはり、1つの指導法だけに寄りかかっていてはダメなのだ。二刀流を目指す必要がある。インコースは打てるがアウトコースは打てないでは、代打にすら使ってもらえない。

以下は脱線。学校に時間的ゆとりを取り戻す工夫が必要だ。現行の法規の中でも工夫すれば時間的ゆとりを生むことは十分に可能だ[33]。時間的ゆとりを教材研究の時間の増加に当てよう。

第2節
8つの良さ

授業の目的[34]は、知識を確かな形で獲得させることだ。それは、分からない相手に的確に説明できるかどうかで判定できる。そのための説明力を高める方法が先行学習だ。しかし、そう言われても先行学習をしたことがないという人には説得力がない。そこで、本節を設けた。しばし時間を取って読み進めてほしい。

先行学習をやってみたいと思うだろう。

29 予習すれば見通せる・安心する

復習の指示に比べて、予習[35]の指示は答えを与えるので分からなくても気が楽だ。それは、明日の授業で教えるからだ。でも、予習を指示する教師はまだ少ない。理屈抜きに、先に学ばせるのはいけないと思い込んでいる。高校での英語や数学の授業等、予習しておいて良かったなあと思った経験があるのに、だ。

予習は見通しと言ってもよい。見通しが得られれば、見通しに合った行動をとることができて、より確かな解決行動となる。安心感を得られると同時に学びの充実が期待される所以だ。

ところで、見通しがないとこれから何が起きるか不安になるが、それは授業を受ける子どもたちだけで

33 **十分に可能だ**：3学期制を2学期制にすると約20時間浮く。その時間を後期にあてて週1時間減らした。学年ごとに、どの曜日の1時間を削るかを任せた経験がある。2学期制にした地区でも3学期制に戻すことも多いと聞く。通知表の回数が減り、保護者への説明責任が果たせないという理由なら、学期と通知表発行との同期を止めればいいだけの話だ。発想が固い教育現場の典型事例を見る思いがする。

34 **目的**：行動を始めるに際して、最終的な成果として期待し、その実現に向かって努力しようとする事柄（三省堂の『新明解国語辞典』八版）なお、目標が目の前の課題を意味し、目的は遠いいつの日か達成する課題を意味する。例えば「人生の目的はよ

はない。経済の見通し、自分の人生設計等々、大人でも白紙で臨んではうまくいかない。必ず失敗する。今着々と準備されている東海地震への対応も、まさしく予習に他ならない。

進学塾では予習させてからの学習が当たり前――もちろん協働もない体験もない共書きもない等ないないづくしでその現れはかなり異なるが――となっているが、義務教育に関わる教師の中でも小学校教師は、予習してくることそのものを好まない教師が多い。

しかし、学校行事でも年間計画に従って進む。その日暮らしの年間計画だったら、怒り出す教師も出てくるはずだ。

このように大人の世界では見通し及び安心感を持って事に取り組むのが普通なのに、こと学習指導となるとそんな発想がないのは、どう考えてもおかしい。

また、答えも与える予習は、特別な支援が必要な子どもには特に歓迎されている。明日何をするかが分かることは心に平安を与えるからだ。まさか、朝登校したら社会科見学だったということは起きるはずはない。特に校外行事では何事も事前に学習させているはずだ。

答えを与える予習を常態化しよう。予習は教師も助けてくれる。

【定義】予習 homework　学習に先立って行う予備的な学習のことを指す。ここでは答えを与えることを条件とする。この「答えを与える」が予習指示上のミソである。答えを与えられれば「どうしてこのような答えになるのかな」というように、問いと答えの間に疑問が向く。思考が拡散せず考える枠組を限定すると同時に過程を意識させる効果がある。

一斉授業かつ学力格差があるという現実を考慮すると、入口で思考停止する子どもの数をできるだけ少なくしなければならない。このような意図を持っての予習の設定である。なお、予習は見通しを持て

り良く生きることであり、その目的達成のためには快食快便を目標とすればいい」。といったように使い分けると目的と目標の違いをご理解いただけるのではないか。

35 **予習**：これについては篠ヶ谷圭太著（2011）「学習を方向付ける予習活動の検討」（『教育心理学研究』第59巻3号の355-363頁）が、中学校歴史教材を例に取り、限定的ながらその効果を論じていて参考になる。

る効果があり入口でさまよわなくて済む。情緒不安傾向を示す子どもにとって予習は特に朗報と映るだろう。

〔関連用語〕

1 スキーマ schema

過去の学習を総合した現時点での認知的枠組みのこと。人は微妙に異なる体験を一つひとつバラバラに記憶しない。利用可能な部分を共通にしたり、既有知識と結び付けたりして記憶しようとする。そして、似たような課題に使える知識として頭に格納する。このような知識のことを指す。

知識構成の過程からみた定義である。そのような客観化の過程を大事にしたい。

2 予備知識 background knowledge

あらかじめ何かをするために獲得した知識で、予習によって獲得した知識もそれに該当する。この知識は先行オーガナイザーの役割を担う。知識以外の評定観点である技能・思考・表現・判断そして意欲や主体性等を包含したものである。ところで、予備知識は教師の指示で獲得されるとは限らない。日常生活の中で獲得される場合もあるが、この場合は、分析的で焦点化された知識の形式をとらない。ひょっとしたら意識されていない可能性もある。

〔補遺〕 日常生活の中でどれだけ活字に接したか、どれだけ会話したか、どれだけ具体に触れたか等で、予備知識に関連した知識の深さと幅が決まる。

ただ、その知識が思った以上に明確に意識されていない場合が多く。授業中の刺激によって想起されることが多い。教師の働きかけがポイントと言われる所以だ。

ところで、経済力格差は学力格差と言われるが、全くその通りで、文化資産の貧弱さが言語経験の質に大きく影響することを知らない教師はいないだろう。今は映像に多く接している子どもが多数を占めている。そこにインターネットで対応する教師が担任になるのが普通となった……。と考えるだけで将来を危惧すると言ったら言い過ぎか。アナログの要素を残したい。人間が人間らしくなるのはアナログの世界にいるときと思ってしまうのだ。丁度料理でも手作り料理が人の心を打つように。言語経験を豊かにするには、まず自分の生活の中に活字を取り込むことから始めよう。

30 分かりたい気持ちにピッタリ

飛び込み授業の感想で「算数が初めて好きになりました」、「嫌いだった国語がなんだか好きになりそうです。脳みそが働きました」、「明日もこんな授業だったらいいな。また来て下さい」、「予習がこんなに効果的だとは思わなかった。人生が変わります」等々の声を聞くとうれしくなる。

これらから、子どもは分かりたい存在だと言えよう。

ところで、分かりたいとは知りたいことである。ならば、知ることの楽しみや喜びを第1の目標にして授業してみたらどうか。勉強が分かることで学校や先生、教科が好きになったりする。分からないと学校や先生も嫌いになり、ひいては登校意欲も低下する。これも事実だ。魅力ある語りで授業を展開したい。

さて、よく言われることだが、子どもは学校も先生も選べない[36]という厳然たる事実がある。これは、どの学校のどの教師も同じ力量であるという前提で成り立っているからだ。しかし、その前提が崩れているのは周知の事実で、子どもも保護者も、隣の先生に担任してほしかったなあと思いつつ1年が過ぎ去るときもある。

36 **学校も先生も選べない**：私学に通わせようと思う立場の人にとっては、学校を選べないというフレーズは当てはまらない。選べるのだが「子どもに合った学校か」という視点で選ぶ保護者は非常に少ないので、広義に解釈すれば選べないと言っても差し支えない。こう考えるのは、私学（京都にある光華小学校）に校長として1年8ヶ月間勤務して実感したことから思ったことだ。

分かりたい気持ちを大切にするなら、どの教師も先行学習に取り組み、指導の幅を広げてほしい。管理職を経験した者として言うなら、そうやって教師間格差を埋めてもらいたいのが本音だ。

〔定義〕 **子ども** child　意志・希望・個性などの主体性を持つ存在であり、自分の人生や一生を、自分の意志で作り上げる自由を認められる存在である[37]年齢が若い人間のこと。教師にとって無意識的に、これから学ぶことは知らないという前提で捉えてしまう学習者のこと。戦後の貧しい時代はともかく、知識基盤型社会の今は学校で学ぶことは学校外でも学べる時代なので、これから学ぶことは知っているという前提で授業を組み立てた方が、這い回る授業にならない。また、分かる授業とするためにも、知っていることを認め励ます方が教育的だ。

〔関連用語〕

1 **意欲** motivation または will　進んで何かをしようと思うこと。また、その心の働き。いくつかの目標のうち、自らの意思で選択した目標に向けた、積極的に働く主観的な意志のこと。

2 **認知構造** cognitive structure　ある人の持つ諸概念の全体的な内容と組織、または特定の知識領域における諸概念の内容と組織を指す。具体的には、事実、概念、命題、理論、及び生の知覚的データなどの形で、既有知識と関連させて記憶されている。ところで、学習するということは認知構造が拡充されることである。オースベルが用いた用語。

〔補遺〕 知的好奇心を取り除いたら人間ではない。知的好奇心は、五感のように本来的な能力だ。突っ張

37 **意志・希望・個性などの〜存在である**：このフレーズは安彦忠彦・梅本大介（2016）「次期学習指導要領の方向性とその吟味」（神奈川大学教職課程研究室『神奈川大学心理・教育研究論集』第40号）14頁からの引用。筆者は、子どもを持続可能な地球づくりという大きな視野で捉えている。このような捉えは、昨今のような近視眼的な政治・政策からは生まれない。大きな視野で子ども観を構築すべきであろう。

り生徒でも、知的好奇心をくすぐられれば教師の方を向く。ここに、授業が生徒指導と言われる理由がある。逆に言うならば、知的好奇心もないのかと決めつけられると反発し、非社会的・反社会的な行動をとる。

31 無理して発見させなくてもよい

例えば、コーヒーカップを知らない子どもは、コーヒーカップを見せられても、「これなに？」と問うばかりだ。「考えてごらん」と言われても関係する知識すら想起できない。仮に想起できても、それは限りなく山勘レベルだ。

小学校理科4年の学習に「水蒸気」がある。発見学習で進めると、子どもからは「水蒸気」という言葉は出てこない。せいぜい「空気のような水」が限界だ。しかし、教師の方は「空気のような水」では不満なのだ。必死になって「水蒸気」と言わせようとする。この時、知っている子どもが「水蒸気」と言って、教師を助けることが多い。これはやらせに近い。良い訳がない。

このようなことが起きるのは、知らないこと（実は、高学力層の子どもはすでに知っている可能性が高い）を発見させようとするからだ。何も躊躇する必要はない。堂々と教えればよいではないか。子どもは、実にうれしそうな顔をする。教壇に立つことが楽しくなる瞬間だ。

ところで「知らないと知ることができない[38]」という原則がある。この原則に立つならば、これから学ぶことを子どもが知らないことが明らかならば、考えさせる前に教えるしかない。その点で、特に小学校の教師は、ここは教えようと判断したら、教えることに自信[39]を持つべきだ。

一方、中学校の教師の中には、小学校の教師と違って教科担任のせいか「私はきちんと教えているよ、

38 **知らないと知ることができない**：この事例としての典型がいわゆるだまし絵だ。例えば、黒いところを見ると花瓶に見えて、白いところを見ると向かい合った顔に見ることができる絵である。この絵を、花瓶として見ればば花瓶として見ることができ、向かい合った顔として見れば向かい合った顔として見ることができる。しかし、花瓶を知らない場合は、花瓶として見ることができないので、この絵が花瓶を描いているとは判断できない。

39 **自信**：確信と言ってもよいレベル。行動にゆるみがなく、何事もてきぱきと処理する姿となる。

昔から」という教師がいる。それは、発見学習の良さを知らない教師か、知っていても実践していない教師かのどちらかである可能性が高い。そのような教師は「教えること」の意味も深く考えずに、「教える」を実践しているだけではないのかと危惧している。

学習を進めていけば自然に新しい知識を発見すると主張する人がいるが、どう間違ってもあり得ない。なぜなら、子どもたちが獲得する知識は、人間が営々と発見してきた知識、すなわち、すでに世の中に存在する知識だからだ。

知らないことは教えるのが、まっとうな教育だ。昔から言うではないか「教えは外から工夫は内から（36段98頁参照）」と。

理論負荷性 theory ladenness

〔定義〕 学習者がすでに持っている見方・考え方（理論）によって、学習対象についての解釈が影響を受けること。同じ絵でも、既有知識によってウサギに見えたりアヒルに見えたりするのもそのせいだ。

また、観察、事実、データ等に対する理論や知識の認識論的先行性を主張する科学哲学上の概念である。したがって、理論や知識の影響を受けない「純粋無垢の観察」ないしは「生の事実」はあり得なく、「ありのままに見なさい」[40]などの助言は全く意味をなさない。

ノーウッド・R・ハンソン著『知覚と発見』（１９８２　紀伊國屋書店）で、ウサギとアヒルや、花瓶と人の顔の例を初めて知った時には「その通り！」と感心してしまった。ウサギとアヒルの例で言うと、ウサギを知っていてアヒルを知らなければウサギと判断し、アヒルを知っていてウサギを知らなければアヒルと判断する。「知らないと知ることができない」という言い方があるが、まさしくその通りで、今でもこの絵を見るとハンソンの本を思い出す。

40 **ありのままに見なさい**：ありのままに見ることは不可能である。先入観を持つから「分かる」のだ。授業中にそのように指示しても、学習者にとって意味のない指示と思われるのがおちだ。使ってはいけない言葉の一つ。問題解決的学習一辺倒の時代には平気で言っていた。今、大いに反省している。

なお、ハンソンとくればブラウンだ。ブラウンと言えば『科学論序説』（ハロルド・I・ブラウン著　1985　培風館）である。読み直す度に発想を豊かにしてくれる本の1つだ。

〔補説〕 トーマス・クーンの『科学革命の構造』（1971　みすず書房）も参考になる。こう書きつつ、正直言うとこの本はきちんと読んではいない。つまみ食い的読み方だが、それでも衝撃的だった。まさしく私にとっての科学革命だった。ところで、科学革命とはものの見方が180度変わることである。脱線するが、科学革命には地動説、恐竜の絶滅、大陸移動説、スノーボールアース等がある。いずれの科学革命もこれまでの概念を打ち砕いた。何事も絶対と捉えない方がよい。

先行学習も授業における科学革命だと思っている。後年、授業方法の一翼を担い、指導主事が「なんで先行学習でやらないのか」という時代が必ず来る。

〔関連用語〕

1　～として見る seeing as[41]　自分が解釈したいように「見る」こと。もちろん、解釈したいようにと言っても、知っている範囲内だが。ここで大切なポイントは「したいように」であろう。理論負荷的に見るということの中に、見ようという意思が存在するのだ。だから、同じ対象を見ても、切り取る部分（意識した部分のこと）が違うことは十分あり得る。そこに、見る人の意思を感じる。

恥ずかしながら、seeing as と seeing that（「こと」を見る）を混同していた時期があった。物事の正確な理解は、まず言葉の理解から始まると実感した思い出がよみがえる。

2　トップダウン top down processing　未知の対象に接した時の、知識や仮説を先行させて、未知の

41 **seeing as**：これについては、野家啓一著（1993）『科学の解釈学』（新曜社）の4頁に「観察の中には、『～として見る（seeing as）』および『「こと」を見る（seeing that）』という解釈的契機が構造的に組み込まれているのであり、その意味で観察とは理論を背負って見ることに外ならない。」とある。

対象を分析しようとする処理様式を指す。トップダウンは、人間の認識のスタートにおけるものの見方でもある。考えてみれば、先行知識を活用しようとするのが自然の成り行きだ。

認識のスタートは、トップダウンではなくボトムアップからが正しいとの言説に振り回されていた時期があった。演繹はまずく帰納が良いと同じように。

32 教科書を超えた学びまで進む

教科書の内容は到達レベルの最低ラインを示している。しかし、相変わらず最高ラインだと捉えている人もまだいる。残念なことだ。

これからは、教科書を超えるレベル[42]までは進ませたい。本当の分かる楽しさは、教科書を超えてこそと考えている。

現実を見てみよう。教科書が配布された時点で、どんなことを教わるかは知ってしまう。したがって、心ある親なら、「読んでおくといいよ」と言うだろう。そんなこんなで、子どもは授業以前に何を学ぶのかを知っていると捉えた方が無難だ。もちろん全く関心を示さない子どもは、この話からとりあえず外しておく。

「ああ、授業を受けて良かった」と思わせるには、教科書レベルで止まっていては駄目だ。教科書を超えると「先生、今日の勉強わかったよ」とうれしそうに言って満足そうにうなずく。

その具体例として、6年理科の地層の学習での感想を掲載する。地層は広がっていると教えた後、活用課題で自分の学校の敷地内の地層（実際にはボーリング標本とそこから作成した簡単な地面の下の図）を見せ、どんなことが言えるかと問う授業である。

42 **超えるレベル**：どこまで深まればそう思うか。中学校2年英語の未来形の学習で考えてみよう。未来形には、will と be going to の2つある。前者は、予測（予め決まっている予定ではなく、予測と言っても、それは主観に基づいた予測でしかないこと）や意志未来（〜したい）を表し、後者は、予定（計画している内容が）や起こりそうな場合、つまり、事前に決まっていることを表す。ところが、今の段階（中2で指導するレベルの意）では、補遺付きながらwill=be going toと解説している中学文法の参考書もあるくらいだから、その違い——その場での予測や意志を表す場合はwill、予め決まっている場合はbe going toという程度——を学ぶことをねらいにしても十分と思われている。その立場に立てば、教科書を超

——私は、五番のボーリング標本を見てすごくびっくりしました。なぜなら、理科の教科書では「広がっている」と言い切っているのに、実際に見てみたら、広がっていなかったのが一部あったからです。予想ははずれたけれど、教科書にはない例をみつけられたから、今日の授業は絶対必要だったんだなあと思いました。——

先行学習は、教科書を超えるレベルまで進むことができる。
発見学習は、時として高学力の子どもがそっぽを向く授業となる。これが継続すると学級に緊張感がなくなり、結果として荒れてくる[43]。

〔補説〕 教科書の内容を理解させるのが最低保障であると言ったが、教科書レベルを最終達成レベルとしても保護者から苦情は来ない。実際問題として、教科書の内容をきちんと理解させるのは至難の技というのが偽りのない事実でもあるからだ。

全国に100万人（2021年　小中高計）いるとも言われている教員。残念ながら全員が優秀とは限らない[44]からなおさらだ。教科書レベルでもよいからきちんと教えてくれと心ある保護者は願っている。

私の娘の小学校理科のノートを見た時の慄然とした記憶が蘇る。4年空気の体積膨張の内容おぼしき、そう「おぼしき」なのだ。おぼしき記載で「ふくらむ」と「実験」という言葉の2つしか書いていないのだ。愕然とした。理科授業の恩師に当たる先輩が「なあ、せめて教科書に載っている実験くらいやってほしいと思っているんだよ、せめて。自分の子どものノートを見てそう思う」と言ったことを思い出す。

えることはできない。

　では、どこまでか。教科書を超えるには用法の違いに加えて、ニュアンスまで踏み込む必要がある。例えば、Will you marry me? と Are you going to marry me? の比較を考えてみよう。will =be going to の立場に立てば同じ意味となるのだが、実際にはそうはならない。前者は、結婚してくれるかどうかどきどき感があるが、後者は、結婚するつもりあるか?（望むなら結婚してあげるよ）といったニュアンスがある。

　このように、比較することで、微妙な気持ちの違いにまで学べることがお分かりいただけるだろう。当然ながら、ここまで進めば「教科書を超えた」と言ってよい。蛇足だが、このようなレベルの活用課題を与えることで、活用課題を解く場が協働を教科書を教えるだけでも結構時間がかかるのに、教科書を超えるなんてと思うかも知れないが、文科省が超えてもよいと言っているのだから、どんどん超えようではないか。

そうは言ってもなかなか超えることに踏ん切りがつかない教師も多い。超えたいのだが「超えよう！」と一気にいかない。そういう場合は、私たち教師は教え方のために存在しているのではなく、子どもの「分かる」のために存在していると思おう。分かるためならどんな手段をとってもよいのだと言い聞かせよう。我が子が授業を受けるとしたらと思って取引コストを乗り越えよう。

〔関連用語〕**教科書** textbook ❶先行学習を実践する場合の、演繹的に読み解く力が必要となる図書のこと。❷一読したくらいでは深い理解に至らないような記述が多い学習者用図書のこと。❸中・低学力層の子どもにとっては、教師の解説・補説が絶対に必要な図書のこと。

ここで、❸について補足する。現行の教科書のほとんどは発見学習的・帰納的な記述になっているので、中・低学力層の子どもにとっては、支える知識が身についていない場合、教師が精一杯バックアップしても自力解決が厳しい。その一方で、高学力層の子どもの中には、つまらないからまあ記憶すればよいかとばかりに、単に重要用語を暗記する時間だと割り切る子どもが現れる。これは、言葉と言葉の関係を意識して時系列、類、因果関係の観点で記憶するということとは無関係に記憶すればいいという構えである。

〔補遺〕教科書は、教科書会社が、全国の優秀な教師を集めて作る。だからという訳ではないが教科書は実に良くできている。批判は簡単だが、そう簡単に超えられるものではない。

かつて、教科書を超えるものを作ろうと意気込んで単元構成に取り組んだことがあった。中学・高校

必然的なものとする。

43 **荒れてくる**：学習についていけない子どもには誰もが着目する。しかし、高学力の子どもが授業をつまらないと感じて内職する時、教師によっては注意しづらい場合があるようだ。こんな状況を続けると、指示を無視して統制が取れなくなりゆみを増長する。

44 **優秀とは限らない**：苅谷剛彦著（1998）『学校って何だろう』（講談社）の149、150頁でふれている。

の教科書を読む、受験本を読む、自然科学の本も読む等々、とにかく時間の許す限り各種参考文献を読みまくり単元構成を試みた。その結果、回り回って何と教科書に近づいていくのだ。そう、お釈迦様の手の上の孫悟空だったのだ。

それを悟った時、対案を考えるより教科書内容の先を考えた方が良いと思った。この体験が教科書を超えたらどうなるかという発想につながっていった。じゃあ、先に教えてみるか。そういう流れで先行学習に行き着いたのだった。

33 知識と知識が関係付いて「分かる」が確かになる

これを忘れて授業をしてはならない。

既有知識とこれから学ぶ知識が関係付けられて、初めて「分かった」となる。

未習知識と既有知識の関係には大別すると3つある。1つ目は類の関係である。2つ目は因果関係である。3つ目は時系列である。授業中に子どもが獲得することになる知識と既有知識との関係が、この3つのどれに当てはまるのかを瞬時に判断するだけの鋭い感覚を持ちたい。

ところで、そのような感覚を磨くには、研究授業に進んで取り組み、多くの先生方から指摘・批判されて初めて可能となる。公開研究授業を嫌がっていては進歩はない。また、日頃から学際的な知識形成を豊かにするための読書生活と教育実践を重ね合わせることは義務と言ってもよいだろう。

〔定義〕**分かる** understand　学習対象の意識が明確で、かつ未習知識と既習知識との包含関係等が明確な様相をいう。このような様相であれば学習者は「説明できる」状況となる。また、もともと存在する事柄の内容を理解すること。ちなみに「知る」は頭脳の中に存在しなかった知識が存在するようになること。

理解の和語的な表現でもある。「そうか、そうなのか、へえー」という言葉が伴う理解とも言える。

〔補説〕学習対象の意識と記したが、見ようと意識しない限り対象と認識しない。意識のレベルは、眺める、見る、観察するの3つあり、眺める、見る、観察するの順に学習対象への捉え方が鋭くなる。英語で言えば、lookとsee及びwatchの違いのようなものだ。授業の進行と共に、seeからlookそしてwatchへという変容を可能にさせるためにも、やはり、授業スキルの確かな発揮が求められる。

see：見える。目に入ること。
look：見る。視線を向けること。
watch：じっと見る。何かが起こるのではないかと視線を向けること。

〔関連用語〕

1 分かったつもり superficial understanding

理解したかのように見えた学習者が、他の問題場面の視点からその意味について質問を受けた場合に説明できない状態を指す。領域を保持した「分かる」ともいえるレベルで、転移しない分かり方。

なお、「分かったつもり」の状態は活用課題を通さないと可視化されず、その理解の成立も問われない。ここに、理解確認の後に活用課題を設定している意義がある。

2 レディネス readiness

学習を成立させる準備状態を指すが、その内容は、これから学習する内容を支える知識や能力が中心となる。なお、先行学習の視点から見たレディネスとは、これから学習する内容を支える知識や能力に加えて、これから学習する知識や能力までも含む。具体的には、素朴概念、先行知識、生活経験、そして予備知識及びそれらに関連する能力の総体である。

体育の授業では授業冒頭に準備運動を設定するが、若い頃は恥ずかしながら主運動との関わりを考えずに行わせていた。その時にここで記したことを知っていれば、そんなことも起きなかった。今まさに、教科を超えた研修が必要な理由がそこにある。

3 メンタルモデル mental model

人は、ある情報が入ってくると、とりあえずこれはこういうものだと独自に頭の中でモデル、つまりイメージ――具体的には、固定観念、仮説、信条、偏見、思い込み等の総称――を作る。このモデルをメンタルモデルという。1度メンタルモデルが作られると、人はこのモデルにしたがって思考（現実とモデルとの間にズレがある場合にアナロジーを使って埋めようとする）を進めようとする。これは思考エネルギーの消費を軽減するためだと言われている。

ここでメンタルモデルを作り換えざるを得ないような情報が連続すると、思考を何回も繰り返してメンタルモデルを組み立て直すため「非常に分かりにくい先生の指示だ」等と判断してしまい、時には思考停止に陥ることも起こる。

先行学習では、まず答えを与える予習で、あるメンタルモデルが作られ、予習内容の確認場面で強化され、教師の補説及び説明活動等により、確かなメンタルモデルとなっていく。ここに、メンタルモデルが壊れることなく進む先行学習のメリットがある。さらに、授業後半の活用課題を解決する場面で、このメンタルモデルが壊れない範囲で変形できるかどうかで活用課題の是非が問える。

話はそれるが、学習場面で大事なことは、日本では一斉授業の形式が普通なので、個々人のメンタルモデルに差が少なくなるような工夫をすることだ。このことを教師サイドから見れば、どんな授業スキルを駆使してこの差を埋めていくかを授業実践の醍醐味と言えるのではないか。ここに授業の腕を上げる研修の必要性がある。

閑話休題。

ここで、文章理解の読み取りにおける例を見てみよう。

「鎌倉幕府が成立した年は１１８５年だ」という文に接したとき、まず「鎌倉幕府が成立」という文言に着目して、それに関係する知識である「源頼朝が作った」を想起する。次に「１１８５年」に移り「えっ、１１８５年? あれっ１１９２年じゃなかったのか?」となる。このように、「１１９２年に鎌倉幕府が成立した」という記憶とズレが生じると思考が止まる。なぜかと言うと「１１９２年に鎌倉幕府が成立した」というメンタルモデルを一旦壊さないと先に進まないからだ。これは文章理解における大きなコストとも言えるものだ。そして、これが頻繁に繰り返されると、「この文章は難しい」となる。

4 洞察[45] insight

与えられた問題に対して、ステップを追って解決手順を発見していくのではなく、いろいろな情報を統合して一気に解決の見通しを立てることを指す。この段階を閃きとも創造的とも呼ぶ場合がある。

個人的には一番興味を持つ用語だ。それは「いろいろな情報を統合して」で分かるように、情報量と質が洞察に関係するところが面白いと感じるからだ。したがって、情報量の質を高め、量を多くするためには専門分野はもちろんとして、学際的な知識や一見無関係とも思われる分野の知識も増やす努力を怠ってはいけない。

45 **洞察**：この用語については、植田一博・岡田猛編著（２００２）『協同の知を探る』（共立出版）の１２８頁が参考になる。

5 **アルゴリズム** algorithm　処理手順の1つ。正しく適用すれば必ず正しい結果が得られる一連の手続きのこと。

ヒューリスティクスとは逆の意味。ここで見逃してはいけないことは「正しく適用すれば」の「適用」である。適用が適用になるには、正しい結果が得られるためのスキルと一体となった知識が求められる。なお、授業で求めている方略のほとんどはアルゴリズムと言ってよいと思うので、正しい答えに至らない場合は、まさしく適用する時のスキルに課題がある場合が多い。スキルに目を向けて分析する必要がある。

6 **同化・調節** assimilation accommodation　同化とは自分の持っている既存の枠組みの中に情報を何とか取り込もうとする機能を言う。なお、同化には科学的概念を無視する「圧殺」、都合の良いように切り分ける「すみわけ」の2つに分かれると捉える見方[46]もある。また調節とは、同化と反対の意味であり、予備知識の枠組みに沿った情報や先行知識・経験や素朴概念に合わせて、自分の考えを修正・発展させようとする機能を指す。

なお、新しい知識は、同化と調節を繰り返しながら身に付くと言われている。

同化と調節のセットで1つの捉え方だと知った時、2つで1つのまとまりを表す言葉が何と多いことかと、改めて思った。学びとは、同化と調節の絶えざる交流と言ってもよい。

7 **領域固有性** domain specificity　ある領域の問題を解決しようとするとき、他の領域の豊富な知識を持っていても解決できない場合がある。このように、知識はどんな領域でも常に生きて働くとは限ら

46 **捉える見方**：田島充士・茂呂雄二著（2006）「科学概念と日常経験知間の矛盾を解消するための対話を通した概念理解の方法」（『教育心理学』第五四巻第一号）の12－24頁による。

ない。このような知識の様相を言い表す用語が領域固有性である。例えば、家庭教師をやって身に付けた指導技術に関する知識が、必ずしも授業に通用するとは限らないのと同じだ。

8 意味理解 semantic recognition

言葉の意味を以下に示す9つの観点[47]で記憶すること。❶主体は何か、❷対象や相手は何か、❸どんな文型か、❹文型と意味との関係、❺有情か非情か、❻意志的か無意志的か、❼瞬間動作か継続動作か、❽部分的か全体的か、❾行為・作用の方向や道筋はどうか。学ぶ状況に応じて観点を自由に繰り出すことができる理解状況のこと。用語理解は多元的に捉えた方がよいという立場での定義である。

〔補遺〕「分かりましたか」と言ってはいけないと若い頃に指摘された。なぜ、その先輩は「言ってはいけない」と言ったのだろうか。たぶん、今思うと「分かるとは何か」を問わない私の姿を見たからではないか。

その後、授業研究を積極的に行って具体との対応を図ったり、認識過程や認知心理学等を学んで「分かるとは何か」を自分なりに理解が深まるにつれて、子どもの行為を読み解くことができるようになった。

今では堂々と「分かりますか」、「分かりましたか」と言えるようになった。

ところで、教師は意外と学際的[48]な知識が弱い。どうしても自分の専門に関する知識ばかりになってしまうのだ。理科を専門とする教師が、新聞も読まず、テレビも見ず、歴史を知らず、心理学を知らずといったオタクでは困るのだ。幅広い知識があってこそのスペシャリストなのだ。つまり、ジェネラリストでかつスペシャリストでないといけない。国語辞典の所持で言うなら1冊しか持っていない人と、

47 **観点**：森田良行著（1989）『基礎日本語辞典』（角川書店）の5－12頁を参照した。

48 **学際的**：複数の学問の分野が互いに関わり合う様子を言うが、ここでは、極めて幅の広い知識の集成で成り立つという意味。

数冊持っている人の違いと言ってもよいだろう。

「コロナ後」を生き抜くとき、唐突かつ僭越だが、例えば「文藝春秋」、「中央公論」等くらいは読みなさいと言いたい。幅広い知識、特に文系の人は理系の知識、理系の人は文系の知識が授業中の判断を鋭くしていくはずだ。

文と理の統合だ。

34 知識が深まっていく

1年間に授業を何回するのだろうか。授業時数は決まっているものの、まともな授業は実際はまあ800時間（小学校の場合）に達すれば上出来ではないか。

さて、そこでだ。問題はその800時間の中身である。

入口と出口の分かり方の違いを自覚させた授業を何回しているかと自問自答してみよう。たぶんそう多くはなく、出口での1点評価すら少ないのではないか。

入口と出口の違いを意識させた授業とは、知識の変容に対する意識が明確な授業ということだ。授業の入口と出口で理解度を測定し、その違いをメタ認知させる展開だ。そのためには、明確な知識の目標を授業冒頭で提示することが絶対条件だ。その条件とは、ここまでにさんざん述べてきた先行学習で授業することだ。

再度言う。知識理解の変容がない授業は授業ではない。

以下は蛇足。

テスト形式の問題だ。それまでの授業における知識獲得過程や知識変容とは無関係に、高得点が可能となるテスト形式かどうかチェックをしてほしい。授業と試験内容の乖離——授業をまじめに受けなくても高得点が可能となるテストを課すこと——を継続的に体験すると、授業を明らかに軽く見てしまう。

1時間1時間の授業で知識の質的変化をもたらすように展開し、その自覚を積み重ねさせ、その内容を測定する、といきたい。

〔補説〕年間1000時間を超える授業時数。そのうち、分かったと言わせる授業は何時間あるだろうか。「分かってなんぼ」が学校の存在価値である。教師はあらゆる手段を駆使して「分かる」に迫る工夫を凝らす責任がある。したがって、授業だけで知識が定着するということはあり得ないということから、家庭学習とリンクさせる工夫が必然的に求められてくる。このように捉えると、やはり予習、授業、復習という学習サイクルは非常に有効な流れと映る。

〔関連用語〕

1 協調学習[49] collaborative learning 学習を社会的な活動と捉えることで、多様な考え方を生かすことができる学習のこと。構成員の多様な理解の仕方が、一人ひとりの理解の仕方に影響を与えることで考えが深まることを基本として、❶仲間との関わりの中で納得を得る、❷納得の適用範囲が広がるという効果を期待する学習のこと。

なお、❶、❷は集団における個人の行為を相互作用という観点で見るということに他ならない。教師はこれらの観点で分析すれば、授業の質的改善が可能となる指標を得ることができる。ジグソー法、そして最近接発達領域とも関連がある用語。

協調学習という用語を取り上げたのは、気がついたら、あちらこちらで見ることが多くなった用語だ

49 **協調学習**：大学発教育支援コンソーシアム推進機構の活動コンセプト。三宅なほみ・白水始共著（2003）『学習科学とテクノロジ』（放送大学教育振興会）を参考にした。

からだ。学校現場にそれほど必要なのかについては正直不明だ。この用語があることで、実践の何が変わるのだろうか。この思いは、学習科学という用語にも抱いている。

新しい用語の出現を積極的かつ慎重に迎えたい。

2 **協働** collaboration　自分の考えを、他人の視点から指摘されたり検討されたりする等を重要視する学習活動を指す。これは、言語の意味の共有化を目指すという意味から、知識の間主観性が高まる学習の場とも言える。また、最近接発達領域（ＺＰＤ）に近い概念を意味するものと捉えてもよいだろう。知識獲得の観点から見れば、授業では必ず組み込む必要のある学習活動で、集団は個のためにあるということを地で行く用語。

3 **体制化** organization　情報の整理及び体系化をする行為、つまり情報をまとめ意味的に関連付けるなどして覚えることをいう。

では、体制化はいつ行われるのか。授業の最後にまとめと称した活動を設定している例を見るが、このまとめだけが体制化の場面だと一面的に捉えない方がよい。認知過程中に常に行われると解した方が良い授業作りにつながる。

4 **記憶** memory　主観的判断によって集積された記憶内容を指す。具体的には同化（既有知識に合った内容を取り込む）、調節（既有知識を変形させて取り込む）のどちらかを行い、他の事例に出会った時にも使えるように知識と知識を結び付けていくことを指す。これは「言語」や「言語と映像が結び付いたもの」そのもの全てが記憶されるのではなく、その意味が記憶されることを示している。

逆な言い方をするなら想起（remembering, recollection）の過程、すなわち「なんらかの形で思い出す」過程のことを指し、手がかり及び記憶情報を材料として新たな情報を構成的もしくは再構成的に作り出す活動とも言える。

なお、記憶にはエピソード記憶（過去のその個人の経験に基づいた場所と時間が結び付いたオリジナルな記憶）、意味記憶（辞書に載っているような客観的な概念）、手続き記憶（言葉では説明できないスキルで、泳ぎ方、スキーの滑り方等）の3つがある。

〔補遺〕 知識として頭の中に収まったと判断するには、本人の「分かったよ」、「そうか、なるほど」、「やったあ」等の声が上がることに加えて、友だちに説明できればＯＫである。

この「友だちに説明」が思った以上に難しい。高学力の子どもがいる附属小・中学校のような学校は別にして、一般の公立、あるいは低学力で悩んでいる学校では、説明の方法を具体的に教えない限り、自然に説明できるようにはならない。

ちなみに、その具体策として筆者が実践している方法を紹介しよう。それは「二人羽織法」である。これがなかなかのものなのだ。教師が説明する子どもの後ろに立ち、説明する言葉をささやくのである。ささやいたら、それを聞いた子どもが、友達に聞こえるような声で復唱するのだ。

この方法で指導すると子どもは自信を持つ。2度目のときは「二人羽織で助けようか」と言うと「もう、できます」と返ってくる。うれしく思う時だ。

35 「分かる」から問いが持てる

授業の実践課題は終末における意欲化である。

授業の終末で意欲が高まるということは、「明日も学校に行こう！」と思うことであり、保護者にとってもうれしいことなのだ。なお、旧学習指導要録の各教科の観点別評定欄の冒頭に「意欲」の観点が掲げられていたが、これは授業の冒頭の意欲を高めろというメッセージではない。これを勘違いしている教師が多い。現行は大枠で言うなら知識、思考、主体性という順なので混乱はない。

分かると意欲が出て質問をしたり、言われなくても本を読んだり、授業準備を先んじて行ったりする。「分かる」があって主体性の発揮がある。

「分かる」は、進んで問いを持つ子どもへと変容させる力がある。

何か質問はありませんかと言われて挙手して質問する子どもは、分かっている子どもなのだ。分からないと質問もしない。もちろん、分からなければ、その場に応じた適切な行動すら採ることはできない。

このことを忘れて、職員室で「うちのクラスさあ、子どもが手を挙げないんだよ」等と言って嘆く教師がいる。果たして本当か。今一度謙虚に自らを省みるべきである。子どものせいにしてはいけない。主体性を発揮させない原因は教師の分からない授業にある。分かる授業をすれば自ずと手を挙げる子どもは増えていく。

〔定義〕**主体性** independence　「分かる」、「知っている」がエネルギーとなって発動される、問題を自らのものとして捉え解決行動を進んで起こし、かつ遂行しようとする傾向のこと。もともと人間に備わっている能力だが、教育によってその構えが更に確かになっていく能力のこと。まずは先行学習で「分かる」を保証することからスタートしよう。

主体性、主体的……。何十年も聞いてきた言葉だ。私は主体性が大手を振ってまかり通る時期に、教師としての充実期を迎えた。決して意味のない用語とは思わないが、この用語の成立条件を深く理解しなかった。これは反省事項だ。

〔補説〕 先行学習でも、主体性はどの授業場面でも発揮される。活用課題を解く場面では、使う知識が一応獲得されているので、低学力層[50]の子どもでも「分からないから教えて下さい」等と積極性を発揮する。この姿は貴重だ。もし、これが回数を重ねて態度にまで高まれば、職員室に来て「先生、教えて下さい[51]」と言えるようになるだろう。そうなれば教師としてうれしい時間を過ごすことができる。そんな姿を夢見て、まず「分かる」を確かにしよう。

〔関連用語〕 **質問力** question generative capacity　アグレッシブな学習態度を示す指標のこと。学習者にとっては理解を深めて、その意味を確かにしようとする意欲を示す積極的な行為のこと。しかし、残念ながら質問力の育成という観点で授業を見たこともなければ、それを正面に掲げて実践したこともない。質問力を育成する授業の実践は、これまでの授業観を変える可能性を持つ魅力ある研究テーマだ。

ところで、知識を習得した後の活動は、知識活用だ。この知識活用場面がスムーズにいくかいかないかは、子どもの質問内容にも左右される。

36 学びの本質「教えは外から工夫は内から」にもピッタリ

「教えは外から工夫は内から」は江戸時代末期の儒者、佐藤一斉の「言志四録」の(二)「言志後録」五条に掲載されている。原文は「凡教自外而。工夫自内而出」。意味は、「知識は自分の外側にあって書物か

50 **低学力層**：いわゆる5段階評定の2、1に該当する子どもたちの総称。下学年の学習内容の記憶が曖昧な子ども。

51 **教えて下さい**：社会人でも教えて下さいと言わずに黙っている人がいる。黙っていれば分かっているものだと思われてしまうのに。教えて下さいと言うことは恥ではない。分からないまま放っておくことが恥なのだ。教えて下さいと積極的に言える構えを育てなくてはいけない。

らあるいは人から教えられるものであり、智恵は自ら湧き出るものだ」である。

発見学習では、知識を発見させるというが、現実離れも甚だしい。理科では科学者の追体験が授業だなんて言う。勘違いもよいところだ。前述したように、インターネット社会の今、事前に知ってしまうのが普通となった。ましてや先に教えたら教材の新鮮さを失う、思考しないという主張に至っては、分かり方を知らない人の言である。


〔補遺〕 教師は教えられて一人前になっていく。しかし、研修機会を自ら求める人は稀である。かといって研修が不要だと主張する人もいない。機会が目の前にあれば参加するという半積極的スタンスを採る人が一番多いように思う。

教師育成法は演繹だ。演繹を体験して伸びていった教師でも、子どもへの指導は帰納的に行い、そのことを疑問にも感じないから不思議だ。

大学受験の勉強法は１００％演繹的だ。予備校は気付くまで待つという帰納的立場で指導しない。しかも、予習を前提とするスタンスだ。帰納的立場で教えたら学生は集まらず倒産してしまう。

再度言う。演繹的な手法で育った教師が、いざ教壇に立つと帰納的手法の１つである発見学習法をとる[52]。これは大きなギャップではないか。

このギャップを自分の実践課題とするだけでも、深く考えることができる教師になる。

52 鶴岡義彦他著（２０１３）「理科教育における帰納的・発見的アプローチに対立する諸見解について」（『千葉大学教育学部研究紀要』第61巻）の２７１－２８２頁。

ブルーオーシャン

誰でも存在感を感じたいものです。

私の専門の理科は、小学校では間違いなくブルーオーシャンでしょう。ブルーオーシャンとはビジネス用語で、その意味は競争相手のいない未開発市場のことを指します。その反対に競合がひしめき合う競争状態にある既存市場のことをレッドオーシャンと言います。教科で言えば国語や社会はレッドオーシャンとなりましょう。

子どもの頃はラジオ作りに励みました。秋葉原まで都電で行きジャンク屋で部品を探し回ったものです。ラジオから音が出た時はうれしかったことを覚えています。そんな姿を父は見ていたのでしょう。工業高校へ行かせるとき「電気科へ行け」と言いました。理由は「つぶしが効くから」です。そんなに電気が好きではなかったのですが家の経済を考えたら、それもそうだと自分を納得させ、東京都立北豊島工業高校の電気科に入学しました。電気科に入ったら電気工事士になるのが当然だという空気があり、卒業後は関東電気工事株式会社という会社に入るのが電気科の王道のような雰囲気がありました。

中学校までの9年間社会科の成績だけは「5」だった自分は、場違いなところに来たというような違和感を味わいました。特に「電気機器」という科目には全く興味もわかず、10段階で赤点の3を取り、母が呼び出されました。母には多大の心労をかけたことを申し訳なく思っています。また好きだった社会科はやたらと易しい教科書だったので手応えがなく、つまらなかったことを覚えています。

それやこれやで数学だけはしっかりやろうと心に決めました。中学校の同窓が大学受験で数学をやるのを見て負けたくなかったのです。熱心に自学しました。お陰様で高校3年生で数Ⅲをやるときには、かなり得意になり、10または9を取るようになったのです。電気関係の科目はほとんどが5から7くらいでした。就職は指定校推薦で就職できる現NTTの電気通信研究所に決まったのは、数学の成績が良かったからでした。研究所ではPCM通信を研究する超多重伝送研究室に配属されました。

先行学習を提言したことで、退職してからも全国いろいろな学校に呼ばれたりするので、どこにも就職しなくて済みました。このように、いろいろな学校に呼ばれるのも元はと言えば理科を専門にしたからだと思っています。

あなたはブルーオーシャンで活躍していますか。

第3節 9つの効果

先行学習で展開すると9つの効果を感じ取ることができる。それは次の9つだ。

❶ 分かる授業が増え
❷ 学力が向上し
❸ 進歩を自覚できる

予習を課すことで、

❹ 早くやりたいと意欲的になり

また、

❺「知っているよ」と言われてもたじろがず

❻ 低学力の子どもの参加も促すことができる

これで全員参加が可能となり、

❼ 人間関係の流動性が高まり

❽ 主体性も高まって意欲的になる

併せて、

❾ 単元配当時間が少なくなり、時間的ゆとりも生まれる

以下、９つの効果について述べていく。

37 分かる授業が増える

先行学習で展開すると、子どもは生き生きとする。「安心します」と言った子どもがいた。同じ土俵に上っているという感覚が共有されたからだろう。これは「分かる」を体感できたから出た言葉だ。

実際、授業をしていると気軽に「先生、わかりません。教えて下さい」の声が出るが、これも「分かる」の具体と捉えられる。先行学習は教える内容がない場面で展開できない。一般に毎時間は設定できない。問題解決的学習や習熟を図る時間とのセットが、望ましい形だからだ。

分かる授業ができた時の職員室に戻る気分は実に心地良い。そんな雰囲気は職員室の空気も変える。教育実践が語られ周囲を元気にする。

〔関連用語〕授業 classroom lesson　教授と学習の統一的な過程[53]のこと。教師の教える行為と子どもの学ぶ行為の2つが一体となって、両者が共に成長・充実感を味わう時間を共有すること。これは自己効力感を味わわせる場の連続と捉えられるものだ。

なお、認知的な視点で言えば、短期記憶を長期記憶へと移行させる営みを指し、かつその兆しがなければ授業とは言わない。授業の要素の視点から言えば、目標、教師、子ども、そして教材の4つの要素が相互に関係し、かつ時々刻々とその関係が変わっていく複雑な知的営みと言えよう。

さらに、実践的な定義を記すとしたら、授業とは、既習事項と未習事項との顕在化の過程を指し、バズセッション、立場の変更、意見交流などを通して自分の考えを深めていく姿が見られる時間となろう。いずれの定義も、子どもの分かりたいという気持ちを満足させる場が連続する時間と、これだけ進歩

53 **教授と学習の統一的な過程**：この言い方は波多野完治編（1963）『授業の科学「第四巻授業方法の科学」』（国土社）の第1章（東京教育大学教授同附属小学校長執筆）10－14頁を参考にした。

したという自覚を保証する時間が重なることを成立条件としている。また、知識を活用して、知識獲得の程度が確かになる場を用意することも授業成立の必須の要件であろう。

なお❶高学力の子どもだけが活躍する場にしないこと、❷知らない振りをしなくても済むような配慮をすることの2点は、極めて重要な視点である。

理科授業で言うなら、授業とは「非言語的な刺激を言語的に処理する過程」を言う。


〔補遺〕授業とは質の高い集団作りを目指す学級経営の具体化の場でもあり、かつ生徒指導及び道徳の場ともなるので、認知的な視点のみで授業を語ることをしないように気を付けたい。

なお、学習は個では成り立たないので、社会的な視点に立って授業を作っていこうという学習科学の立場があるが、この社会的な側面から作るという視点を忘れてはならない。それは、社会的とは、自分と異なる人がいて、異なる人と相互に認め合うことがベースになった人間関係であると捉えるからだ。

これらが強く意識されれば、いじめ問題は起きないだろう。

また授業では、子どものその時々の言動に応じてとっさに対応することが求められるが、その「とっさに対応する」の「とっさ」が適切であればあるほど[54]「分かる」授業となる。しかし、その「とっさ」が、教師自身も想定しないときに起きる場合が結構多い。この辺りの対応は、なかなか客観化できないので学問になりづらいところだが、ここに、知識や授業スキルだけではないものがあるということを見い出せるかどうかが、教師の成長を左右する。

38 学力[55]が向上する

54 **「とっさ」が適切であればあるほど：**この対応が授業スキルそのものである。授業スキルは発揮してこそスキルを持っていると自覚できるもので、初任時代から板書の方法や指名の仕方等を1つずつ、営々と身に付けていくことが重要だ。残念ながら、授業スキルは一人ひとりの教師の属性に関わるもので、教育的な機微として身に付けるしか学ぶ方法はない。良い授業を多く見て、真似をし、繰り返すことが一番の道だ。

55 **学力：**基礎・基本的な知識・技能のこと。知識・技能を活用して課題を解決するための思考力・判断力・表現力等も含めた主体的な態度をいう。これをもっと広い意味で言うなら、**キー・コンピテンシー**（社会生活において人が本来持っている知識をどれだ

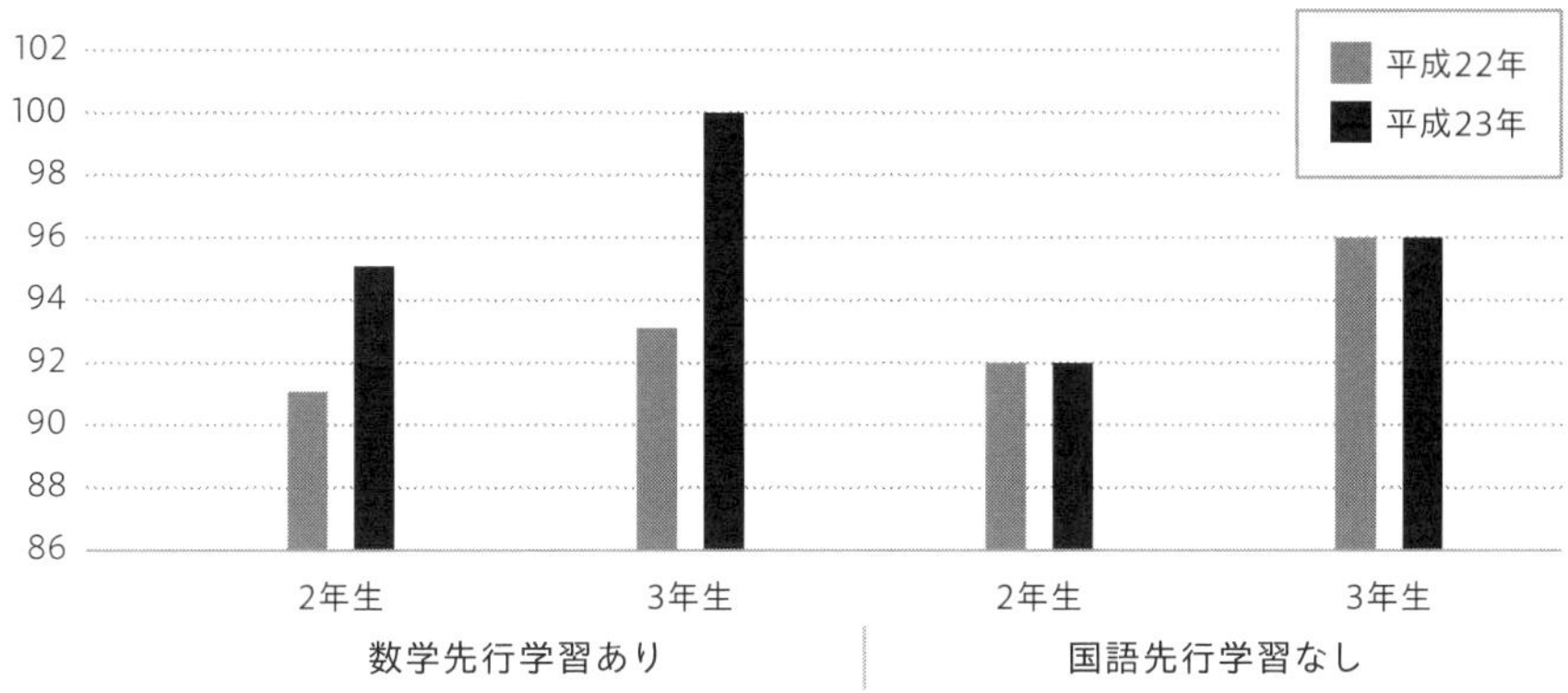

図5　先行学習と学力テスト

近畿地方のある中学校の学力テストの結果である。

上の数字が平成22年、下の数字が平成23年である。

3年生　数学　93　→　100

2年生　数学　91　→　95

全国平均にまで向上している。これと同じ時期に国語は先行学習を取り入れなかった。

3年生　国語　96　→　96

2年生　国語　92　→　92

単純な比較だが、一目瞭然である。

これは成果の可視化に当たるが、やはり教育も、なんだかんだと言っても結果責任であり、可視化を図る必要がある。こういう結果が出れば、校長を始めとして教師も元気が出るというものだ。

子どももこの結果を知れば、努力すれば結果は後からついて来ると分かり、発表や話し合い、そして、説明活動等に積極的になって取り組み、単に覚えるだけの学習から抜け出そ

け実際の行動に移していくことができるか）と捉えられる。（ドミニク・サルガニク著（2006）『キー・コンピテンシー』（明石書店）参照）つまり、思慮深さを基軸とした、❶相互作用的に道具を用いる力、❷異質な集団で交流する力、❸自律的に活動する力の3つである。これを国際標準学力と筆者は捉えている。

うとするはずだ。

先行学習には、いろいろな教育活動が組み込まれている。その多様な活動が子どもの「記憶しないといけない」というプレッシャーから解放させる。

もちろん、数値が全てではない。テストで測れない力も多々ある。また、単に学力を示す数値が指導力の差でもないことは言うまでもない。学校で測る学力には、私教育としての家庭や地域の影響も反映されるからだ。

〔定義〕**学力** academic achievement　基礎・基本的な知識・技能及びそれを活用して課題を解決するための思考力・判断力・表現力そして主体的な態度の3つを総称したもの。これらは、深く理解したいという意欲を満足させるための能力と言ってもよい。別な言い方をするなら、目的達成のための同化、あるいは調節、説明できる力とも言える。

39　進歩を自覚できる

授業で進歩を知ることができなかったらつまらない。授業を受ける価値も感じないだろう。

子どもはそんなにすぐには変容しないと言う人がいる。それは事実だ。しかし、知識に限るなら、獲得したかどうかは1単位時間でも測定できるのだから、進歩を自覚させることは可能だ。

能力や態度を目的にすると、1時間ではそう簡単に変容しないし、変容しても明確に自覚できるとは限らないから、ついつい確認しなくてもよいという逃げに依存してしまう。これが、能力を育てることを主眼とする授業の価値を曖昧にしてしまう元凶だ。

まずは、知識面の進歩[56]を自覚させて、分かるうれしさを味わわせよう。知識の確かな獲得は、能力の高まりや態度とは不可分だから、知識面の進歩を自覚させるだけでも十分だと言える。

〔関連用語〕

1 **自己効力感** self efficacy　ある状況に置かれたときの、より良い結果が得られる自分なりの働きかけを予期できる確からしさを言う。要するに、どの程度自分は活躍できそうか予測すること。目標設定の程度で、高くも低くもなる「確かな働きかけの可能性の確信度」とでも言えるものだ。自力解決における解決期待度とも言うべき概念である。カナダの心理学者バンデューラが提唱した概念である。

2 **PISA型読解力** reading literacy　建設的な批判的読みのこと。物事の本質を探ろうとする観点から「情報」を読み取ること。また、協働解決をスムーズに行うための既有知識との比較を意味するメタ認知能力も含まれる。具体的には「どうしてこうなるの」、「ここは本当にそうなるのか」、「ここは分かるけれども、こちらは違うかもしれない」、「他も調べて同じように言っているか確かめよう」、「表現が同じだからと言って意味まで同じとは限らないぞ」、「もっといい言い方があるかもしれない」等のような読みの構えを言い、文学教材の専売特許ではない。

3 **発達** development　発達とは、一般的には心身の量的・質的変化の過程を言う。各年齢段階で遂げるべき課題をクリアしないと次の段階に進めないが、その課題を発達課題と呼んでいる。知的発達に関しては文化が作る、あるいは経験が作ると言っても過言ではない。つまり、他人や環境

56 **知識面の進歩**：知識・技能は測定できる。まずそこに挑もう。その上で思考力や表現力の測定に挑もう。ここで判断力を記さなかったのは見えないからだ。こう書きつつ、いわゆる三観点がばらばらに高まるというものではない、つまり知識・技能面の進歩は、他の観点の進歩の裏返しでもあるので心配ない。知識・技能の測定を窓口にして他の観点を評価していこう。

との相互作用によって成長するという捉えだ。言葉の意味発達で言うなら、より精緻化、体験化、広義化していく過程と言える。

ところで、成長を発達段階という観点で記すと、ピアジェの考えに従うなら年齢の低い方から順に、感覚運動段階、前操作的段階、具体的操作段階、形式操作段階となる。コールバーグの考えに従うなら、道徳性の発達は判断基準の組み替えとして前習慣的水準、習慣的水準、脱習慣的水準となる。

日本では学校の区切りとして、長期的展望の視点から、いわゆる6・3・3制ではなく4・4・4制を取り入れようとしている。この4・4・4制の元となる発達段階論が、安彦忠彦氏が提唱する「子どもの興味・要求の中心の移行による発達段階論[57]」である。具体を次ページの表に示す。

これはカリキュラム編成の視点からも非常に重要な観点で、今後積極的に取り入れるべきだろう。

「子どもの発達は……」等のように、発達という言葉は自然に口から出る用語だが、この用法には「社会的に」という観点を意識しない場合が多く、単に成長と同義で語られかねない曖昧さを持っている。

〔補遺〕 繰り返すが、先行学習は、授業の冒頭に結論を提示するので、冒頭と終末での2点評価が可能となり、進歩を自覚させることができる。

40 早くやりたいと言う

先行学習に対する批判や誤解で、新鮮さがなくなると同じ位に多いのが「先に教えたら意欲が下がってしまう」というものだ。

このようなことを言う人は、まず先行学習の本を読んでいない。次に、自分で実践していない。そして、

57 **発達段階論**：安彦忠彦（2012）『子どもの発達と脳科学』（勁草書房）の153頁参照のこと。脳科学の視点も入れての段階論であり、多くの人がこの知見を共有する必要がある。

表1　子どもの興味・要求の中心の移行による発達段階

段階	年齢	興味・要求の中心	育成対象
1	誕生〜3	運動・動作の模倣・反復	身体的技能と感覚
2	5〜7	言語や数の模倣・反復	知的技能と感覚
3	9〜11	論理的思考・調査・実験	基本的概念と方法
4	11〜14	自己や意味の探求	個性ー探究
5	14〜20	自己の専門的開発	個性ー開発・伸長
6	20以上	自己実現	個性ー統合

（安彦忠彦氏提唱2012より）

風評や直観、ひょっとしたら自己防衛？　で言う等の特徴がある。

結論から言えば、意欲は低下せず新しい発見もある、だ。

まず次に示すデータ[58]を見てほしい。

これは、5年理科「てこの働き」。のデータ[59]だが、7段階評定で7・6段階を意欲的・肯定的、2・1段階を否定的として表にしたものだ。(次ページ)

表2のA〜Dから、予習させて展開した授業を通して予備知識が確かになった様相が読み取れる。ここで先に教えても、予備知識に「C関係ある発見あり」と「D関係ない発見あり」が共に高いという点に着目したい。

特に「C関係ある発見あり」の存在は、ものを分析的・焦点的に見ていく構えが育った結果として評価できる。これは、先に教えたからこそ、それをきっかけに深く見ていくことが可能となったと解釈できるので、予習の価値を明確に感じることができる。

そして表2のE〜Fから予習の良さや楽しさの高いことも明らかになった。これは、理解と思考が確かになり、新しい発見もあったことがその理由であると読み取れる。

58 **データ：**鏑木良夫（2006）「先行学習で学習意欲を高める」(第48回日本教育心理学会総会発表資料)なお、意欲的な構えが連続することは、44段「主体的な情意が連続する」でもふれている。

59 **データ：**つり合いの決まりａ×＝ｂｙが、不均一な棒(バットを使用)でも成り立つかという場面の5年生78名のデータ。授業直後に7段階のSD法で測定したもの。新発見としては、例えば、バットでは着力点が2箇所でも釣り合うなど。

表2　先行学習時の意欲の様相

項目		肯定的%	否定的%
A	確かになった	54	1
B	考えられた	32	7
C	関係ある発見あり	63	5
D	関係ない発見あり	49	4
E	予習の良さ	58	6
F	授業の楽しさ	70	4

このことは、学力のバラツキを考慮しても、少なくとも意欲が低下するとは言い難く「予習すると授業する前から知りたくてうずうずする」といった感想が多いことからも、やはり意欲は低下しない[60]と言ってよい。

知れば知るほど、早く知りたい・やりたいと思うのだ。

41　「知っているよ」と言われても平気

子どもに教科書を見られても困らない力をつけよう。

教科書はやっかいな存在だと若い頃は思っていた。教えるべきことが書かれているからだ。今は「知っているよ」と言われても全く気にならないが、当時は重い課題だった。

授業の冒頭、意気込んで「二酸化炭素」と板書した。その直後「先生、それ知ってまーす」と言われた。知っているのか、やりづらいなあと内心焦った。教卓の周りに子どもを集めて、二酸化炭素のボンベを見せた途端「使ったことがあるよ」、「二酸化炭素って空気中に0・025%[61]あるんだよ」と言う。困ったなあ、この教材、新鮮さがないのか……。とりあえず知らん振りして先にいこう。集気瓶を出す。丸形水槽を出す。水を入れる。集気瓶を水に沈める。水が中に入るが一部空気が入る。そこで、ガラス製のふたをして横に沈め、下向きに立てる。やっと空気が入らない状態となった。「へえー、そうか。そうやるんだ」とつぶやく。そうか、そ

60 **低下しない**：鏑木良夫著（2004）『理科を大好きにラクラク予備知識の与え方』（学事出版）の121-124頁に具体的に記述してある。

61 **0・025%**：空気中の二酸化炭素の量は、現在はほぼ0・04%。1985年は0・034%だった。授業当時はもっと少なかったと思われる。年々増加している。

うか。知らないことを見せると感心してくれるのか。なるほど……。

教科書に書いてある通りに実験し、結果も教科書通りになった。そうすると「先生、それって教科書に書いてあります」という声。言うなよ。黙ってくれ、お願いだから。しかし、そう思っても遅い。教科書を使わせなくても意味ないなあ。まったく、もう。

そんな体験も懐かしい思い出となった。今は、教科書や参考書（持っているなら持ってきてもいいよと言っている）も堂々と開かせている。教科書を超えるところまで進められるから「知っているよ」にもたじろがない。先に教えるので、かえって先取りは大歓迎だ。先取りの子どもの活躍の場を設ければよいだけだ。

先行学習で、心の平安を得られるのは極めてありがたいことだ。

42 低学力[62]の子どもも参加できる

まじめに授業を受けている。部活もきちんとやっている。人柄も悪くない。言われたことは素直に受け止めている。でも、学力が振るわない。どうしてだろうか。子どもは何が弱くて学力が振るわないのだろうか。記憶力が弱いと言ってしまえばそれまでだ。

広島大学の湯澤正通氏は、その原因は、ワーキングメモリの容量が小さいからで、その容量にあった指導法をとることがポイントだと言う[63]。

〔定義〕 **ワーキングメモリ** working memory　一時的に、「分かる」ために必要な情報を記憶し、同時に処理する能力のこと。なお、ここで言う処理とは、関連することを想起したり、比較したり、既有知識に組み込んだりすることも指す。なお、ここでのポイントは「同時に処理する」である。この観点で

62 **低学力**：具体的にはどんな学習状況を指すのだろうか。❶視写する時に、文節単位ではなく単語単位で書き写す。例えば「ぼくが昨日山に行って」という文で言えば、「ぼく」、「が」、「昨日」、「山」、「に」、「行って」等と区切って視写している。❷かけ算九九で言えば、話しの流れから「6・5・30」と言ってほしいところを、機械的に「6・1が6」のように1の数から順に言い始める等。

63 湯澤美紀・河村暁・湯澤正通著（2013）『ワーキングメモリと特別な支援』（北大路書房）等を参照。

見ると一般的な板書は、見る、書く等いくつかの活動を同時に行う活動と見なせるので、ワーキングメモリの大小を見るには適切な活動である。

〔補説〕 学力が低い子どもはワーキングメモリの容量が小さいのだから、1指示1項目を厳守する必要がある。極端に言えば「小学1年生に接するときのように」である。その方法は、話すときも音読のときも同様だ。聴写を例にとるならば、文節を基準とすることだ。2文節、3文節になると途端に遅れ出す子どもが現れる。

先行学習を校内研修のテーマにした岐阜県恵那市立岩邑中学校（2012・13年）では、ワーキングメモリの観点から、先行学習における共書きを100文字以内とした。校内研修の成果である。

これからの先行学習の授業を語る時の重要なキーワードとなる。

〔関連用語〕 **記憶** memory　主観的判断によって集積された記憶内容を指す。具体的には同化（既有知識に合った内容を取り込む）、調節（既有知識を変形させて取り込む）のどちらかを行い、他の事例に出会った時にも使えるように知識と知識を結び付けていくことを指す。これは「言語」や「言語と映像が結び付いたもの」そのもの全てが記憶されるのではなく、その意味が記憶されることを示している。

逆な言い方をするなら想起（remembering, recollection）の過程、すなわち「なんらかの形で思い出す」過程を指し、手がかり及び記憶情報を材料として新たな情報を構成的もしくは再構成的に作り出す活動とも言える。

なお、記憶にはエピソード記憶（過去のその個人の経験に基づいた場所と時間が結び付いたオリジナルな記憶）、意味記憶（辞書に載っているような客観的な概念）、手続き記憶（言葉では説明できないスキルで、泳ぎ方、スキーの滑り方等々）の3つがある。

43 カースト制を壊す――3つの立ち位置

学力が振るわない子どもは、いつも教わる立場に立つ。高学力の子どもは、教える立場に立つ。ここに、人間関係が固定してしまう具体を見ることができる。特に、単学級[64]の学校では6年間、いや9年間同じメンバーである。このような学校では人口移動が少なく、かつこれからの人口減少が確実な地域にあるのが一般的なので、卒業後を考えると人間関係の固定化は即解決したい課題だ。このことを、教室内カースト[65]現象と結び付けて考えると安穏としてはいられない。

以下のようにして人間関係の固定化から抜けだそう。

先行学習における授業後半の知識活用場面では、❶自力解決する、❷友だちと相談しながら解く、❸先生に教わる、の3つの立場から選択させてから解決活動に入ることを推奨している。このとき、先生に教えてもらった❸の人に答えを聞いて下さいと指示するのだ。

こうすると、普段教える立場の子どもが、逆に教わる立場となる。立場が変われば、ものの言い方も変えざるを得ない。我慢も必要だし、へりくだることも学ぶ。これが、教室内カースト制を打ち破る突破口となるし、格差固定化脱却の一歩でもある。

この手法は、特に単学級の学校では必須の工夫だろう。

学級は社会の縮図である。人間関係を学ぶ場でもある。したがって、いつもと違う人間関係を意図的に作り出す必要がある。そのための工夫が、「3つの立場から選ぶ」なのだ。

これらの工夫は、いじめの予防にもなる。低学力の子どもにも良いところがあることを前提とした「一

64 **単学級**：幼稚園・小学校と計8年間14名で過ごした体験（猪苗代町立翁島小学校）を持つ板橋区立舟渡小教諭（2023年）の佐藤亜樹さんに聞いてみた。❶とにかく飽きて新鮮さに飢える。❷喧嘩の仲直り方まで決まっている。自分は該当しなかったが❸新しい集団に入ったとき、友達を作るために自分から声掛けすることができない等々の構えになってしまうとのこと。中学校へ行ってホッとすると同時に、新しい集団に慣れずに不登校になってしまうことも珍しくないと言う。

65 **教室内カースト**：鈴木翔著・本田由紀解説（2013）『教室内カースト』（光文社新書）に詳しい。子どもが感じるカーストも教師が把握するカーストもそんなに違いがないと言う。担任必携の本だ。

人ひとりが違ってよい」の具体を知る場面となるからだ。

44 主体的な情意が連続する

ここに出てくる情意とは何か？　情意と書くだから情と意か……。

そう、情と意のことだ。ただし、意は意思ではなく意志の方だが。情意は理性に対応した言葉。このことは、拙著『The情意』（１９８９　初教出版、絶版）に詳しくまとめてある。

先行学習は、次々ページの「先行学習過程における情意の現れ」を見ても分かるように、主体的な情意が連続する。

その具体を説明しよう。

このグラフは、小学校算数、理科、社会、国語の四教科を先行学習で授業し、ページ左側に記してある「予習」から「自己評価」に至る授業過程で現れる情意を４つの情意――「分かりたいと思う情意」、「やりたいという積極性に関する情意」、「協働に関する情意」、「面倒・不安などのマイナスイメージに関する情意」――に分類し、１００％表示で示したものである。

例えば、授業に先立って取り組ませる家庭での「予習」段階における情意の現れは、

・分かりたいと思う情意　約21％
・早くやりたい等の積極性に関する情意　約52％
・協同に関する情意　0％
・面倒・不安などのマイナスに関する情意　約27％

となっている。
この結果を詳しくコメントすると以下のようになる。

❶「分かる」は、授業進行と共に増加し、終末段階の自己評価では95％を超える。この結果は、分かりたいという情意で満たされ、授業を受けて良かったという満足感を味わうと共に、次の授業への期待感を持ったと分析できる。

❷「積極」は、5割を超えている。はやくやりたい、知りたいという気持ちが高まっていることが分かる。登校意欲も高くなっていると推測しても良いのではないか。

❸「協働」は、意図的に場を設定しないと生じない。

❹「面倒・不安」は、授業進行と共に激減する。なお、上位層は「面倒」、下位層は「不安」が主である。しかしゼロにはならない。そしてわずかだが「軽視」が残る。

このように分析していくと、「主体的な情意が連続する」と題した意味がお分かりいただけよう。
先行学習における「知っているけれどよく分からない」から「分かる」への変容を、主体的な情意の変容と同じとみなせば、意欲面だけの評定で知識面の進歩が捉えられる。また、知識を知識面で把握するだけではなく情意面からも把握することで、子どもの見方や授業の見方も新たな視点が得られるのではないか。

〔定義〕**情意** affective state　情意[66]とは、初期段階で対象と自己の関係によって主体内に起こる「一

66 **情意**：井口尚之編（1996）『新理科教育用語事典』（初教出版）の171－175頁にある。

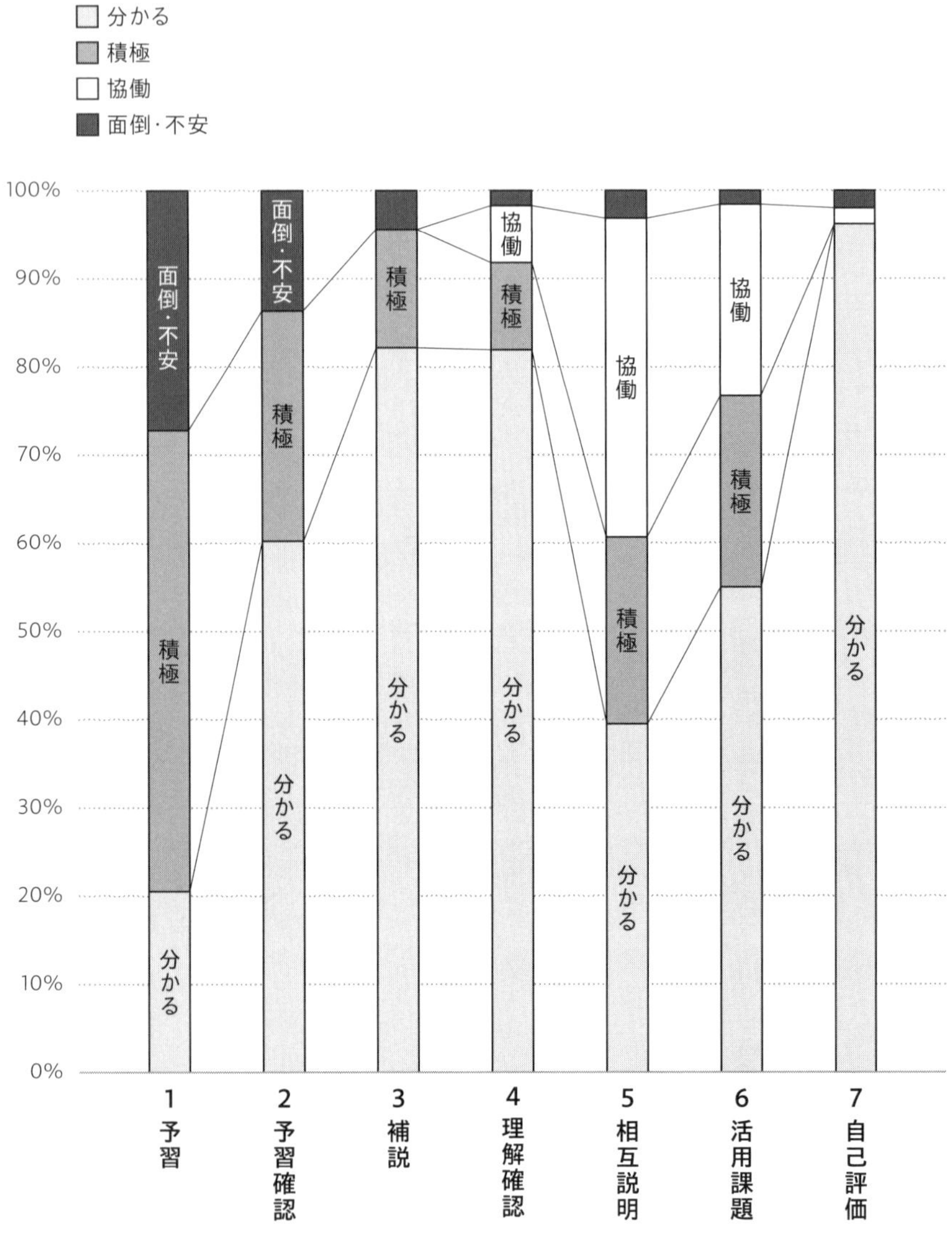

図6　先行学習過程における情意の現れ（小学校国社算理）

時的な感情や知的好奇心・向上心・理解欲求」から「分かる・協働・対話・説明」を経て、高次の「自己可能性・自律」までの階層があり、人格の形成にも深く関与する感情・意志の総体を言う。

また、情意は、対象に接することで認知的不安定状態になった場合の、認知的バランスを保とうとするエネルギーでもある。これは、認知的な適応システムとでも言えるものでアージ（理論）67（170頁参照）とも関連ある用語である。「分かる」と情意は一体なので、情意の高まり具合いは知識獲得のバロメーターとなる。

なお、先行学習過程に現れる主な情意は理解、充実、問い、確信、発見、挑戦、詳細、期待、役立つ、通用、協働、連携、感銘、億劫、不安、安易の16である。

ここで、小学校5年算数「比例」の授業における1人の子どもの情意を追うと以下の様になる。

〈授業の流れ〉	〈生起する情意〉
❶予習	追加の学びへの期待
❷予習内容の確認	意外感・驚き
❸1回目の理解度評定	的確なメタ認知
❹補説	困難な学びの楽しさ
❺理解確認	充実感
❻相互説明	より良い活動への意欲
❼活用課題	充実感
❽自己評価（2回目の理解度評定）	学びの深さへの畏敬の念

67 **アージ（理論）**：戸田正直著（1992）『感情』（東京大学出版会）に詳しい。戸田氏は当時名古屋大学教授で「初等理科教育」誌に論説をお願いした思い出がある。英訳に忙しく書けないと断られた。『感情』はかなり詳しく読み込んだ。

〔補説〕このような分析を続けると、子どもの思考を把握するリアルタイム的な授業感覚は鋭くなる。子どもの変容の想定過程が確かになればなるほど、授業中の態度・言動を見て認知の様子まで的確に見抜けるようになる。そうなればまさしく評価と指導の一体化に近づく。

〔関連用語〕**感性** sensibility　外界の様々な事象を、見る・聞く等の感覚器官を通した体験によって受け取る能力。人は目を開けたからといって、ありのままに見える訳ではなく、無自覚的だが、きちんと刺激を選択する。したがって、単なる情報の感覚的処理というよりも主体の側の既有の枠組み、概念の有無や有り様によって、異なった処理をすることを指すものとも言える。

ここに「一人ひとりが違う」の原点を見ることができる。

〔補遺〕手前味噌で恐縮だが、鏑木の授業は名人芸だと言われるときがある。ああそうか、そう見えるのか。うれしいな……。そう言われるとき、情意の研究を継続している努力は無駄ではなかったなあと思う。それにしても、認められることは年齢に関係なくうれしいものだ。そう思うと思わず顔がほころぶ。

さて、名人芸というコメントだが、参観者の参観する枠組みや概念のありようが、そう言わせるのだろう。

しかし、その一方で、それはないと心の中で言い、補説の項で記したように、情意と認知の一体化を常に意識し、その具体を調べ、かつまとめあげてきて身に付けた感覚なのだと力説したい。もちろん優れた授業を多く参観したこと、そして、なりたいと思うモデルの先生を決めたこと等も要因だと思ってはいるが。

感性を鋭くする努力[68]を継続すれば誰もが到達できるレベルだと考えている。

68 **感性を鋭くする努力**：どんなときでも、逆を考える、本当かと疑ってみる、浮かんだ知識を他の知識と関係付けてみる、疑問に思ったことはトコトン調べる、関係ないと思う分野の書籍に触れる、人間観察を怠らないを忘れない、が努力の具体である。私は、茨木のり子他著（2004）『茨木のり子詩集落ちこぼれ』（理論社）所収の「倚りかからず」（106頁）を読むたびに原点に戻される。私は詩集には疎いのだが、この詩集だけは持ち歩きたいと思った。なお、本書に掲載されている「自分の感受性くらい」という詩もどっきりさせる詩だ。感性は熟慮の上に成り立つものだと思っている。

情意から授業を見てみよう。新しい発見がある。

45 配当時間が少なくて済む

知識の習得から知識活用へと進む展開のうち、知識の習得段階では気付きと練り上げを必要としないので、当然のことだが費やす時間は短くなる。それが積み重なると、単元目標の習得に必要な時間は減る。大まかに言って10時間の配当なら7時間程度で済むだろう。現時点での学校は、カリキュラムが非常に窮屈だ。また、「学校は社会のゴミため」と言われているくらい社会の要請に振り回されている。このことは、学校に勤務している方なら「その通り」とうなずくだろう。週休2日制が元に戻ろうとしている動きもある今日の現状は、ますます授業時間で週日課は一杯になり、誰か1人でも体調が悪くなればきつくなる態勢と言ってもよいだろう。現行学習指導要領が、その窮屈感をますます高めている。時間講師をしている今、実感している。

そんな厳しい世の動きに1つの救いとなるのが先行学習だ。

このことを小学校6年算数の「多角形と円をくわしく調べよう」を例にとって確認してみる。太字部分が先行学習の授業である。

いかがだろうか。発見学習だと13時間、先行学習だと8時間。この5時間の差は大きい。

仮に、モンスターペアレントからの〝注文〟が舞い込んだとしよう。それが授業中なら、電話での応対や話し合いやらで自習になってしまうことも想定しなくてはならない。

つまり、学校側のミスではなくても、授業時間が不足することが起きることも想定しなくてはならず、それが現実に起これば教え込み一辺倒で授業を進めることも許容しなくてはならない。もちろん、こんな

表3　単元構成比較

6年算数「多角形と円をくわしく調べよう」　単元構成案		
時間	教科書通り	先行学習を取り入れ
1	正八角形の特徴を調べる	**正多角形を教える**
2	正八角形の特徴をまとめる	**正八角形の描き方を教える**
3	正八角形の描き方	**正六角形の描き方を考える**
4	正八角形の描き方	**円周率の求め方を教える**
5	円の周りの長さ	円の形を探して測定する
6	円の周りの長さ	力を付ける問題
7	円の形を探して測定する	仕上げの問題
8	円周率を知る	テスト
9	算数のお話し	
10	円周率と直径	
11	円周率と直径	
12	力を付ける問題	
13	仕上げの問題	

ことも起きるから先行学習の方が良いというつもりはないが、1つの救いではないか。仮に5時間ではなく、ゆずって3時間浮くとしよう。この3時間でも貴重だ。学力が振るわない子どものために時間を割くことができる。

今、小学校算数の例で比較してみたが、中学校でも同様だ。子どもが大人びる分、対応する時間も内容も小学校以上に複雑化するので、時間が削減できることは朗報ではないか。

先行学習は、事例に挙げた算数だけではなく、他教科も同じようにできる。拙著（2012）『分かる授業の指導案55』（芸術新聞社）及び（2013）『分かる授業の指導案80』（芸術新聞社）には、そんな事例を多く掲載している。

未来予想図3　いつもギリギリ

なぜ授業をやり続けるのですか？　NPOを立ち上げるたのはどうしてですか等と聞かれます。そして、名古屋大学（なぜ名古屋大学なのかと聞かれた訳が今でも分からない）を出たのですか。エリートだと思っていました等と言われました。

「いや、高卒です。玉川大学の通信教育で免許を取りました」と堂々と言えるようになったのは、教科指導に自信が付き、話しをすると自分の方が多く知っているという現実に遭遇してからでした。徹夜してでも良い指導案を書いてやると意地を張りました。そして、高卒でかつ2種の免許状しか持っていない自分だけれど、40歳代で絶対校長になってやると心に誓いました。今まで以上に多くの本を読み実践に励みました。30代の後半には、これまでの研究をまとめた『The情意』を出版できました。

教頭試験は当時40歳で受けられました。早速申し込みました。しかし、思わぬ抵抗が入りました。当時の校長が「受からない。4回目か5回目で受かる」と言いました。理由を聞くと「1回で受かることはまずない。自分も4回目で受かったからだ」と言うのです。それでも受けさせて下さいと言ったのですが撥ねられました。その後、締め切り間近になって「受けても良い」と許可が下りました。突然変わったのは、教育委員会からの指導があったからだと後から分かりました。

もう意地でした。絶対に受かって見返してやると心に刻みました。大学入試を経験していない自分だ。大学入試のつもりでやるぞと決めました。空いている時間は、全て教頭選考の時間としました。トイレに法規の紙を貼り、手帳の表紙に教頭の心構えを書きました。一次が受かり、二次に臨む。論文を何回も書いて覚えを完璧にしました。二次では校長になりたい自分を想像して、その決意を明確にしました。

合格後の校長との関係は微妙もいいところでした。3月に校長が異動してホッとしました。私が校長になったら「合格しない」と面と向かって言うことは絶対にしないぞと誓って、その後の日々を過ごしました。

合格後、もう一つの難関が立ちはだかりました。1種の免許状取得見込みで受けたからです。玉川大学の通信教育を再開しました。雪の降る2月11日、図工教材研究2単位の科目試験でした。かなり緊張しました。こんな事例は埼玉県始まって以来だと言われました。私の人生はいつもこのようにギリギリです。

第4節

4つの生きがい

教科書に書かれていること、例えば単元構成がよい例だが、思った以上に教師の実践を制約する。無意識的に縛りがかかるのだ。かつて教科書から離れて自分独自で実践しようと考えた時代もあった。しかし、離れようと努力すればするほど何と教科書に近くなって来るのだった。こんな体験を何回もすると、まるでお釈迦様の手の上の孫悟空ではないかと思うようになった。

そう気が付いた時から、教科書を有効に使おうという意識が、自分独自に展開しようという意識よりも勝った。そこから新たな地平線が見えてきた。

ところで、なぜ主たる教材と位置付けられている教科書の有効活用かと言うと、経済格差に関係なくどの子どもも持っている教材だからだ。全国を回る飛び込み授業が多くなれば多くなるほど、どこでも、どんな子どもでも共通な教材は教科書だとつくづく思うようになった。

独自教材もよいけれど、教科書を思うように料理できないレベルなら独自うんぬんも意味がない。私はそう思う。教科書を使わない授業を公開して、どうだと言わんばかりに誇らしげに振る舞う姿を見ると、何とも複雑な思いがこみ上げてくる。

教科書を縦横無尽に使える教師を目指そう。

子どもは、そんな教師を尊敬のまなざしで見る。そのまなざしを壊さないためにも、各社の教科書を比較検討したりして、関係の知識をより豊かに持ちたい。そこまで来れば、他社の教科書も視野に入れた、1ランク上の「教科書を縦横無尽に使える教師」になれる。

さらに、このレベルまで来ると授業中に起こる、子どもからのあらゆる質問、疑問等に的確に答えることができる教師になれる。

頼れる先生になろう。そして、実践を重ねていけば「ああ、ここに俺の道があった」の心境に至るはずだ。

46 変える勇気が持てる

変える勇気。重い言葉だ。

世の中、変えないといけないと思っていることでも変えていないことが結構多い。

真正面から受け止めないといけない。

逃げては駄目なのだ、「逃げたら授業が変わらないし、もちろん自分も変わらない……ああ、精一杯努力しているのに変わらない」とついへこんでしまい、あきらめの境地に陥ってしまう。

自分を変えようとしない教師を見ていると、例えば学校と自宅の間に脳を刺激する環境がないからだと妙に納得するときがある。例えば、通勤経路に本屋を置いたらどうか。

自分自身への知的刺激を一度チェックしてみよう。以下にチェック項目を記してみる。

・新聞を読んでいるか。
・本を読んでいるか。
・本を紹介してくれる仲間がいるか。
・ニュースを聞いているか。

・教育談義をしているか。
・学び続けている人がそばにいるか。
・あの人のような授業をしてみたいと思う憧れの人はいるか。
・ぼやく相手がいるか。

諦めてはいけない。焦ってはいけない。でも、当てにしない。この3つの「あ」をモットーにして変える勇気を持とう。

O God, give us
serenity to accept what cannot be changed,
to courage what should be changed,
and wisdom to distinguish the one from the other.

Reinhold Niebuhr

神よ、
変えることのできるものについて、
それを変えるだけの勇気をわれらに与えたまえ。
変えることのできないものについては、
それを受け入れるだけの冷静さを与えたまえ。
そして、変えることのできるものと、
変えることのできないものとを、識別する知恵を与えたまえ。

ラインホールド・ニーバー

〔補説〕「変えることのできることは変えよう」とは、アメリカの神学者・倫理学者ラインホールド・ニーバー Reinhold Niebuhr（1892-1971）が、マサチューセッツ州西部の山村の小さな教会で1943年の夏に説教した祈りの一部である。英文と邦訳は上の通り。

　高校英語の教材として取り上げられことがある文だそうだ。そのくらいの価値があるなら、私も高校時代にこの文に出会いたかった。

　この文は、ことの本質を言っている。と同時に、教師としての生き方を示している。先行学習を批判する人に、今一度味わってもらいたい文だと思った。

知恵を持つ人が生き延びるのではない。頭脳明晰な人が生き延びるのでもない。変化するもののみ生き延びる[69]。

〔補遺〕校長時代に、国も県も市も社会の変化に対応した学校作りを強調していたので、よし、その通りにやるぞと決め、3学期制を2学期制にした。そうすると約20時間くらいのゆとり時間が生まれた。これを当時の一般的な対応であった新しい行事を作るという極めて後向きなことはしないと決め、後期の授業コマ数を1つ減らすという案を考えた。その結果、冬は暗くないうちに下校させることができたし、忙しさもわずかだが軽減できた。

しかし、後に続くと思った校長は動かなかった。市内33校中2学期制に移行したのは自分の勤務校だけだった。しかし、管理規則で2学期制にするかどうかは各学校で決めてよいというルールに変更されたのは救いだった。

このように、やりたいことをやると意外や意外に浮いてしまう。かえって迷惑がられた。この護送船団方式は、古く江戸時代から潜む組織内運営の感覚なので、今でも払拭できないでいる。そう簡単に切り替えられないのだろう。

そんな空気の中、やり切ったことを今振り返ってみても、間違いではなかったと自負できる。ブラック化解消への適切な対応だ。取引コストへの抵抗感は想像を絶する。何と言っても改革しても給料が上がらないのが良くない。給料が上がると分かっていたら後に続く校長は何人も現れただろう。

「変わること」は、ビジネスの世界では、より良く生きるための戒めの言葉となっていて当たり前だが、教育の世界の保守性を打ち破るためにニーバーの言葉はもっと知られてもよい。

69 **変化するもののみ生き延びる**：ダーウィンの考えと理解されているが、ダーウィンの『種の起源』等の著作には記されていないそうだ。後の人がダーウィンの考えを元に創作したとのこと。そうは言っても、本質を表していることは間違いないところだ。ちなみに、ビジネスの世界では定番のように言われている。

つい最近「進取の素」という超ミニミニ冊子を作った。そこに51の箴言を掲載した。その冒頭は、

思考停止
自己抑制
固定観念
前例踏襲から抜け出そう

である。教諭時代に校長からそう言われたら勇気百倍となっただろう。

47 ああここに俺の道があったと確信が持てる

これも勇気が湧く言葉だ。

夏目漱石の評論を読んでいて、個人主義という言葉が目に入り記憶に残った。明治時代に個人主義と言っていることに珍しさを感じたからだ。そこで、確認すると、何と夏目漱石が学習院で講演した内容を文章化した文のタイトルだった。

私は今、スマートフォンに入れて、何かをする前に読んだりしている。

〔補遺〕「私の個人主義」(『漱石全集　第21巻』1957岩波書店、または三好行雄編(1986)『漱石文明論集』岩波文庫所収)という文がある。夏目漱石が1914年11月25日に学習院で行った講演のタイトルである。
この文は、サイドラインを引きながら読んだ記憶があり、その痕跡は今でも鮮やかだ。「ああ、此処

におれの進むべき道があった！　漸く掘り当てた！　斯ういふ感投詞を心の底から叫び出される時、あなたがたは初めて心を安んずる事ができるのでせう」との文言がいつまでも心に残っている。

漱石に感謝である。

ところで、かつて「教師稼業」と言った教員がいたが、「稼業」とはなんだ、自分を卑しめる言葉ではないか。聞いていてムッと来た。何と情けない言い方かと。

48　信頼される教師になれる

年賀状が何枚来るか。

卒業生の結婚式に何回出席依頼を受けるか。

これが信頼されるバロメーターだといったら言い過ぎだろうか。授業を疎かにしていたら確実にお呼びがかからない。

何回か小学5・6年と2年間の持ち上がり担任をしたことがある。確か2回目の卒業学年だと覚えている。教育方針を理解してくれないまま卒業した親子がいた。親と何回も話し合った。しかし物別れに終わった。ところが、卒業して13年たった時、その子どもの母親から手紙が来た。差出人を見て開封したくないと思った。が、開くと意外なコメントだった。「今、やっと分かりました。鏑木先生の言うことはこれだったのだなと。そして、そのように教えてくれて感謝している」と。ああやっと分かってくれたのかと安堵すると共に、ちょっぴり悲しかった。あの時分かってくれれば笑顔で卒業式を迎えられたのに。13年間は長過ぎた。

でも、考え直した。当時の私にはプレゼン力がなかったのだと。信頼される教師になるためにはプレゼン力が必要なのだ。そのためには、何かを企画・立案し人を動かす体験が欠かせない。話を元に戻そう。

信頼されるには、まず「分かる」を保障することが大前提となる。

ところで、授業のプロフェッショナルとは何か。ベテランとは全く違う。

授業のプロフェッショナルとは、

❶ ポリシーを明確に持ち
❷ 臨機応変のスキルを発揮し
❸ 分かる授業を実践できる

そして、

❹ 理論を具体化し、それを説明する力を持っている教師

のことである。

この4つを兼ね備えていれば、信頼が得られることは確実だ。こんなこと言われても無理だよと思わずにプロフェッショナルと呼ばれる条件を1つ1つじっくりと、何年かかってもクリアしよう。

〔定義〕**教師** teacher 授業を構成する要因の1つで教材ともなり得る存在。教育の「育」を常に考えて行為を決定する人。教えることに第1義的価値を感じ研鑽を積む人。
教師の子どもの頃の授業体験は、学習観、子ども観、教材観、目標観に大きな影響を与える。実践に

あたっては「分かる」こと、そして「子どもの学力を向上させる」ことを第1とするスタンスだけは踏み外してはならない。
教師も環境の1つだという捉え方は間違いないが、教師の存在はそんな脇役的な存在ではない。授業の主役と言ってもよいくらい意味ある存在だ。学びの共同体のように、教師は授業を設計したらあとは見ているだけというスタンスもあるが、それは、私の経験から言うと教師の役割放棄である。

〔補説〕教師の仕事の9割は授業以外の仕事である。時には給食費が未納の家庭に行って集金してくることもあった。家庭争議に巻き込まれることもあった。暴力団ではないかと思える強面の父親と話すときもあった。
このような仕事があるということは教育実習時代には見えない。ましてや、教師をしたことのない人からは「給料がまだ高い」などと言われたり、同時進行的に処理しなければならない仕事が4つ、5つもあることも知らない。こんなことが常態化しているのでマルチな能力を要求される。そんな中、授業に関心をもち続け研鑽を積む教師は尊い。もっと評価されて良い。ぜひ仲間にしたい。

〔関連用語〕**教室** classroom　試行錯誤できる、失敗したら再挑戦できる。そんな時間的ゆとりがある場。学びたいところまで進んでよい空間がある。これらが教師により保障されている空間のこと。
教え合ったり議論し合ったりできる仲間がいる、学んだ結果を聞いてくれる仲間がいる、自分とは違ったところが得意な仲間がいる……。まさに社会の縮図そのものの空間で、疑似社会体験ができる場のこと。

70 **論争**：初等理科教育誌に2004年4月号から2006年3月号までの2年間、初等理科教育に関わりかつ発見学習を信奉されている方々を相手

49 確固たる信念になっていく

春風や闘志いだきて丘に立つ　――高浜虚子

恥ずかしながらこの句を初めて知ったのは１９９６年の3月末だった。新任校長辞令交付式での県教育長の話に出てきた。張り切り過ぎないように。威張らないように等の注意と共に忘れることのできない言葉となった。蛇足だが、これを機会にちょっぴり俳句に関心を持った。

先行学習は、今は理解していただける先生方が増えたが、提唱当時は批判の矢が前後左右上下から飛んできた。曰く、これまでの成果を無視するのか。過激だから言わないでほしい、教育委員会はそんな指導法をとは言っていない、教科書と違うやり方だからダメだ等々、感情的な反論が多く根拠を明確にしないものばかりだった。心ある学者だと思っていた人の批評が、全然論理的反論でなかったことは学者不信が高じる要因ともなった。こんな柔軟性のない人々と何年も付き合って来たのかと思うと、大きな孤独感を味わった。

残念だった。ガッカリした。

そのことは「初等理科教育」誌上で2年間にわたって論争[70]したので、その様子は読んでいただければ分かるが、この俳句はその時の私を支えた。

先行学習で授業展開して、子どもの分かった時のうれしそうな顔[71]を見ると、教師になって良かったと思う。

明日も元気良く学校へ行こうと思いながら職員室に戻る。時には授業後に子どもと話し込んでしまうこ

に交互に連載する形で先行学習の是非を論じた。冷静に反論したが、批判の中には感情的、感覚的なものもあり、純粋な学術論争にはならなかったのは本当に残念であった。

71 **うれしそうな顔**：「ワクワク授業～わたしの教え方『予習すれば驚きがいっぱい―鏑木良夫先生の理科』」。ＮＨＫ教育テレビで２００７年9月12日に放送された番組で、その具体を見ることができる。この授業は、理論的にも実践的にも自分の授業の到達点であり、先行学習の出発点でもある。今でも新鮮な気持ちで視聴できるし、多くの先生方から、いろいろな先生方に見せたいと言われる記念碑的な映像だ。自分でいうのも恥ずかしいが理科は奥が深いと言う子どもも出て感動的である。

ともある。良い時間を過ごすことができる。お金では買えない時間だ。先行学習に関する信念も確かになっていく。

〔補説〕「春風や闘志いだきて丘に立つ」について一言。

正岡子規門下の高浜虚子は、一時俳壇から離れた。しかし、新傾向を示す河東碧梧桐[72]との対決のために俳壇に復帰する。「春風や闘志いだきて丘に立つ」は、その時の決意表明の俳句とのこと。虚子にすれば、相手の碧梧桐は強力なライバルだ。相当気合いが入ったのではないか。そんな気合いがこの句から伝わる。

ライバルの存在は自分を鼓舞し自分を高める。健全な競争と協働。これがポイントだ。

今から40数年以上前のこと、教師6年目にライバルと同じ学年になった。今思えば当時の校長は鏑木の扱いに困ったのだろう。言いたいことは言うし、そのくせ研究授業は進んで行うしで、押さえにかかったのだ。そんな空気の中、勝負の時が来た。校内研修で、私とライバルが教科、単元、場面、目標を同じにして、どちらがよい授業か比べようというのである。もちろん受けて立った。6年算数「平行四辺形の求積」場面だ。等積変形に気付かせ帰納的に公式を求めさせる授業だ。

校内の先生方の参観人数と研究協議の参加人数の多い方が勝ちというルールだった。当日は予想外の発言がある子どもから飛び出て、それをうまく処理した私が勝った。

楽しい思い出だ。その子どもとは今でも賀状をやりとりしている。もちろん子ども本人は、このことを知らない。

72 **河東碧梧桐**：かわひがしへきごどう。正岡子規の弟子で、季題と定型にとらわれない自由律俳句を標榜した。

未来予想図4

個性探求の単元構成

個性探求は、個性伸張の前段の指導です。今の学習指導は、個性の伸長まで視野に入れていません。本書でも、そこまで視野を広げていません。しかし、これからの世の中を想定するとそんなことを言っている暇はありません。

今の教育界を見ていると、幾つかの壁を壊さないと子どもの確かな学びや自信をつけることすらできなくなるとの危機感を感じます。

ここで言う壁とは、経済同友会の有志の方々が集まる教育を語る会で文科省の合田哲雄氏から聞いた「壁」のことで、学級の壁、学年の壁、文系と理系の壁、塾と学校の壁等です。

確かにこんな壁がなければ学校に自由が生まれ、息苦しさがなくなると思いました。

そこで、633制の壁を壊し、子どもの興味・要求を元にした発達段階の考えにあった444制を志向した単元構成を考えてみました。それが次の図で示したものです。

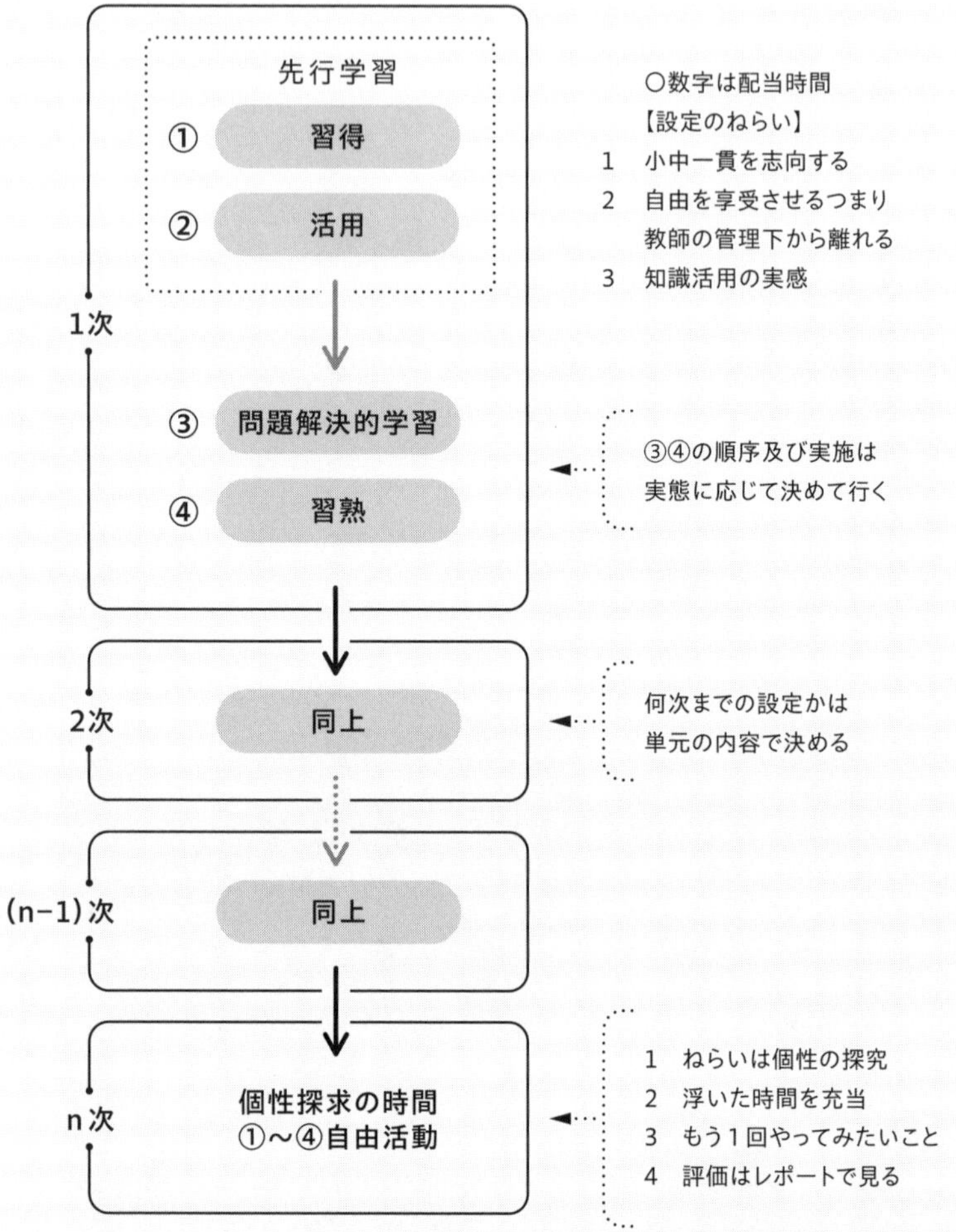

参考 1 本田由紀著(2020)『教育は何を評価してきたのか』(岩波新書)p16
2 安彦忠彦編著(2012)『子どもの発達と脳科学』(勁草書房)p153

図7 先行学習を取り入れた個性探求の単元構成(5年生以上向き)

第　3　章

先行学習の方法

どんなにすばらしい理論も
方法論が伴わないと
机上の空論となる
ここに教育実践研究者の出番がある

方法論に哲学がないといけない
真似ではなく
独りよがりではなく
子どもの分かり方に沿った
自分なりの理念を

先行学習も提唱したとたん
一人歩きを始める
実践した人なりに変形される
理論とはそういうものだ

でも
先行学習に出会って
道が開けた人が現れたら
もう最高です

本章では、先行学習の方法について詳しく述べていく。

繰り返すが、今、問題解決的学習が一般的な指導法だ。気付きと練り上げを主とした発見的な手法である。

授業直前までの知識が確かに身に付いていること、授業場面となる教科書該当ページをスラスラと読めること等が前提なので、高学力層対応のみの授業になってしまう。

しかし、どんな工夫を凝らしても中・低学力層の子どもにとってはハードルの高い授業となる。確かな学力が身に付かないことは、心ある教師はすでに気が付いている。ここは、やはり二刀流が良い。問題解決的学習一辺倒から抜け出すのだ。

先行学習の実践を繰り返すだけでは、分かる授業の充実感は味わえない。どうしても認知心理学の知見が必要だ。それも、単に「認知心理学を知っている」のではなく、授業実践を通した実践的認知心理学とでも言えるものだ。

机上の認知心理学は要らない。

なお、蛇足だが先行学習の方法が方法として価値を発揮するには、まず「落ち着いたクラス[73]」、「指示が通るクラス[74]」になっていることが最低条件[75]である。

50 展開は1時間扱いと思い込まない

先行学習の展開の「前半は習得、後半は活用という流れ」は1単位時間を基本としている。

しかし、これは必ずというものではない。2時間、あるいは3時間かけてもよいのだ。それも、習得1時間、活用1時間もあるだろうし、習得2時間、活用1時間があってもよい。それこそ臨機に応じて習得

73 **落ち着いたクラス**：7つの条件があればよい。その7つとは、❶良い姿勢、丁寧語、ため口なし、❷返事は「はい」で「うん」はなし、❸ゴミが落ちていない、❹棚の物等は同じ向きに入っている、❺黒板がいつもきれい、❻使わない物は一切机上に置かない、❼学習準備してから休み時間とする、である。このことを、授業を通して可能にするが、できれば4月中に達成したい。

74 **指示が通るクラス**：7つの条件がある。その7つとは、❶1回で聞き取らせる、❷板書は共書きが可能、❸指示命令の理由を常に言う、❹一指示一事項を基本として言う、❺箇条書き風の指示を癖にする、❻紙をめくるわずかな音も出ない状況が「本当に静かに」だという

と活用の時間配分を決めればよい。

例えば、丁寧に教えなければいけないという場面だったら、躊躇なく習得に1時間かけよう。

中学3年数学の多項式を例に取ろう。

ここでは、乗法公式（次ページ※1参照）を学ばせる場面だが、思ったより時間がかかる。多項式を展開する中で置き換えがある場合がそれに当たる。3aをXと置き換えるのはよい方で、a＋cをX、b＋cをYと置くような場合だと時間がかかる。2つの置き換えが出てきて、かつその後半に乗法公式の右辺から左辺に式変形という展開は、因数分解となっていて、複雑に見えるからだ。

このように「分かるを第一に」というスタンスを守る意味からも習得に1時間かけた方が良い場合がある。

51 問題解決的学習の前に先行学習を

先行学習の目的は、目標に掲げた知識が確かな知識として頭の中に収まることだ。

この時、帰納的に指導しても帰納についていけない子どもがいる。演繹的に進めても具体との距離を感じる子どももいる。したがって帰納型、演繹型の両者共に満足させるには、帰納と演繹を交互に行き来する場を用意することがポイントとなる。「次」で知識のまとまりを図る場面でも、帰納と演繹の両場面を用意することが求められる。

前述した中3の多項式の学習場面で言えば、

❶ 先行学習：知識の習得。

ことに徹する、❼指示を見届ける、である。これも4月中に確立することを目標にしたい。

75

最低条件：子どもやクラス全体のことを言う前に、教師の条件にふれない訳にはいかない。それは「この先生、何を言っているのか」、「何回も言い直さないでよ。先生でしょ」、「担任を変えてほしいなあ」等と子どもが思ってしまう場面をしばしば見るからだ。話すのが苦手、指示が不明確、声が小さい等々、同僚から見ても教師に不向きだという人がいる。教師力を磨こう。物事を企画立案し、人を動かす体験は絶対条件と言ってもよいのではないか。

・乗法公式（※1）を教える。
・活用課題（※2）を協働で解かせる。
❷ 問題解決的学習：協働せざるを得ない問題（※3）を解かせる。
❸ 習熟：教科書に掲載されている問題で、まだ残っている計算問題等を片っ端から解かせる。

という3時間扱いの進め方だ。

※1
【乗法公式】
$(x+a)(x+b)=x^2+(a+b)x+ab$
$(x+a)^2=x^2+2ax+a^2$
$(x-a)^2=x^2-2ax+a^2$
$(x+a)(x-a)= x^2-a^2$

※2
$(a-b-6)^2$を解こう。

※3
$(a+b+c)(-a+b+c)+$
$(a-b+c)(a+b-c)$
を展開し、簡単にしなさい。

（ラ・サール高）

〔定義〕**次** small unit 単元指導計画中の、学習指導要領の内容1つ1つに対応したまとまりを言う。単元ほど大きくはなく1単位時間ほど小さくはない中間的な大きさの内容を示す語。1つの「次[76]（「つ

76 **次**：「次（つぐ）」に関する参考文献はほとんどない。そんな中で、赤松弥男編著（1982）『理科単元別授業の構成と能力の評価』（初教出版）に、明確ではないにしろ、わずかだがコメント（9-11頁）がある。

ぐ」と読む）」に通常2から4時間程度配当する。

問題解決的学習では通例、事実、事実、事実そして「まとまり」の発見といった手順、つまり帰納法的手順を基本とするが、先行学習を取り入れると❶演繹（先行学習）、❷帰納（問題解決的学習）、❸習熟の3時間が1まとまりとなる。この1まとまりを「次」とする。なお、教えるべき内容が3つあれば、その3つを第1次、第2次、第3次と設定していく。

〔補説〕飛び込み授業をした多くの学校で、単元構成はどうすればよいかと聞かれる。その返事としては、「次」、つまり、1つの学習内容ごとに先行学習、問題解決的学習、習熟という流れの3時間を基本セットしたらどうかと提案している。それをいくつかまとめて単元としたらどうかと答えている。

単元構成を作ろうという試みは、その学校の実態に合った正真正銘のカリキュラム編成をすることにつながる。ここ数10年来、単元構成をどうするかについて議論する機運が学校現場にはない。基本的な実践力の低下だ。しかし、この危惧は教師の力量低下からきたのではなく、学校の置かれた多忙化から来ている問題と捉えている。

学校に「暇」を！

52　教える内容がなかったら発見学習で

毎時間先行学習で展開する単元計画を見るときがある。全時間、先行学習で展開をしないといけないと思い込み、無理をして先行学習を入れている。

無理にやらなくてもよいのだ。活用すべき知識が前時までの先行学習で確かになっている場合は、従来通りの気付きと練り上げ中心の展開でかまわない。

〔関連用語〕

1 **探究学習** inquiry learning　探究学習とは、自力で答えを導く法則を見つけ、それに基づいて答えを意味付けていく過程をたどるべきものと捉えられている。しかし、限られた時間の制約の中では、現実的ではないとして敬遠されかねない。

そのような現実をクリアしようと、例えばワークシート[77]を使う場合があるが、その使用には欠点も少なくないので、「ここにこんなワークシートがある、じゃあ使うか」のような安易な使い方はしないでほしい。

探究学習は１９６０年代のアメリカにおける理科教育現代化運動の中で提唱された発見学習の一形態である。日本では、どちらかと言えば中学・高校の理科で語られる用語である。

ところで「探究」「探究する」と聞けば、意欲的に対象に迫る子どもの姿を想起するだろう。しかし、認知の枠組みを持たない探究学習は這い回るしかない。やはり、確かな認知の枠組みを先に与えたい。

2 **単元構成** unit organization　学習内容の認識が深まっていく過程を授業の連続という形で表記したもの。一般には、先行学習と問題解決的学習が併存する構成となる。ちなみに、学習のまとまりを小さい順に並べると、「活動」→「時間」→「次」→「単元」→「年間計画」→「教育課程」となる。

53 先行学習は万能ではない

77 **ワークシート**：プリントと称する場合もある。ワークシートは学ぶ順が決められているので、教師がいなくても進められるものが多く、「教師いらず」と呼んでいる。指導力がつかない最大の教材。ワークシートを作成するだけでも相当なエネルギーを必要とするので、時間をかけた割には効果は低い。教師の疲れを加速させる「自分で自分の首を絞める」首枷だ。

先行学習が成立する限界を体験した。

どんなに良い指導案を作っても、そして、それを具体化する授業スキルを持っていても、一斉授業である限り、子どもが教師の適切な指示に従わない場合には実践不可能である。

こんなことは当たり前だと言うなかれ。そのような子どもたちには別な指導法、例えば、完全個別指導計画を用意しないといけないと実感したのだ。授業が終わっても何というか、砂を噛むような思いを抱いた。

それは、学力不振の子どもが通う高校での英語の飛び込み授業だった。その授業の様相は、

❶ 授業中に寝てしまう生徒を起こそうとする。

❷ 教科書を持ってこない生徒に教科書を貸してまで読ませようとする。

❸ 教科書を出していても開こうとしない生徒に開かせようとする。

❹ ノートを持ってこない生徒に白紙を渡して書かせようとする。

❺ ノートは出しているものの必要事項を書こうともしない生徒に書かせようとする。

❻ 話し合いなさいと言っても話そうともしない生徒に話をさせようとする。

❼ 理解度評定でどこに当てはまるかを聞いてもただ黙ってこちらを見ている生徒に理解度の意思表示をさせようとする。

❽ 注意してもしばらく経つと私語をしてしまう生徒に私語をしないように注意する。

❾ 机の上に学習に必要ない物（スマートフォン、ヘアブラシ、ペットボトル等々）を出している生徒にしまうように注意する。

❿ 「では一斉に音読して下さい」と言っても黙っている生徒に何とか音読させようとする。

であった。

中学までの9年間で、学びの構えに関する「躾」を指導されて来なかったかもしれないし、諸々の事情で身に付けないで成長した子どもたちなのだろう。もちろん9年間のツケをたった1回の飛び込みで直そうなんて、無理だと分かっていても、何とかしようとする自分がいた。

このような子どもたちは、家庭状況が複雑な場合が多い。親の教育力の欠如、経済力の無さと無関心・放任等により、精神的なバックアップもない。子どものせいではないと思いつつ、どうやって学びを保障すればいいのか改めて悩む。

54 事前に全文視写させる

授業が始まるまでに、家庭学習として教科書の結論部分をを全文視写させることが望ましい。国語の場合は本文を全文視写させたりする。

こりゃあ大変だと思わないでほしい。

確かな学びを保障するには「読めない」という状況だけは何としてもクリアしないといけない。その方法としては、「書く」が一番効果ある方法だと捉えているので、単元あるいは授業に入る前の、それこそ準備運動として、ここで言う「全文視写」を与えるのだ。

飛び込み授業中に読めない、書けない現実に遭遇すると、授業以前の問題と感じて失望を覚える。そんな時、失望を横に置いて素通りする訳にはいかないから、書くこと、読むことの大切さの理由を――教師の指示に対して、理由抜きに唯々諾々と従わせるのは教育ではないと考えているので――必ず伝える。

なお、視写をいつ指示するかと言うと、授業の前日が最低限の締め切り日だ。しかし、長文であればそうはいかない。数か月前から1日1ページ書き写させたりする。文学教材や論説文、評論文等の全文視写はもちろん、算数・数学でも、いや理科や社会でも同様に取り組ませる。飛び込み授業の場合には必ずとは言わないが、可能な限り協力をお願いしている。

さて、家に帰って子どもは教材文の視写に取り組むが、この地道な努力の継続は、考える以上に効果[78]がある。

まず、文字を1つ1つ確かめながら読まざるを得ないので、自分の思い込みと対比する読みとなる。例えば「〜について」と「〜に関して」の微妙な違いにも意識が向く。更に、気になる文言を意識する等、小さい効果だが、その積み重ねは無視できない。テレビや新聞で難しい文言に接すれば辞書を引くかもしれない。言葉が身近になってきて言語生活が豊かになってくる可能性に期待したい。

全文視写が終わったら、学校で確認する。例えば、単元冒頭の時間を使って——そんな時間はないと言うなかれ。意外と効果があるのだ——点検だけでもよいからやってほしい。そして、視写した文を友達同士で比較させる。そうすると必ずと言ってよいほど、文字下げをしない、送り仮名を間違える、一行そっくり飛ばしている等々のミスが見つかり、読みの基礎を作る有効な時間となっていく。

ところで視写するとき、どうして間違うのだろうか。間違う理由を記す前に、視写の過程を確認したい。視写の過程とは「……一字一字逐一見て視写する訳ではない。また、視写する紙に予め薄く字が印刷してあって、それをなぞり書きする訳でもない。(中略)まず、ある程度まとまった範囲を区切り、それを見て記憶する。それから目を原稿用紙に移し、記憶にしたがって書く」(脚注78で記した池田久美子著『視写の教育』の148頁)である。

さて、間違う理由は、ある程度まとまった範囲を見て記憶する時に「その後はこうなるかもという自分

78 **効果：**池田久美子著(2011)『視写の教育』(東信堂)の128頁他を参考にした。

の文の形が想起され、それを書いてしまう」ことで起きると解することができるとのこと。なるほど、である。

視写は学習するための基礎体力を養う。具体的には、一点一画、一字一字を意識する、語の異同を意識する、語の選択について考え始める、執筆者と論争するに至る[79]等の効果を持っている。

全文視写を家庭でできない場合は、休み時間を使わせるとか単元の第一次で全文視写の時間を取ろう。

〔関連用語〕

1 書く write in notebook　知らない言葉と知っている言葉を切り分ける行為のこと。その知的アンバランスを埋めようと、例えば、積極的に辞書を引こうとする。あるいは知らない言葉を知ることで知的好奇心が満たされる行為のこと。なお、筆記用具を動かすという点から言えば、時間と文字数は比例し、時には誤字脱字の訂正に余計な時間を費やす。この疲れを伴う体験は、まさしく「体で書く」に該当する行為と言えよう。

2 読解力 reading literacy　テキストの意味を的確に捉え、意味理解があやしい人に正しく伝え切ることができる力のこと。単に国語教育における文章だけが対象ではなく、図表やグラフ等も含めた非言語情報もその対象である。

この用語は、伝えることを重要視する意味から、ＰＩＳＡ（国際学習到達度調査Programme for International Student Assessment 15歳を対象に読解力、数学的リテラシー、科学的リテラシーを調査）を意識して英訳はreading comprehensionではなく、冒頭に掲げた英訳となる。

ところで、「教科書を読めない」という学校教育の悩みを解決するために必要な「読解力」を育成す

79 **論争するに至る：** 池田久美子著（２０１１）『視写の教育』（東信堂）の帯に記された文言。私も全文視写の効果を期待して、長い間視写を課してきた。本書によれば、大学教育を進める中で、低学力の大学生の読めない、書けないという現実に対応するために視写が有効だと感じたと言っている。同感だ。視写は小・中学校では当たり前、いや、国語以外の教科を指導する時に全文視写を取り入れているのは、私だけかもしれないが、小・中学校の国語の教員以外の先生方の視写の軽視は認めざるを得ない。改善の余地ありだ。

るには、理解したことを伝える以前の課題、例えば言葉の意味すら記憶が曖昧という課題の解決からスタートしなければならない。

このような実態を考慮すると、高学力の子どもには伝える力を求め、低学力の子どもにはまず意味の記憶を目標にしたい。

また、繰り返しになるがテキストには、言われるような文学的な文章や説明的文章などの「連続型テキスト」だけでなく、図・グラフ・表などの「非連続型テキスト」を含んでいることは言うまでもない。東ロボくんプロジェクトで知られている新井紀子氏の言うＡＩ（人工知能 artificial intelligence）では解けない問題を解く力とは、この非連続型テキストも含めた読解力を指している。

55 過程1：教える内容を見つける

ここで言う教える内容とは、本時の知識目標そのものを指す。したがって、教科書の記述から「まとめ」を探せば、それが教える内容となる。

この立場は、教科書の徹底活用というスタンスである。

ところで、教科書は発見学習の立場で編集されている。つまり、帰納的な展開を基本とするので、「まとめ」は単元が記されているページの最後に記載されている場合が多い。また発見を強調するあまり、結論を明確に記していない教科、教材、単元もある。このような場合には、❶先行学習で授業をしない、❷教科書から結論を読み解いて文章化した後に先行学習で展開する、のどちらかで授業するしかない。

さて、先行学習では「まとめ」を先に教えるので、「まとめ」までのページの扱いに苦慮する場合があると思う。そんな時は、飛ばしても構わない。

ここで国語、特に文学教材が一番やりづらいという声を聞くので、少し触れてみたい。

そもそも文学作品は、国語の系統立ったカリキュラムとは別立てと言ってもよいジャンルだ。例えば、小学校4年にある有名な作品である「ごんぎつね」。これを学ばないと進級できないかと問いを立ててみよう。いかがだろう。進級できないという答えが出るだろうか。私には出ない。大学生に学ばせてもよい教材だ。

また、高校の国語の定番教材に「水の東西」という評論文があるが、これとても、何と中学受験問題に使われたりする。試しに、実際に小学校6年生で実践[80]したところ、6年生なりの理解ではあるが分かる授業となった。文学教材とは違うから一概には言えないものの、無学年教材と言ってもよいだろう。

話を元に戻す。文学作品は、主題や場面、情景、登場人物の心情等そのものを教える内容と捉えてみよう。要するに、ここまで教えないといけないといった年齢制限的な意味での目標はないに等しい。

さて、前述した「ごんぎつね」の6の場面で言うなら、

――「兵十は、火なわじゅうをばたりと取り落としました。青いけむりが、まだつつ口から細く出ていました」という文の中の「ばたり」という言葉から、兵十のごんに対する「も、申し訳ない。取り返しつかないことをしてしまった。ああ」といった気持ちが読み取れる――

を教える内容と決め、それを目標として掲げればいい。

〔定義〕**目標** aim　授業の冒頭で学習者に示される知識のこと。いわゆる技能、思考、表現、主体性といった他の目標は、知識獲得が確かならそれに応じて確かになっていると見なせるので、知識目標を

80 **実践**：国語の「水の東西」の実践：２０１４年に文京区立千駄木小学校の6年生を対象に、卒業を間近に控えた2月に5時間扱いで実践してみた。事前の全文視写は家庭学習。ある子どもの初発の感想が「この文章は、何が言いたいのかがよくわからない。文章を読んでいて、漢字の読み方が分からなくて読めなかったり、読むことができるけれど、どういう意味か分からなかったりして、この文章は難しいと思った」であり、最後の感想が「言葉の意味が分かるようになり、この文章の書いていることが分かるようになった。また、この文章の作者の言いたいことが分かるようになった」であった。

掲げるだけで十分である。

知識表現の文言の中に重要用語があったら、重要用語を単独で与えるのではなく、重要用語を含めた文として与えることがポイントだ。

それは、❶目標は、誰にでも伝えられる知識の形で掲げられないといけない、❷最終的に習得される知識が、自分だけが分かる断片的知識にならないようにするという考えもあるからだ。

なお、問題解決的学習では、授業の終末になって目標がやっと見えてくるように仕組むが、それが見えてくるのは高学力層の子どもだけの場合が多い。その知識を書き表すために使う言葉の理解度もワーキングメモリの小さい子どもは低い。

〔関連用語〕**めあて** define a direction for learn

めあてとは、❶問題解決的学習で展開する授業冒頭に掲げられる、例えば「□（四角）を使って式を立てよう」（小学校3年算数）のような〝呼びかけ〟を指す。❷目標と勘違いされてしまう極めてやっかいなもの。

問題解決的学習で授業を展開しようとする時、授業冒頭に本時の目標を掲げることはしない。それは、気付きと練り上げで目標を発見させようとする基本的な立場に反するからだ。

しかし、方向性を示さないまま授業を進めるのはあまりにも漠然としていて、教師が意図しない方向へ行ってしまうのではないかと不安を覚える。そこで、前述した「□を使って式を立てよう」という、まるでスローガンのような呼びかけを掲げて、不安解消をねらったとしか理解できない。

このように論を進めていくと、❸目的を持たせたいけれど示してはいけないという矛盾を乗り越えようとする窮余の方策と定義できる。話がそれるが、このような視点からも問題解決的学習という指導法の中途半端な逃げの姿勢が透けて見える。

ところで、気付きと練り上げを主とする問題解決的学習であっても、この「めあて」を掲げることで考える方向性を指し示すことができるので、子どもの思考が拡散することのない指導法だと捉えられなくはない。このように考察を進めるならば、思考の枠組みを明確に限定して進める先行学習を否定することはできないだろう。

したがって、「めあて」を以下のように定義することもできる。❹問題解決的学習の宿命ともいえる矛盾を表す用語。あるいは、❺掲げても掲げなくてもあまり効果がない教師から子どもへの呼びかけ。

56 過程２：答えを与える予習

先行学習における予習では、以下の３つをその内容としている。

❶ 学習範囲を数回繰り返して読む。ここでの「読む」は音読を基本[81]とする。

❷ 予習内容を全文視写する。

❸ 理解度を決める。学年によって段階は2〜5段階などとしている。

このうち❷は答えそのものである。ここが、従来の予習と決定的に異なる点だ。具体的には「明日の授業は○ページから△ページまでをやります。その内、□ページの◇の文をノートに書き写して来なさい。それから、その分かり方も決めてきましょう」、「書き写してくる文の中に、答えが必要なところもありますが、その答えは…です」等と、授業前日の帰りの会あるいは前時の授業の最後に伝える。

81 **「読む」は音読を基本：** これに関して、「意味理解やメタ認知につながらない機械的作業」という批判（市川伸一・植阪友理共編著２０１６『最新深い学びとメタ認知を促す授業プラン教えて考えさせる授業小学校』図書文化社 18頁）がある。この批判は当たらない。しかしそもそも視写という行為は、仮にやらされるという受身の行為であっても、書き写しているうちに言葉への関心が生起する行為で、特に知らない文言に出会えば、この字は何と読むのだろう、どんな意味だろうと自問自答えする行為を誘発するはずだからだ。仮に、この自問自答を否定するとするならば、それは人間の見方が性善説ではないと捉えざるを得ない。また、百歩譲って批判の通りだとするならば、それは、学力不振の子どもが該当す一般的な予習の与え方は答えを与えて「予習しなさい」と指示しない。それは、答えを与えると何も考えないと思うからだ。ところが、答えを与える予習でも思考しないということはない。書くことそのものがすでに思考――例えば、書き写す文言の言葉の意味を想起したり、言葉と言葉の関係を推測したり、記憶にある類語と比較したりする等――であり、さらに、分からなければ自分で調べたりするし、答えが分かれば、どのような経緯をたどって答えが出るか等と考えを進めるからだ。思考しないとの指摘は当たらない。

〔補説〕 予習に関する本が2冊ある。1つは、永野重史著（1971）『予習は有害である』（光文社カッパホームス）。もう1つは、水野正司著（1991）『予習の技術』（教育技術文庫20　明治図書）だ。

前者は、予習は思考力を低下させる、考えない勉強となる、疑問を持たない人間をつくると言う。そして予習は有害そのものだと断じている。紙幅の関係でここで反論しないが、あまりにも一面的で全く納得できるものではない。また「予習――授業――復習というサイクルで終わる勉強の仕方の中には問題を作るという過程が含まれていません」とあるが、ここで言う授業とは問題を作らせる授業を指しているのだろうか。それとも予習とは問題作成とでも捉えているのだろうか。いずれにせよ、低学力層の子どものことを考えていない。学力格差を越えてという発想が全く見られず、これまた、あまりにも一面的だ。

後者は、極めて一般的な意味の答えを与えない予習の方法が単に記されているだけの本だ。

57 過程3：予習内容の確認

る。しかし、学力不振の子どもが意味理解やメタ認知につながらないのは、機械的な読みになる以前の問題、例えば、本時の学習を支えるこれまでの知識が習得されていないという事実がそうさせているからである。また、学力格差を考慮するならば、「分からなかったら書き写すだけでも勉強になるよ。やってくれるとうれしいなあ」、「分からなくても明日の授業で教えるから安心して下さい」等と伝えた方が良いのではないか。

ここからが授業。

予習内容と同じ文言を教師は板書し、子どもは教師の板書と同時にノートに書かせることから授業は始まる。

このとき、同じ文言が予習時にノートに書かれているので、教師と一緒に書かせても（共書き200頁参照）、教師の板書スピードに合わせることなく、先に書いてしまう子どもが現れる。板書より早く書いてしまう子どもは、書いている言葉の意味を考えずに単に鉛筆を動かしている場合が多い。

そこで、このようなことが起きない工夫が求められる。

例えば、重要用語等[82]は色チョーク（緑板なら黄色や朱色、ホワイボードなら赤色）で板書するのだ。このとき、子どもには色鉛筆に持ち換えさせてノートに書かせる。これで先走って書こうとする子どもも、筆速が教師の書くスピードと同じになる。

板書し終わり、子どもの方に向かってすぐに話し始めても、聞くことができる状況となっているので、集中は途切れない。

教師の板書スピードを、ノートに書き写しながらも思考できるスピード、例えば1分間に20字から24字程度のスピードとしたい。このスピードは、鏑木が体験的に身に付けたスピードで科学的に検証していない。ただし、「この速さでいいかな」と、子どもの考えを聞いて決めたスピードである。

このように共書きを採用すると、どこで色鉛筆を使うかを聞き分けるために集中力が高まり、ますます教室がシーンとなって筆記具を動かしている音だけが教室内に響く。知的緊張感が一気に高まる場面だ。

なお、予習の文言が長い場合には箇条書き等を取り入れて板書するとよい。

岡山市内のある中学校で飛び込み授業をしたとき、こういうことがあった。

突っ張り気味の生徒が、遅れて教室の入り口を開けて入ってきた。寝坊でもしたのだろう。ちょうど予

82 **重要用語等**：文を的確に理解するために見逃せない文言をいう。教科書ならばゴシック体になっている、例えば自然数、虚数、鎌倉幕府、二酸化炭素等の用語を指すが、これは覚えないといけない言葉なので該当しない。
それよりも、因果関係を示す用語である「〜だと…になる」などのフレーズや、類を示す「〜も…も」、さらには、時系列を示す「そして」、「と同時に」、「続いて」、推定を表す「だろう」、「かもしれない」、意味や判断が曖昧な副詞である「あたかも」、「おそらく」、「必ず」、「ゆっくり」、形容詞の「薄い」、「高い」、「明るい」、程度を表す「非常に」、「極めて」、「かなり」等である。また、例えを示す「〜のように」、必ずしも絶対ではない「〜してもよい」、可能性を示す「〜も考え

習内容の確認場面だった。ところが、鉛筆を動かす音しかしない場面に気圧されたのか、教室に入るのをやめて出て行ってしまった。あとで聞くと普段なら堂々と入って来る生徒とのこと。もちろん、普段とは違う教師が授業をしていたということもあるとは思うが、私には一斉にノートに向かってシーンとなっている知的緊張感あふれる光景に気押されたのだと思えてならなかった。

58　過程4：1回目の理解度評定

理解度評定が主観的だとして、その意義を認めない人もいる。百歩譲ってそうだとしても、子ども自身が自分の理解度を見つめるという行為には価値があると思っている。しかも、顕在化させることで可視化が可能となり、例えば机間巡視・指導場面で、どの子どものところに真っ先に行ったらよいか等の判断材料を与えてくれる。こうしたことは、指導の的確性を高めるための効果として強調したい。

京都市内の学校で飛び込み授業した。その授業を参観した先生方の感想の中に「『かなり分かった』と言うが、それは子どもの勝手な判断でそんなに意味があるとはあまり思えないが、子どもがそこまで分かったと思うだけでもよいのかもしれない」があった。

前半の「子どもの勝手な判断でそんなに意味があるとはあまり思えない」の「勝手な判断」うんぬんは、大いに反論したいが、後半の「そこまで分かったと思うだけでもよいのかもしれない」は、それに当てはまる子どもも存在することは確かで、その通りだと思う。

そうなのだ。今までは、それさえして来なかったではないか。リアルタイムで理解の深まり具合を自己評価させるのは教える側の責任ではないか。

られる」等々の言葉もそれに該当する。

抽象的な言い方をするなら、意志、可能、傾向、推量、原因・理由、強制、義務・必要、対等、判断、程度、確からしさ等を表す言葉に着目する、となる。

〔定義〕**2点評価** assessment between two-point 授業の初めと終末に実施する評定の比較を通して、進歩や深まりを自覚させる評価を指す。「学校で向上できた」という実感を強く意識させることができる評価である。これは、発見学習の授業では不可能な評価であり、先行学習の大きな特長となっている。

また、授業初めの評定結果を個別指導に生かすこともできる等、極めて有効な評価である。

ところで、2点評価を組み込んだ授業を参観した先生方は、子どもの変容を目の当たりにするので非常に魅力的に映るようだ。このようなことから、2点評価さえすれば、先行学習をしたことになる、あるいは先行学習の理解が進んだと思い込んでしまう場合がなきにしもあらずなので、注意が必要だ。

なお、2点評価を実施する際に気を付けないといけない点は評定対象を同じにするということだ。1度目は習得内容、2度目は活用課題を評定対象とすると2点評価にならない。

2点評価するときの評定尺度については、例えば「説明できる」、「かなり分かる」、「まあ分かる」、「少し分かる」、「ぜんぜん分からない」（153頁「評定尺度」・101段235頁参照）の5段階を基本的フォーマットとしている。

ところで、評価の信頼度が低い場合がある。それは、評定尺度の意味を事前に伝えても、例えば「説明したくないから、かなりかまあにしておこう」とか「上がる姿を見せたいから最初は低くしておこう」等の心の動きまで制御することは不可能だからだ。ここが点数化した評価技法と大きく異なる点だ。

蛇足だが、だからこそ他の方法——テストやノートの記録、言動等——と組み合わせて総合的に評価[83]することに意味がある。また、分からないことが分かったことで、残りの分からないことへの意識が明確になった結果、理解度を低くしてしまうこともあり得ることに留意する必要がある。

2点評価にこだわる理由は❶意欲化として、❷メタ認知の促進として、❸授業の意義・価値を認める有効な方法として、❹動的な評価として、❺教師の責任感の涵養等の効果に魅力を感じるからだ。

83 **総合的に評価**：通知表を見てほしい。成績の評定欄以外に、所見欄、性格行動欄、特別活動欄もあるのが普通ではないか。これはまた、学習指導要録も同様だ。1人の人間を多面的に見ようとする姿勢の表れだ。このように、総合的に見ていく中の一側面が理解度評定だと捉えてほしい。

84 **小学3年国語**：東京書籍「パラリンピックが目指すもの」を対象とした（2020年12月22日〜202

〔補説〕一人ひとりの理解度を学級全員の前で把握したりする方法は、いじめにつながるから私はその方法は採らないと断言した先生がいた。

何と底の浅い考えかと思った。いじめにつながるというなら、いじめにつながらないように学級経営をすべきでしょうと言いたい。学力や理解度は人間性とは関係がない。校内マラソンで順位を決めるのも、人間性と切り離しているから成立するのだ。もし、1位が偉くて最下位が駄目人間だという決まりがあったら誰も走らない。どの子どもも、一生懸命走っている最下位の子どもに向かってがんばれ、がんばれと応援する。それと同じだ。この方法はいじめ予防につながる工夫の1つとなる。共に向上すれば最高の学びにつながる。「友と共に100点」という構えこそ大切なのだ。

ここでは、1単位時間の授業での2点評価について述べたが、単元単位でもできる方法だ。例えば小学3年国語[84]「パラリンピックが目指すもの」で記してみよう。単元冒頭と単元終末で同じ市販テスト問題を課してみた。3学級平均点で70点が87点となった。個別的の事例を挙げるならば、12点が70点に、88点が100点になった。この伸びこそ評価の対象にする必要がある。

この伸びを目の当たりにした子どもの笑顔は、親に見せたいくらいの笑顔だった。

〔関連用語〕

1 評定尺度 rating scale　どの程度理解したかどうかの基準[85]のこと。基準には5段階、3段階、2段階等がある。なお、その段階はどの程度を意味しているかということをあらかじめ説明するが、主観的な尺度の範疇からは出ない。数字や言葉を尺度として使うが、ここでは次ページに記した言葉を使うことを推奨している。

1年3月6日まで週1回の授業　3年生3学級84名、板橋区立舟渡小学校）。

85 **基準**：ここでは、本文に記した尺度で使う言葉以外では副詞に着目している。例えば「話し手の主観を表し、表現にニュアンスを添える語」として、あたかも、おそらく、きっと、少なくとも、断じて、まるで、全く、決して等である。また、観点を変えて言うと❶程度を表す言葉（例えば、この上なく、極めて、非常に、たいそう、すこぶる、いたって、大変、かなり、とても、だいぶ、結構、まあまあ、わりあい）や、❷確からしさを表す言葉（例えば、絶対に百二十%、百%、必ず、九分九厘、九分通り、十中八九、きっと、確実に、間違いなく、疑いなく、おおかた、おそらく、たぶん、ことによると、ひょっとすると）等に着目して基準化を図るとよい。

（評価対象が文章の場合）

5　説明できる……分からない友だちの理解度に合わせて言葉を選びながら、分かりやすく伝えることができる。

4　かなり分かる……言葉と言葉の関係が分かる、言葉から関係する言葉を思い出すことができる。

3　まあ[86]分かる……分からない言葉は使われていない

2　少し分かる……分かる言葉が１つ以上ある。

1　ぜんぜん分からない……使われている言葉は知らない言葉ばかりである。

この方法は小学校中学年以上で実践可能だが、小学校低学年は3段階、2段階が適切と考える。また、説明という視点で統一するならば、「十中八九説明できる」、「ほぼまちがいなく～」、「半分くらい～」、「少しなら～」という尺度もあるし、小学校低学年なら、にこにこ顔、悲しそうな顔などを尺度とする方法もある。

なお、授業の終末である2回目の自己評価場面で、評定させる直前に詳しくなったところ、はっきりしたところを明確にさせてから評価させることが実施上の条件である。

86 **まあ：** 金谷川小学校での実践（2017年9月～12月）では、「まあ」の扱いが話題になった。どの程度にしようかと考えて結論がでない場合には「まあ」を付ける……。確かに曖昧さを認め逃げの場と捉えられている可能性は高い。では、4段階だったらどうなるか。実は4段階も多く試みられている。しかし、どちらが良いかはなかなか結論が出ない。

2 メタ認知

metacognition　自分自身の認知能力を把握したり、認知過程をモニターし制御したりすることを指す。自己の考えを対象化して吟味、批判、改善、調整を加えることができる能力。

また、学び方の知識や技能、物をうまく活用する方法を知るための知識、他人の意見の取り入れ方を学ぶ方法の知識等を元に自己の認知の仕方をモニターすること。なお、主観的かつ合理的に捉えようとする傾向を持つ。

メタ認知には、メタ認知的知識、メタ認知的モニタリング、メタ認知的コントロール[87]の3つの側面がある。メタ認知的知識とは「ある種の認知についての知識」を、メタ認知モニタリングとは「現在の認知活動状況を査定すること」を、メタ認知的コントロールとは「認知活動のある側面を調整すること」を言い、極めて多面的な概念である。と同時に測定が困難な心的過程であると捉えられている。なお、メタ認知的知識の有効性が実証されているのは、読解、科学的及び数学的問題解決といった限られた範囲のみであると言われている。

授業進行中にも、学習者のメタ認知は常に働いていて、学習者の行為は絶えざるメタ認知的な行為と言ってもよいだろう。

3 ピグマリオン効果

pygmalion effect 教師の子どもにかけた期待がその子どもに伝わり、それに応えようとして努力した結果、期待通りになる効果のこと。例えば、「この子は発表をぜんぜんしない生徒だ」と「おとなしいけれどやればできる生徒だ」とでは、同じ子どもでも異なる結果を生む。

教師が期待する対象を個人にしてしまうと、ひいきしていると思われる等の問題が起きる可能性があるので慎重になる必要があるが、対象を学級全体とするならピグマリオン効果を否定する立場に立つ必要はない。

例えば、先行学習における1回目の理解度評定終了場面で「しっかり教えるから、がんばって先生と一緒に勉強していこう」のような声かけを否定しない立場である。これを広く捉えるならば、教師と子どもの人間関係も認知に差が出る要因と言っても差し支えない。授業を「分かっていく」という側面だけで論じられない一例である。

87 **メタ認知的知識、メタ認知的モニタリング、メタ認知的コントロール：** J・ダンロスキー＋J・メトカルフェ著・湯川良三他訳（2010）『メタ認知 基礎と応用』（北大路書房）の2-4頁による。

このように考えていくと、内発的動機ばかりに頼る意欲化は、あまりにも危険な捉え方で、外発的動機も無視できないことを意識しつつ実践することが重要だ。

〔補遺〕ピグマリオン効果について一言。正しい評価をしようとする時、ピグマリオン効果の影響を可能な限り排除した方がよいという立場がある。教育効果は客観的であるべきだと。それはそれで正論である。それに対して、ピグマリオン効果があってもいいじゃないかというのが私の立場だ。これが教育の「育」の部分なのではないか。

分からないことを分かるようになろうとするとき、例えば熱心に教えてくれる先生のためにもがんばろう、親のためにもがんばろうと思うことはごく自然な感情で、何らおかしいことではない。なお、このことは小・中学校段階の子どもたちを対象とする場合であることを付け加えておく。もちろん青年期以降ともなると複雑になるので話しは別だ。

ここで、「先生が、分かることを期待しているのだから、実は分からないのだけれども、分かったことにしておこう」という子どもが現れる事実を、どう捉えるかという問題点が浮かび上がってくる。

これについては、次のように考える。

❶ 授業中の行動観察内容――発言、ノートの記録内容、発揮されたパフォーマンス等――と照らし合わせることで、それに該当するかどうかを判断する。日頃から子どもを観察している教師ならそう間違いのない判断となろう。

❷ 理解が深まったかどうかという評価なので、対象とする文言の、どの部分が「詳しくなった」、「はっきりした」かを明らかにした後の評定とすることで、「先生に悪いから上げておこう」は見抜く

88 **感化**：物の見方・考え方や生き方などを、相手に共感させて影響を与えることを意味するが、そ

ことができよう。

そうは言っても、それは完全ではないよと指摘されたら、それはその通りと答えざるを得ない。そもそも、人間が人間を評定するときの心の動きを、完璧に把握することは不可能であり、そのリスクを排除できないのだから、１００％の客観化はない。

私は「今日の授業を先生と一緒にがんばろう。みんなの理解度を上げるのが先生の責任です！」と授業の最初に堂々と言うときがある。この発言がピグマリオン効果を発揮させてしまうなら、それはそれでもいいという立場を採る。

授業は子どもの「分かる」ために存在するのであって、学問の正しさ、例えば認知心理学のためにあるのではない。認知心理学は手段に過ぎない。実践研究者である現場の教師はこのことを忘れてはいけない。「教育すること」を第一と考えた結果の、認知心理学の活用なのだ。

最悪、理論的に甘くても構わない。教育は感化[88]なのだから。

59　過程５：教師からの補説

予習内容を丁寧に解説する場面である。先行学習過程最大の「教材理解力の発揮」の場だ。ところが、丁寧に解説することが苦手な教師が思った以上に多い。発見的な指導法に慣れていて、待ちの姿勢が身に付いてしまったからだろう。

補説の内容は以下の通り。

の影響を言葉から直接受けるのではなく、いわゆる後ろ姿で影響を受けることを指す。その点で、教師は存在するだけでも子どもに影響を与える存在と言えよう。

これは、状況論的学習の考え方で、上野直樹著（１９９９）『仕事の中での学習』（東京大学出版会）に詳しい。そこには、「学習とは、個人の中に何かができあがること、個人が何かを習得するといったことではなく、むしろ、以上にあげたようなさまざまなものの相互的な構成の中に見られるものということになる」と、その基本的な考えが述べられている。個人の中で認知がどのように変わっていくかということと同時に、人間がものとの相互関係で変容していくという捉えも無視せずに授業を見ていくことが大切だ。

❶言語感覚が鋭くなる言葉があればその意味を伝える。
❷上学年で学ぶ内容との関係を伝える。これは、カリキュラム上の位置付けを、子どもなりのレベルで知らせることを指し、「そうか、〇年で勉強するのか」と納得させることを意味する。
❸教科書では触れていない内容だが、それを知っていれば理解が確かになることを教示する。
❹その教材の背後にある考え方も教示する。
❺使われている文や図・表・グラフ等について読み解く視点[89]で解説する。

具体例を以下に示す。

❶について……赤あるいは朱色チョークで板書した文言を解説する。例えば、同じ「と」という言葉でも、「君とぼく」の「と」と「温度を上げると溶ける量が増える」の「と」では意味が違うと明確に伝える。
❷について……下学年、上学年で学ぶ知識との関連を例えば「中2で習うからね」、「高校でやるけれども、この部分をきちんと学んでおくと高校の授業が楽になる」等々と解説する。
❸について……教科書には掲載されていないデータを「この5と6の間の小数でも式は成り立つんだよ。教科書には整数しか書いていないけれどね」等と言う。（詳しくは拙編著の『分かる授業の指導案55』及び『分かる授業の指導案80』[90]）を参照）
❹について ……予習内容の背後にある考えを、例えば「こんな簡単な数で理由が分かると、6年生や中学生の勉強をする時に、とても難しい数字を使われても楽になるのです」、「基本的な考えは同じだからね。だから今、計算力を高めるのがねらいではないので、簡単な数で意味を理解するためにやっています」等と解説していく。

89　**読み解く視点**：係り受け解析、照応解決、同義文判定、推論、イメージ同定、具体例同定の6つ。新井紀子（2019）『AIに負けない子どもを育てる』（東洋経済新聞社）に詳しい。

90　**『分かる授業の指導案55』**（2012）：鏑木の飛び込み授業55回分の指導案集。**『分かる授業の指導案80』**（2013）：全国72名の先生方による80の指導案集。2冊とも芸術新聞社発行。この2冊で135の指導案を見ることができる。

❺について……主語・述語、接続語、代名詞等を教示したり、同義文あるいは、対照となる文・図表等を例示したりして、意味理解を確かにする。

このような補説で、子どもに「へえー」、「そうか」、「そうなんだ」、「だから先生は教えるんだ」と思ってもらえたら上々だ。

また、補説を進めるに当たって、非常に有効な方法が比喩[91]だ。比喩とは、平たく言えば例え話だ。予習内容を日常生活の何かに例えるクセを身につけよう。

60　過程6：理解確認

同じ文脈内における知識適用場面である。

例えば、算数・数学なら数値を変えただけの問題に取り組ませることであり、理科ならば実験で確認することであり、国語なら例示された文言以外のどこに主人公の考えが書かれているかを探すことであり、社会ならどこに記載されているかを教科書等から探し、視写することである。これらの活動の中に、相互で説明し合う、友達に教える、書きぶりを比較し合う等の活動が加わると、なお良い。

ちなみに活用問題を解く場面は、文脈は同じだが高度な課題、あるいは違う文脈の問題場面における知識適用のことである。閑話休題。

もちろん、分からない顔をしている子どもには、どんどん教師が教えてしまって構わない。このような方法で中・低学力の子どもも授業に参加させる。こうやって、うれしそうな顔を見たい。いや、見なくてはならない。

91　**比喩**：例えのことだが、あるものを別のものになぞらえる表現手段の総称。物事を説明する場合、そのものを直接に表現せず、他の物事を例に挙げて、両者の関係を推測させることで、間接的に表現すること。または表現技法のこと。認知的には柔軟性を持ったメンタルモデルの一種。これに関しては山梨正明著（１９９８）『比喩と理解』（東京大学出版会）の１４４頁に詳しい。

習得場面の最終場面だから、教科書に掲載されている類似の問題を解かせてオーバーに誉めたい。このような取り組みを積み重ねていけば、子どもは授業参加に意欲的になる。

理解確認 confirm of understand

〔定義〕先行学習で展開する授業における、予習内容の確認そして教師による補説に続く、3つ目の活動場面のこと。あるいはその場面で「分かったつもりになる」こと。または、教師からの補説等による新しい情報を取り入れて予備知識が強化されたことの確認場面。

ここで言う強化とは、予備知識と既有知識とのつながりを見直すことを意味するが、論理の飛躍を避け、かつ定着を図るねらいもあるので、同じ文脈内での活動が主となる。したがって、分かったつもりから抜け出せない子どもも多く、他の文脈でも使える汎化の方向を考えれば、活用課題に進む前段とも捉えられる場面。

理科を例に採ると、非言語的な刺激を言語的に処理するという理科の認知過程からも無視できない重要な活動で、言語的に把握した予備知識と実験や観察で得られる非言語的な内容とのズレの発見から意欲的になる場でもある。

〔補説〕先行学習で展開する授業も、理解確認の場面まで来れば教師の責任はかなり果たしたといえる。ここで注意したいことは45分、あるいは50分で授業を終わらせなくてはいけないと思い込まない方がよいということだ。時と場合によっては時間を十分にとる。「よし、ここは理解確認に終始してその徹底を図ろう。この続きは次の時間だ」と腹をくくり、活用課題は次の時間に回すくらいの柔軟性がほしい。

〔関連用語〕92 分かったつもり：これ

1 分かったつもり superficial understanding

理解したかのように見えた学習者が、他の問題場面の視点からその意味について質問を受けた場合に説明できない状態を指す。領域を保持した「分かる」とでもいえるレベルで、転移しない分かり方。

なお、分かったつもり[92]の状態は活用課題を通さないと可視化されず、その理解の成立も問われない。ここに理解確認の後に活用課題を設定している意義がある。

2 確証バイアス confirmation bias

自分の仮説に合うような事実を探そうとする傾向。人間は自分の都合の良いように判断し、快感を得るように行動するが、そのような行為を合理的に説明できる用語。類似の言葉に認知バイアス[93]がある。なお、どの程度のバイアスがかかるかは、仮説に関する先行知識・経験、協働学習の有無等によって違いがある。

このとき、仮説を持たなければ確証バイアスはかからないが、逆に確証バイアスがかかっている行為と認定できるならば、その子どもは何らかの仮説を持っていると見なせる。教師は、このことを子どもの先行経験や発言・記録等から鋭く見抜き、子どもに伝え、その自覚化を図りたいものである。

〔補遺〕「分かる」とは何か。そう考えた途端、森の奥深くさまよい出した感があった。本屋にも足繁く通った。急に認知心理学関係の蔵書が多くなった。自分なりに読み解いた。これまでの学びが生きた。研究会参加の視点が変化した。発言も変わった。それでも、なかなかすっきりしない。ならば実践から帰納してやろうと考え、授業研究に励んだ。

92 については、西林克彦著（1997）『「分かる」のしくみ』（新曜社）が参考になる。目からうろこの本だ。それまでは、今とは違ってかなり問題解決的学習を信奉していたが、この本は問題解決的学習ばかりではいけないと確信するに至る契機をくれた。とにかく、授業を語りたかったらまずこれを読もう。

93 **認知バイアス**：心の働きの偏り、ひずみを言う。見ているはずのものが見えていない、確かだと思っている記憶が間違っている等の判断間違いの元凶を指す。注意していることしか意識にのぼらないため、のぼっても意識に残らないミスの元となる見方考え方。詳しくは鈴木宏昭（2021）『認知バイアス』（講談社ブルーバックス）参照。

61　過程7：活用課題

先行学習も活用課題まで進むと思考の自由度等が広がり教室内は盛り上がる。

活用課題は1人では解けない問題を与えたい。

席を立ってどう解くか相談する子ども、1人黙々と答えを書いている子ども、分からないよとつぶやきながら相談する子ども、教師に聞きに行こうとする子ども、そして真っ先に教師に聞きに来て納得顔の子ども……。いろいろな学びの様相が見られ、コミュニケーション能力も高まる場面である。

ここは、分からなくても安心していられる場面――教師に答えを教えてもらうという選択肢を設けるからだが――で、違いを認め合う構えを醸成できる場面でもある。だから、ここはいじめ予防にもつながる場面と言っても過言ではない。そして、座席にしがみつくことから解放させ自由闊達な雰囲気を味わうことのできる場面だ。もちろん授業のクライマックスだ。

ところで、活用課題は普通（1単位時間で習得から活用まで進む場合）は授業の後半に設定されるが、進み具合によっては、次の時間に回すことも考えられよう。仮にそのような時間が確保できるならば問題解決的学習の醍醐味を味わえることだろう。

これまでの経験から、活用する知識が習得されているので、子どもの姿は心が解放された良い顔をしている。学力が振るわない子どもでも活躍できる場となる。

保護者が見たら喜ぶだろう。

なお、ここは先行学習における思考[94]が高度に働き、論理性も大いに身につく。この場面の最大のポイントは、活用課題を解く立場を明確にすることだ。その立場には、次に示す3つの立場がある。（各項の最後にある（　）内の文は、それを選ぶときの気持ち[95]。）

94 **先行学習における思考**：「この知識を使うのだから、こう考えると良いな」、「いや違うよ、この長さを考えれば冷えてくるからここは〇〇となる」等々の思考の様相を論理的にかつ詳細に記しているものとして、小林寛子著（2013）「科学的問題解決における仮説評価活動および概念形成活動を促す指導法の検討」（東京大学学位論文）がある。

95 **選ぶときの気持ち**：鏑木良夫（2022）「活用課題における立場選択はどんな情意を生成するのか」（NPO活動法人授業高度化支援センター第11回授業高度化セミナー発表資料）より。

❶自分で解く（人の意見に流されないようにする。あと自分で考える力が付く。）……この立場を選んだ仲間同士で答えを比較検討させた後、❸の子どもに答えを聞きに行く。

❷友だちと相談しながら解く（自分の考えを持っているけれど、友達と相談して本当に合っているか確かめたり、違っていたら何が正しいか考えて本当の考えを突き止めたいからです。）……❷のグループや❶と相互比較した後、❸の子どもに答えを聞きに行く。

❸先生に聞いてしまう（自分の考えが本当に合っているか、絶対に合っているかどうか答え合わせするためです。）……教師から答えを聞いた後に❶、❷の子どもたちからの「答えを教えて下さい」に答える。

ここで、立場選択時にどんな情意が生成されるかを調査したので、その結果を紹介しよう。以下の図がそれだが、「友達と」を選択した子供の情意が実に幅広いものとなっていることに着目したい。これは、「自分で」やりたいけれど「友と」の中でも「自分で」は守れるとの判断で「友と」を選んだ子どももいると読み取りたい。したがって「集団の中で個を生かす」という指導スタンスをこの場面でも忘れてはいけないことを強く意識したい。

また、例えば学力の高い子どもでも、「先生に教わる」を選ぶことはこれまでも経験しているが、「徹底」（自分の考えを持っているけれど先生の考えと比べてみて、もっと確かにしたい）を選んだ子どもの中に、少なからず高学力層の子どももいるということも忘れてはいけない。

なお、この場は自己判断・自己決定を迫ることができる場であり、極めて教育的な価値のある場となる。

ところで、飛び込み授業の前に、授業規律の時間をいただく場合がある。この時間は子どもに対して基本的な授業ルール等を伝える場面だ。そこでの理解加減が、飛び込み授業の成否を決めるので、毎回くど

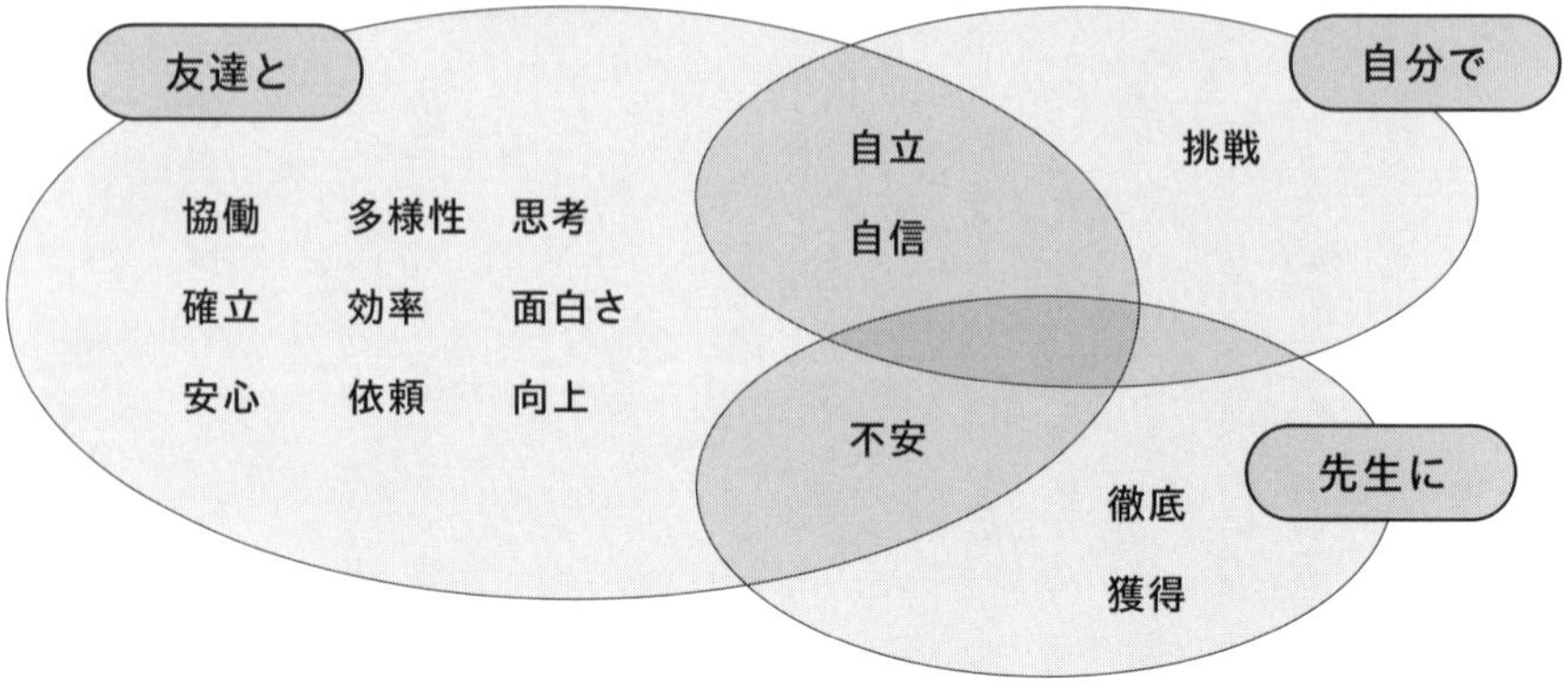

図8　活用課題解決時の立場選択における情意の現れ

（小学校5･4年生76名：2022年6月）

（中学1年生84名にも調査したけれど、傾向はそう変わらなかった）

くど伝えることがある。

それは、繰り返しになるが「学力と人間性とは絶対に別なことです」、「分からないのは恥ではありません」、「分からないと正直に言ってくれた方がうれしいのです。なぜならば、ここを教えれば分かってくれるということがはっきりするので、先生も安心するからです」等だ。これは、当然ながらいじめ予防にもなる。

このような耕しがないと、上記の3つの立場から選ばせるという方法も効果が薄くなってしまう。いろいろな事情で、授業規律の時間が取れなくて、いきなりの飛び込み授業も多い。そんな時は、日頃から担任の先生が、このようなことを意識して授業しているかどうかで違いが出る。

さて、ここで、学力格差が広がるのではと心配する向きがあるが、心配無用だ。子どももそれぞれに確かな学力がつけばよいのであって、学力格差を埋めるのがねらいではないからだ。それぞれが伸びるなら格差の広がりを気にすることは意味を持たない。

格差について言うなら格差の固定化を気にすべき

だろう。

この活動の最後に、説明させる場面が設定できれば、ますます充実した活動となる。

〔定義〕**活用課題** use issues　授業前半の理解確認までで習得したつもりになっている知識を活用させて「先生、分かったよ!」、「なるほど」、「そうなのかあ」等の子どもの声が上がるような「予備知識が確かな知識になっていく課題」のこと。ここは、1人では解けない課題、すなわち協働解決が必然的に生じる課題の設定がポイントとなる。

なお、この課題は一般的には授業後半に置かれる。

ここで大切なことは、活用課題そのものを解くことだけがねらいではないということだ。習得した知識の「分かったつもり」の「つもり」をはずすのが主たるねらいであることを忘れてはいけない。したがって、「分かったつもり」になっている状態から脱却できたかどうかは、例えば、質問されたら的確に説明できるかどうかで判断できる。

さて、このように知識を活用した結果、子どもの理解程度は次のどれかに当てはまる。

❶ 理解が深化した（転移・調節）……質問に対して的確に説明できる
❷ 文脈から外れない範囲で理解が確かになった（領域固有性）……類似の問題レベルだったら難なく解くことができる
❸ やっと覚えることができた（記憶再生が可能）……法則や原理等を言ったり書いたりできる

残念だが、全ての子どもが理解を深める訳ではない。それぞれがそれなりに伸びればよい。

なお、活用課題の作成が、先行学習を実践している先生方にとっては一番の関心事となっている。活用課題作成の観点[96]には、逆・反対から見る、不十分、極大極小、適用範囲の拡張、詳細に見る、誤答え、操作、言語の追加、作問、説明・解説させる、取り扱い説明書を書かせる、過情報、資料選択等がある。

〔**補説**〕多くの先生方は活用課題を作るのが難しいと言う。確かにヒット作を作ろうと思うと難しい。でも、ちょっと待ってほしい。まずは単元末問題、巻末問題、他社の教科書、受験問題等から探そう。必ずヒントが見つかるはずだ。

では活用課題[97]作成の観点を次に示そう。簡単だが具体例を添える。

- **逆・反対から考えさせる**……式を教える　↓答えを与えて式を考えさせる
- **不十分な条件を与える**……文章題を解かせる　↓不十分な問題を与えて、解けない原因を考えさせる
- **極大極小で考えさせる**……長さ１ｍの棒を使って、てこの原理を教える　↓棒の長さを５ｍにしても成り立つか考えさせる。極小の例（略）
- **適用範囲の拡張を図らせる**……２桁×２桁のかけ算を教える　↓３桁×３桁は計算できるか。または、小数でも成り立つか
- **誤答を与える**……は・か・せの方法で解き方を教える　↓誤答を提示し訂正させる
- **操作させる**……図形の作図方法を教える　↓作図させる、友だちのやり方にコメントする
- **言語を追加させる**……主人公の気持ちを教える　↓主人公の気持ちを詳しくするために、気持ちが記されている文に言葉を付け加えよう

96 **活用課題作成の観点**：鏑木良夫著（２００９）『先行学習における理解と思考を深める教師の働きかけ』（平成20年度日本学術振興会奨励部門 課題番号２０９０６００５ 報告書）

97 **活用課題**：鏑木良夫（２０２１）「考えることが楽しくなる発問」（小山義徳・道田泰司編『問う力を育てる理論と実践』の第13章 ひつじ書房）にも詳しく説明してある。

・**作問させる**……答えは○○だ　↓答えが○○になるような別な問題を作らせる
・**説明・解説させる**……鎌倉幕府の成立　↓幕府成立が示す歴史的事実をできるだけ多く言わせる
・**取り扱い説明書を書かせる**……ものを操作させる↓　取り扱い説明書を書かせる
・**過情報を見抜かせる**……答えは○○だ　↓過情報になっている問題を解かせる
・**資料選択させる**……この資料を見ると○○が分かる　↓余計な資料はどれでしょうか

活用課題を複数以上考えついたら、繰り返して言うが、難しい問題を選ぼう。いや、1つしかない場合でも1人では解けそうもない問題を作ろう。なぜなら、1人で解けるレベルの問題を設定すると、当たり前だが協働も起こらない、我慢も学べない、教える楽しさも、教わるありがたさも学べない。

〔関連用語〕

1 **意思決定** decision making　予測・判断・選択のことを指す。より良い意思決定は、❶目的に合っていること、❷意欲の程度を自覚されていること、❸プロセスが重視されている[98]こと等が前提となる。そして、より良い意思決定の条件として、❶入手可能な情報と無視しやすい情報に注意する、❷フィードバックの歪みを知る、❸後知恵を克服する等がある。

なお、人間は前記のように合理的に意思決定するが、諸々の状況から非合理的な判断を下すこともあると心得て、授業実践に臨んだ方が予想外の反応にも対応できる。

2 **方略** strategy　学習あるいは問題解決において、目標達成のために取り得るいくつかの行為及びその系列からどれを選択するかを決める、個人の持つ知識・信念・態度を言う。

98 **プロセスが重視されている**：印南一路著（2002）『すぐれた意思決定』（中公文庫）の53－57頁による。ビジネス書で、どちらかと言うと組織論からの視点で述べているが、思わず読んでしまう内容となっている。

『教育心理学ハンドブック』99に「J・Sブルーナーが軍事用語を心理学に応用。単なる作戦の選択ではなく、自分の能力や状態の把握に基づく主体的な方法選択の行為である」と記した定義を読んだとき、同じ軍事用語の「戦略」を想起した。戦略も方略も、最初に物事の最終目標を決め、その後どうやって達成するかの手段を考える思考方法だが、プラグマティズム100そのものだ。

3 判断 judgment

判断とは、断定を下す前提となる意思決定を指す。具体的な行為とは別のものであって、感情の平衡を保つための心理的な行為である。

なお、判断の種類には、論理判断（logical judgment 推理により結論を生む）と価値判断（value judgment 個人の感情傾向と社会的影響によって判断を下す）の2つがある。

判断は知覚、思考操作、直感のいずれかか、あるいはその組み合わせによって行われると言われている。

4 最近接発達領域 zone of proximal development（ZPD）

最近接発達領域とは、能力の高い仲間からの刺激や援助を受けることで到達できるようになるかもしれない「できること」と、1人で学ぶときの既に達成している「できること」との差を、発達という観点から見た場合の「達成する可能性のある領域」を指す。協働学習を価値付けする基本的な考えでもある。

1人でできることとみんなでできることの違いに目を向けるという視点は、授業実践中に求められる感覚であり、この有無が授業力の違いの具体となって現れてしまう。

この用語は、いざ教師として教壇に立ったときには必須の用語となる。これからの教育の質、特に社会性を培う意味からも大切なので、学生時代のときから知ってほしい用語だ。

99 **『教育心理学ハンドブック』**：日本教育心理学会が総力をあげて企画・編集と帯に銘打っている本で、用語の定義がコンパクトで分かりやすい（2003 有斐閣）。おすすめの本である。

100 **プラグマティズム**：山崎正一・市川浩編（1970）『現代哲学事典』（講談社現代新書）によれば（535頁）、実用主義と書かれていて、アメリカ独特のものの見方とある。

5 ジグソー jigsaw

協働学習を促す指導法の1つ。アメリカのアロンソンによって編み出された方法だが、日本のジグソー法は、学びの深まりを主としている。

例えば、1つの文章を3つに区切って、一人ひとりが3分の1ずつを担当した後、同じ担当同士が集まり、担当の文を理解する。その後、各担当に分かれていた3人が元のグループに戻り、自分の担当部分を他の2人に伝えて文章全体を理解させようとする方法。ここでのポイントは、この3つは各要素であることだ。したがって、他人に教える、伝えるという行為は全体を理解させるためには不可欠な活動となる。ここに、コミュニケーション能力や社会性が培われる良さがある。学習科学の立場ではこれを強く推奨している。

自分の言葉で説明したり、他人の説明に耳を傾けたり、分かろうとして自分の考えを変えたりする、といった一連の活動を繰り返すことで考え方や学び方そのものが学べる学習法[101]のこと。

これを理科の実験で言うなら、3つの実験結果を知ることで実験全体の概要が分かる場合に3つの実験を学級全員で順に行うのではなく、3名のグループを作り、どの実験を分担するかを決めさせ、3つに分かれて実験させ、その結果を3名のグループに戻り報告し合う、となる。これは、説明活動を組み込んだ効率的な実験方法とも言えよう。

どちらかと言うと高学力層の子ども向けの方法で、中・低学力層の子どもにとっては理解が厳しいので、伝えきれない場面が続出し、学力格差の大きい義務教育公立学校では広がらないと見る。格差固定化の打破にはならないと言ったら言い過ぎか。

6 転移 transfer

ある状況で習得された知識が、別の文脈で使おうとするときの影響を指す。ここで、

101 **考え方や学び方そのものが学べる学習法**：大学発教育支援コンソーシアム推進機構ホームページ（2016）に掲載されている「知識構成型ジグソー法」から引用。協調学習を引き起こしやすい教室環境作りとして有効と主張している。

問題の類似性、既有知識等と関連づけた学習、基本原理の理解及び学習方法の理解度等が転移[102]促進の条件と言われている。

先行学習を例にとってみよう。

予習から補説、理解確認を通して習得された知識が、授業後半の活用課題を解く学習で生きて働けば、まさしく正の転移を確かにする指導法となる。なお、このレベルの学習を繰り返せば、より広い文脈で使える一般性を持った知識となっていくことは火を見るより明らかだ。

7 コミュニケーション communication

2名以上の人が、共有できるメッセージの作成を目指しながら、送り手の知識を少しずつ推定し、ここまでは確認されたと1つ1つの情報を更新しながら話を前に進めていく行為。

ここで見逃してはいけないことは、文脈や状況から生じる意味も伝わるということである。表情、声の調子、言い方、身振り等の要素が付け加わって解釈される側面を無視できない。また、論敵同士が激論を交わしている場合も「コミュニケーションが成立している」と見る。

8 アージ urge

認知された外部状況あるいは内部状況に応じて適応的な行動を選択して実行する働き。快、怒り、恐れ等のレベルから問題解決欲求や好奇心レベルまでの人間の各行動レベルで見られる。人間の行為が環境で決まるとの関連で言えばアフォーダンスとも関係のある用語である。

ところで、授業が想定外の様相を呈する場合を見るが、アージの目で見るとなるほどと思うこと[103]があり、決して想定外ではないことに気付かせられる。

102 **転移：**無藤隆他著（2004）『心理学』（有斐閣）の119-122頁を参照した。

103 **なるほどと思うこと：**行動は適応的な行為そのものという視点に立つと、例えば答えが見つからない場面で、イライラしたり、答えを見ようとしたり、悦びの声を上げたり、近くの友達に八つ当たりしたりする行為もその理由が分かって、機械的に強く注意することなく対応できる。

9

アナロジー analogy

類推。既知を手がかりにして未知の真理を発見する方法として、有効な役割を果たす思考方法の一つ。具体的には、2つの事物がいくつかの性質や関係を共通に持ち、かつ、一方の事物がある性質または関係を持つ場合に、他方の事物もそれと同じ性質または関係を持つであろうと推理することを言う。類推はトップダウン処理的に行われる。知らない事柄に知っていることを当てはめるということは、知らない対象をとりあえず、知っている理論で解いてみようということである。しかし、この知っている理論でという点で、中・低学力の子どもにとっては知っている理論が見つからない、あるいは記憶できていない場合が多い。

10

表現 expression

表現とは、自己の存在証明であり、自己の行動を記号化していく過程である。また、これまでに獲得した言語の中から適切な言語を選択する主体的な行為。言語力育成に欠かせない活動。

11

説明活動[104] explanation activities

本当に理解できたかどうかの指標として重視されている、子ども同士で分かったことを伝え合う活動のこと。他者に説明することで自己説明になっていること――習得した知識の見直しが行われる――に着目する点がポイントだ。メタ認知能力の育成の場ともなる。

その結果、分かったつもりから脱皮したいという意識が生まれるので、その意識に合わせた展開が大切だ。具体的には、習得段階における「理解確認」場面の前段及び活用課題の終末で設定すると効果的だろう。なお、❶相手の学力、❷コミュニケーション手段、❸相手との物理的距離等によって説明の難易度が決まる。

声だけでやりとりする電話で伝えたいことを伝えるときの、あのもどかしさを思い出していただけれ

104 **説明活動**：説明にはジャンルがあるという。比留間太白・山本博樹編（2007）『説明の心理学』（ナカニシヤ出版）の13-14頁参照。それによれば、科学的教育によるジャンルには、手続き、手続的記述、系時的説明、因果的説明、要因的説明、理論的説明、結果的説明、探究、記述的報告、分類的報告、解説、議論があるとのこと。

ば、説明活動の価値がおわかりいただけよう。

12 フレーミング効果 framing effect

内容は同じでも、言い方や見せ方を変えると意思決定が変わってしまう心理的作用のこと。対象のどこを切り取ってフレームに収めるかによって、受ける印象が大きく異なることとも言える。

行動経済学で著名なダニエル・カーネマンの著書『ファスト＆スロー』を読んで初めて知った用語。有名な事例を以下に示そう。

「どちらの手術をうけますか」

A 「１００人中10人が失敗する手術」

B 「成功率90％の手術」

意味は全く同じなのに、Ｂ「成功率90％の手術」を選ぶ人が増えるというのだ。人間心理の微妙さを的確に言い当てている用語だと感心してしまう。

キャッチコピーを作成するとき、徹夜で取り組んでしまう宣伝担当者の気持ちが分かる話だ。同様に発問を考える際の必須の用語としたい。

〔補遺〕活用課題に関する用語が何と多いことか。でも、活用課題場面は「知の総合化」場面と同等なので、多いのも当然だ。この場面は「分かる」の白眉だ。そして、１人で解く、友と相談しながら解く、先生から教わる等の選択肢を設ければ一人ひとりの能力・個性に応じた活動が保障できる場面であり、一斉授業からの解放が可能となる。

授業する者としてはこの価値を重く見て、できる限り多くの時間を確保してあげたい場面だ。

62 過程8：自己評価——2回目の理解度評定

問題解決的学習における自己評価は、どこまで目標に接近したかが基準となるが、意外なことに、子ども自身はどこまで接近したかの情報を持てないし、目標との距離の意識も曖昧だ。

その点、先行学習は最初に目標が掲げられ、かつ授業終末時との差を見ることができるので、自己評価の価値を意識しなくても、その価値を自覚せざるを得ない指導法である。もちろん意欲が高まったことも自覚する。誠に授業終末時にふさわしい場面である。ここが問題解決的学習とは大きく違うところだ。

ところで、この場面で守ってほしいことは、その手順だ。

それは「なるほどそういうことだったのか」に該当する「はっきりしたこと」や「知っていたけれど詳しくなってよかったなあ」に該当する「詳しくなったこと」を自覚させてから2回目の理解度評定に進むという手順だ。

仮に、2回目の理解度評定を先に実施してしまうと、何がはっきりしたか、何が詳しくなったかが曖昧になり、変容への自覚が明確にならないままの評定となるから信頼性は低下する。その結果、先行学習で展開する価値も半減してしまう。十分に注意したい。

〔定義〕**自己評価** self evaluation　自分で自分の今の状況を推し量ること。授業に即して言うなら分かり方の程度を自己決定することである。他人及び他の基準を基に評価するのではなく、自分で尺度を決め、その尺度のどこに当てはまるのかを決めていくことがその基本である。一般には授業の終末に設定され、どの程度分かったのかを言語的に処理する場を指す。なお、言語的な処理の具体としては、予備知識の文言に、❶新たな発見をつけ加える、❷どこがはっきりしたか、詳しくなったかを選択させる等がある。

なお、自己評価の究極のねらいは「自立に向けた自信を育てる」105である。

〔補説〕定義欄で示した方法の他に、予習内容を示す文章に加筆して詳しくさせる、あるいは書き換える。みんなの前で説明させる、小テストを実施する、分かったことを書かせる、操作させる等々がある。それらから適宜1つの方法を選んで2回目の理解度評定を実施する。

〔関連用語〕**テスト** test　授業の内容と質を決定するもの。授業内容からテスト内容を決め、かつ授業の目的（知識か能力か等々のこと）に沿ってテスト形式106（記述式か穴埋め式か等々のこと）を決めていくのが本来の手順だが、現実にはその逆の方向が一般的となっている。言わば授業のテストによる奴隷化である。

近年、教師のテスト作成能力が低下していると私には映る。それは授業力低下そのものである。見方・考え方107をベースとした思考力・判断力・表現力を見るテスト及びテストに関する知識を身に付け、まずはテストを作ってみよう。

63　指導案は終末から作る

105　**自信を育てる：**これについては安彦忠彦（2021）『自己評価のすすめ』（図書文化社）に詳しい。今まで自立がねらいであると捉えていたが、その先の自信なのだと言われると、その通りと脱帽せざるを得ない。世の流れが自己肯定感を高めていかない傾向にあることも「自信を育てよう」が掲げられにくい原因だろう。

106　**テスト形式：**テスト形式が子どもの学習にどんな影響を与えるかという点については、村山航著（2003）「テスト形式が学習方略に与える影響」（『教育心理学研究』第51巻 第1号）の1-12頁が参考になる。自作テストの客観性はともかくとして、授業内容に沿うという点でテストを自作するという行為は、教師の極めて価値ある努力だと思っている。

指導案は、終末からさかのぼるように[108]書くと、思考の連続性が確保されたものとなる。

今はともかく、若い頃は何を書けば指導案となるのかすら、皆目見当がつかなかった。だから、教科書会社が出している教師用指導書に掲載されている指導案を意味もよく理解もせずに真似て作ったりした。最初はとにかく真似でOKだ。真似しているうちに自分流が確かなものになっていくから安心してほしい。

なお、教科書会社によって、教科によって、都道府県によって指導案書式が異なるから面白い。全国的なスタンダードはない。地域それぞれの常識があるのだ。まるで江戸時代の藩みたいだ。

〔定義〕指導案の作り方 How to make a teaching plan　授業は指導案次第である。では、どう作るのか。以下は、私の標準的な流れである。可能であれば半年前[109]から始める。

❶ 指導要領解説書を読む。
❷ 教科書を読む。
❸ 教えることを把握する。
❹ 他社の教科書を読む。
❺ 関係する本を探し購入する。
❻ サンプルとする指導案を決める。
❼ 発達段階を意識する。
❽ 素材を決め教材化する。次に、これでよいか十分吟味する。
❾ 習得の方法を決める。

107 **見方・考え方**：物ごとを科学的に見たり考えたり扱ったりする能力のこと。この用語くらい意味が曖昧な用語はないと思う。いろいろと調べてみた。例えば、『哲学事典』（1971 平凡社）、『新理科用語辞典』（1985 初教出版）、『理科重要用語300の知識』（2000 明治図書）、『新版学校教育辞典』（2003 教育出版）には掲載無しであった。唯一掲載されていたのが『理科重要用語300の知識』（1981 明治図書）だ。そこには「昭和22年版学習指導要領（試案）理科の目標」という用語の解説文中に出ているとされ、今に至っても良く使われる「見方・考え方」という言葉の出所は「自然の観察」の扱い方」という言葉の出所は「自然の観察」であり…とある。なお、一般的な五万語辞典には、「対象に即しての的確（効果

❿ 活用課題を決める。これが一番脳を活性化させ、頭が冴えてくる。閃かない場合は、少し放っておくとよい。
⓫ 指導案を書く。
⓬ 指導案を温める。
⓭ 指導案を見直す。
⓮ 誤字脱字を確認する。

飛び込み授業が連続する場合はこの限りではないが、いつも意識しているとパッと閃く。だいたい一晩寝て朝に閃く場合が多い。

〔**補説**〕何を指導案に書けば先行学習の指導案となるか、小学校5年算数「平行四辺形の面積」を例に採って項目ごとに説明しよう。なお、指導案の具体展開部分は5ページ後に掲載している。

1　単元名（**教科書名**）
・単元名だけでなく、教科書名を必ず記す。これは「展開の基本は教科書中心ですよ」、「教科書を見られて困る授業になりませんよ」、「教科書を有効に使って下さい」という意志の現れと理解してほしい。

2　単元目標（**略**）

3　指導計画（**略**）
・教える内容数が先行学習の授業回数である。それを元に解決的学習や習熟をどのように入れるか

的）に見るための方法」（2012『新明解国語辞典』7版）と定義されている。

108 **終末からさかのぼるように**：この手法は30代の頃から実践してきたが、問題解決的学習の設計にはかなり有効な方法である。なお、ウィギンズ・マクタイ著・西岡加名恵訳（2012）『理解をもたらすカリキュラム設計』（日本標準）で記されている方法も、類似な発想に立っているものだ。

109 **半年前**：いくら何でも半年前は早すぎる。そんな声が聞こえてくる。確かにそうかもしれない。飛び込み授業を請け負って、全国を回っている立場としては、半年前は夢だ。しかし、考えを変えてみよう。例えば「来年は6年生を担任できたら、比例の授業をしよう」と

を原則にして立案する。

4 本時の学習指導

(1) 目標

・知識目標を掲げるが、文末表現は「～を理解させる」とする。小学校算数5年「平行四辺形の面積の求め方」を例に取って述べていく。（以下「※」で表記）

※「平行四辺形の面積は底辺×高さで求められることを理解させる」

・指導案上の本時の「目標」、「習得させること」、「予習内容」、そして、授業の最初の板書する「共書き文」の4項目は、同じ文言で文末表記が異なるだけである。

(2) 習得させることと活用課題

・習得内容を明確にするために、習得させることと活用課題を切り分けて記す。

❶ 習得させること

・本時の目標表記から「～を理解させる」を取り外した文とする。

※「平行四辺形の面積は底辺×高さで求められること」

❷ 活用課題

※「次の図形から平行四辺形を見つけ、見つけた平行四辺形の底辺と高さを言いなさい」

・教師にとっては教えて理解させたつもり、子どもにとっては分かったつもりから抜け出すための課題。活用課題を解く過程で「あれっ、ちょっと待って、ここで使う学んだことが、いい加減だったかも……。そうだ、先生に聞きに行こう」等と思い直して、習得内容を見直すのがねらいだ。

・知識を活用させて考えることそのものをねらいとした課題、答えが1つでない課題、曖昧な答え

決めて、目の前の仕事とは別に、温めていくのだ。本屋に行った時、議論している時等々、いつも頭の隅っこに置いておくのだ。若い頃、授業に命を賭けているかと言われてから作る構えが変わった結果の経験則だ。

になる課題もＯＫで「1人では解けそうもない課題」を前提としたい。

（3）予習

・ここでいう「予習」とは、答えを与える予習で、この点がこれまで言われてきた予習とは決定的に違う。

・したがって、「予習をして来なさい」という指示には、

❶答えも含めた予習内容を視写させる。

※「平行四辺形の面積は底辺×高さで求められる」をノートに書いてくる。

❷低学力層の子どもは分からない場合が多いと思うが、分からなくても書かせる。予習内容を記した用紙をコピーしてなぞらせてもよい。

❸音読を課す。

❹可能な限り理解度を問わせる。

等が含まれている。

・家庭の事情等で予習できない子どもには、授業が始まるまでの休み時間を使って書かせるとよい。それも困難な状況であれば「できなくてもよいですよ。授業の最初にもう一回書きますから安心して下さい」と言う。

（4）展開

・左側に「教師の意図と働きかけ等」、右側に「予想される児童の意識と言動等」とする（181頁の図）。左側が「教師の意図と働きかけ等」なのは、授業は教師の意図的な働きかけから始まる

という考えだからだ。この原則は子ども主体の授業と言えども変わるものではない。
・そもそも教師の働きかけがなければ学習活動は始まらない110のに、あたかも学習活動が先に存在する書きぶりは、まやかしではないか。例えば、配布された指導案が教師の働きかけがない書式だとすると、この場面では何と発問しようとしているか読みとれない。その結果、指導案の再現性は低下する。時には配布された途端ゴミ箱行きとなる。
・授業が始まったら教師は何もしないという授業が話題になったが、それは教師の指導放棄に他ならない。公教育の名が泣く。自由にやりなさいと言われて自由自在に学習を進めることができる子どもは一部の子どもだけだ。特に、中・低学力の子どもとっては意味のない指示だ。

「これは！」と瞠目する内容が記されていたり、自家薬籠中のものにしたスキルが記されたりすると、いただいた指導案はゴミ箱に直行とはならない。
そんな指導案を作りたい。

〔関連用語〕**学習指導案** teaching plan　分かりたい気持ちに対応して、学習活動を時間軸上に沿って記したもの。授業は教師の働きかけで成立するものなので、展開を記述する際、左側に「教師の意図と働きかけ」、右側に「予想される児童の意識と言動」を記すとよい。本時の目標表記は「知識」とし、その文末は「〜を理解させる」とする。これは、知識は技能・思考・表現・意欲等に支えられるものであるという考え方から来る。

〔補遺〕1度細案を書いてみてはどうか。「指導案です」と言われて手にする指導案はA4用紙1枚程度

110 **〜始まらない**：この指導案形式は、赤松弥男編著（1982）『理科単元別授業の構成と野威力の評価各学年』（初教出版）に詳しい

の略案（すぐにゴミ箱に行ってしまう運命の指導案）ではなく、誰が読んでも同じ意味に解釈でき、かつ再現性の高い記述で、使う用語にうるさい指導案を書いてみよう。

若い頃体育の公開授業をすることになり、やたらと詳しい計24ページ分もある指導案を書いたことあった。単に「あいつが20ページなら俺も」といった単純な競争意識が理由だったが、時にはそれが必要だ。用語に神経を使ったせいか、時間がかかったことを覚えている。必ずや血となり肉となる。

教師の意図と働きかけ等	予想される子どもの意識と言動等
1 予習内容の確認	**◆ 予備知識を想起する**

・（図を提示して）平行四辺形の1つの辺を、底辺とします。底辺に垂直に引いた直線はどこも同じ長さです。これを底辺に対する高さといいます。

平行四辺形の面積 = 底辺 × 高さ

を共書きする。
・＿＿＿は黄色チョークで板書する。
・理解度評定を行う（1回目）

◆ 理解度を意識する

5「 説明できる」くらい分かる ……………… ○名
4「かなり」分かる ……………… ○名
3「まあ」分かる ……………… ○名
2「少し」分かる ……………… ○名
1「ぜんぜん」分からない ……………… ○名

2 教師からの補説
・黄色チョークにした文言の理由を以下のように伝える。
①底辺は平行四辺形の4つの辺のどれかである。
②その底辺に対して「高さ」は垂直の関係にあり、底辺に向かい合った対辺から垂線をおろすことで高さが見つかる。つまり、底辺が先に決まり、次に高さを見つけるということ。高さは平行四辺形の辺と重なるとは限らないことを伝える。
・その後、高さ × 底辺ではないことを強調する。（以下略）

◆ 新しい情報と関係付けて、予備知識を詳細に理解しようとする

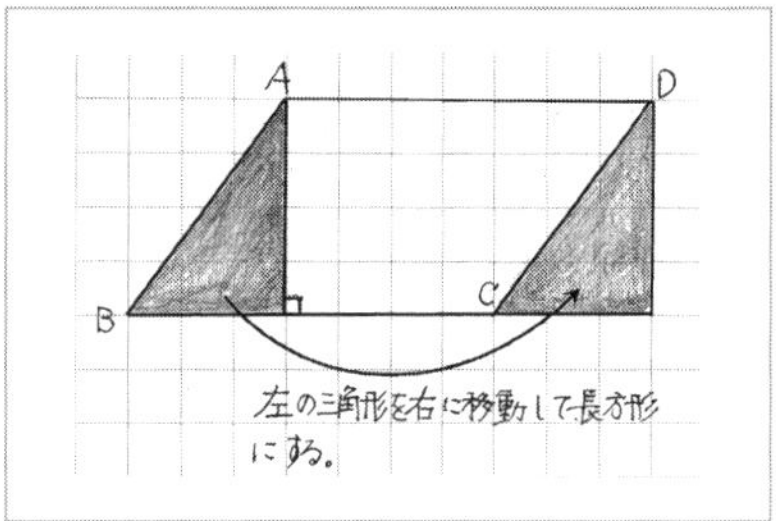

図9　教師の働きかけが分かりやすい指導案形式

第 4 章

「分かる」を支える39の授業スキル

授業スキル
これこそ現場人間の真骨頂だ

良い授業も
下手な授業も
スキル次第

いくつスキルを持っているか
タイミング良く発揮するための
アンテナを張っているか

スキルを科学したい
スキルにまっとうな視座を与えたい
スキルにも理論がある

スキルは
学ぼうとする子どもへの
応援歌

ここで述べる授業スキル[111]は、私の授業経験[112]を積み上げてきたもので、いわば体験的授業スキル論とでも言うものだ。

退職後も数多くの飛び込み授業を実践してきたが、飛び込み授業はどの学校でやっても1回限りなので、どうしても自分なりには消化不良に陥る。「ああ、このクラスに1週間前から、いや1日前から入っていれば」と何度思ったことか。

しかし、そんな思いを払拭する機会が訪れた。２０１４年の2月から3月にかけての1か月間、偶然にも東京都文京区立千駄木小学校６年３組の臨時担任の機会を得たのだ。これはチャンスだ、運が良いと思った。これまでの授業スキルを継続的に全部ぶつけてみよう。できる限り子どもの反応を集めよう。そう思って学級に入った。

理論が通用するかどうかの決め手は、教師が持つ授業スキルの質と量である。高邁な理論と言えども、その教師が持っている授業スキルレベル以上には具体化できない。そう考えて章の表題を「『分かる』を支える39の授業スキル」とした。

ところで、授業のプロフェッショナルとは、

❶ ポリシーを明確に持っている
❷ 臨機応変の力を発揮できる
❸ 理論を具体化し、それを説明する力を持っている
❹ 理論を、実践を通して変えようとする視点[113]を持っている
❺ 分かる授業を実践できる

111 **ここで述べる授業スキル**：その大半は、私が教務主任を務めた埼玉県草加市立栄小学校時代に遡る。１９８８年からの２年間、授業通信と題して職員に配布した36号分だ。その後、教育委員会に異動したが、１９９０年に「主体性を育てる授業技術」と題して小さな冊子にした。それらを元に２００３年４月から２００５年３月までの２年間初等理科教育誌に「指導技術ＡtoＺ」と題して連載した。

112 **授業経験**：ここでは、公立学校退職後に全国各地で行った５００回以上の「飛び込み授業」（２００９〜２０２２年度累計）を指す。その経験が、確かな授業スキルを確立させた。

113 **理論を、実践を通して変えようとする**：これま

教師であると決めている。

かつて憧れの先生が筑波大学附属小学校にいた。参観するたびに、その翌日には真似をした。真似をする度にどうやればプロフェッショナル・授業名人となれるのだろうかと考えた。その結果、プロになるためには、修羅場を乗り越えることが必要だと強く感じた。

では、修羅場とは何か。

1つ目は、授業を徹底的に分析することだ。プロトコルを起こし丁寧に子どもの思考を追うのだ。教師はどう発言し、どう働きかけ、どう教材を提示したか。そして子どもの反応に対してどう反応したのか等々、自分の行為を徹底的に客観視することだ。これは力が付く。

2つ目は、徹底した教材分析をすることだ。いわゆる赤本レベルを越えるのだ。

教師の手元にある赤本を見た子どもは「先生ずるい。答えが書いてある！」と必ず言う。これに何と答えるか。子どもにとっては1度しかない授業。一期一会の精神で授業に取り組むには、徹底して教材を分析するしかない。

多くの授業を見てそう思う。

〔定義〕**指導技術** teaching skills　授業者の思想や経験、個性等、これまでに培った教育観をベースにして、子どもの分かりたいという気持ちに沿った判断・選択の連続による教師の行為のこと。次はどう思考するかを想定し、一歩先を読んだ柔軟な教師の対応を指す。授業者の体験と理論的な学びが融合した教育方法の表現とも。
どんな教育理論も具体化して意味を持つのだが、生の授業を通すと必ず変形する。生の授業の質と量を決めるのが指導技術だ。指導技術は現場教師にとっては宝とも言える。

で言われてきた「理論は大学の先生、それを受けて具体化するのは現場の教師」という言説は、限りなくステレオタイプ的な捉え方で、そんなことを真正面から言われたら少なからず反発してしまう。

なぜかと言うと、学校現場は間違いなく大学の下請け機関ではないプライドを持っている。そのプライドが実践研究のエネルギーとなって多くの実践研究報告が出るのだ。学校現場人だけで各種の研究会が作られる理由はそういう考えが根底にある。今後もその姿勢は堅持したい。そのためには今ある理論に対して実践結果を元に限定をかけたり、理論そのものを変える提言をしたり、新たな視点に立った理論を提言したりすればいい。このような姿勢こそ、大学人との共同研究が可能とな

る。実践研究者とはそう
いうものだ。

〔関連用語〕**教材** instructional medium　学習指導の過程に乗った学ぶ者の意識をコントロールしてしまう素材のこと。

教師は、❶授業の目的を決め、❷子どもの実態を把握した後に、❸素材を選び、❹子どもの活動を通して得られると考えられる変容を想定したとき、素材が教材となる。

教師の教育的な意図と学習者の主体的な活動の相互関係を成立させる媒介物である。

第1節　9つの授業ルール

先行学習が成立するには「落ち着いたクラス」、「指示が通るクラス」が最低条件だと第3章の冒頭で述べ、補足として「注73、74」（136頁）を添えた。ここで述べるスキルすなわち9つの授業ルールは、その具体である。これを曖昧にしたり見逃したりしていると、授業そのものの成立が怪しくなる、極めて基本的なスキルである。

学級崩壊したクラスは、この授業ルールが必ずと言ってよいほどいい加減か、指導されていないかのどちらかだ。後から入った担任はここから立て直し始める。私もこの体験を現役中に何回かしたが、立て直しに時間がかかり、その生産性の悪いこと悪いこと。崩壊する前に手をかけた方が本当に楽だ。初期対応の重要さが骨身に浸みた体験で、崩壊を起こした担任が恨めしかった。

64 姿勢と返事、丁寧語、ため口なし、きれい

「はい」という返事。肘をつかず背筋をぴんと伸ばして座る。膝、おへそを教師に向ける。凛とした声、ため口なし……。授業以前の学ぶ姿勢の基本だ。

小学校1年生の担任は気にする「躾」が、学年が上がるにつれて、ついついその確認が疎かになってしまう。月に1回再確認しよう。

子どもの「先生、今日の体育、何やるの」は御法度としたい。「今日の体育は何をするのですか」と言わせたい。「もう1回言ってごらん」と言おう。

教室がきれい。これも大事だ。床にゴミが落ちていても平気な教師がいる。黒板[114]の汚さが気にならない教師もいる。黒板は指でなぞっても跡がつかないくらいのきれいさを保ちたい。黒板の左側にいろいろな連絡等を貼り付けている教師。これまた結構多い。朝、教室に入ったときの子どもの気持ちを考えてみよう。

指示が通らないことは考えられないが、稀に通らないクラスもある。そのような場合には毅然と「戦う」しかない。

なお、ここで記してきたことは当たり前と捉えて、理由を言わずに徹底させようとすると、後でツケが来る。どんな些細な指示でも、どうしてその指示なのか理由を必ず伝えること。納得させよう。

65 机上に置く物と黒板の周りは必要最小限に

マーカーが20本は入っているかと思われる筆箱。何か勘違いしている。必要最小限でよいのだ。

114 **黒板**：16世紀に欧州で使われたとのこと。日本には1872年に最初に持ち込まれた。初めての国産品は、1メートル四方の板に墨汁を塗ったものだ。1960年頃に緑色が使われ、近年はホワイトボードとか電子黒板が現れてきている。
（2018年1月23日読売新聞夕刊「はじまり考」より）

今、文具の玩具化が激しい。玩具化傾向が強い文具を使うほど集中力はそがれると言ってよいだろう。教師もバスケットシューズ型の筆箱を使う時代だ。教師も子どももそこに無頓着であってはならない。

定規の使用も必然性で決めよう。使う必然性がないならフリーハンドで十分だ。手の器用さが高まるし、上の学年に進級したときに役に立つ。

黒板の周りには何が掲示されているだろうか。

授業に飽きた時、あるいは授業がつまらない時の暇つぶしを助長するような掲示物を貼ってはいないか。例えば、クラス全員の似顔絵や仲間を大切にしよう等のスローガン。繰り返すが、これらは集中力の継続を阻害する要因となる。ワーキングメモリ[115]の小さい子どもの存在を考慮すると、何も掲示しない方がよい。仮に掲示するにしても、記録の仕方等の授業ルール中心の掲示物が望ましい。

改めて、身の回りの物や掲示物と集中力との関係を見直してみよう。

正面に掲示しないで背面に掲示し、朝の会、帰りの会、学級活動、道徳は、後を向かせて行っている学校がある。逆転の発想だ。

66 話し合える座席配置にする

校内人事が校長の専決事項ならば、座席配置は担任・専科の専決事項である。

座席を決めるのは教師と言うものの、理想の決め方は、「座席は自由」であろう。見方を変えれば「座席に左右されない授業をすればいい」である。集中力が途切れない授業を展開すればいいだけの話しで、これが日常化するならどんな座席配置でも構わない。

しかし、小・中学校段階の子どもとなると話しは別である。まして小学校低学年では尚更だ。隣に誰が

115 **ワーキングメモリ**：詳しくは、第42段111頁のワーキングメモリの項を参照。

座るかで学校生活の楽しさが決まる。座席配置は学級経営の根幹に関わる重大事なのだ。

助け合わせようとして、例えば高学力の子どもの隣に低学力、几帳面な子どもの隣にだらしのない子どもを座らせる例を多く見る。このような座席配置はお互いのためにはならない。

学習が促進する座席でありたい。具体的には、同じあるいは似たような学力の子ども同士の席を近くにする——学力が同じでも、視覚の刺激に敏感に反応する子どもと聴覚に関する刺激に敏感に反応する子どもの組み合わせでありたい——とか、学力は異なるが、相互交流が可能な学力格差の範囲——高学力と中学力、中学力と低学力等——で組み合わせる等が良いだろう。

子どもの特質を把握するには思った以上に時間がかかるものだ。４月からの即実現は厳しいが、そんな座席配置を目指そう。

〔定義〕 **座席** seat　学習が促進する居場所のこと。座席配置の形はいろいろとあるが、どこに座っても「板書が見える」を原則にすること。班で座らせるときに後向きのまま授業を受けさせる配置を見るが、これは学習の権利侵害であり、そこに鈍感であってはならない。

ところで、生活班的な座席のまま授業を受けさせることは考えものだ。また、ペア学習を話し合いのスタートにしている学級も多いと思うが、必ずしも座席配置[116]がそれを可能にしているとは限らない。まして、くじ引きで決めるというのは論外であろう。仮にくじ引きで決めるとしたら、座席に左右されないだけの確固たる指導スキルの発揮が必要十分条件となる。

〔関連用語〕

1 **対話** dialogue　自他を比較して差異点・共通点を確認しあい、集団を構成している仲間に共通な

116 **座席配置**：これには、❶2名ずつ隣に座らせ、前方を向かせる。❷1人ひとりを通路、前後の間隔を均等にして並ばせる。❸コの字型に配置する。❹オーケストラのように弓形に配置する。❺班ごとに並ばせる等があるが、固定せずに指導の場面に応じて変えていきたい。ただ、基本形は決めておこう。私は❶を推薦する。

言語を作り上げる行為を指す。対話には人との対話以外に、物との対話、自分との対話があるが、一般には人との対話を指している。

なお、先行学習では最初に知識を与えるが、与えた知識の把握がどの子どもも同じではない。そこを見て個々の違いを顕在化させる対話場面を用意することは、学びを促進させる工夫の1つである。人間の社会化という観点から見てもその設定は必然的なものとなろう。

2 リンゲルマン効果[117]

Ringelmann effect　集団で作業を行うときに1人当たりの努力量が人数の増加に伴って低下する現象のこと。社会的手抜きとも言われている。フランスのリンゲルマンは綱引きや大声実験を例にとってその手抜きを立証したので、この名がついた。

「どうせがんばっても、こんなに人数が多ければ先生は見てくれないよ」と考えて手抜きが行われる。このような社会的手抜きを無視した班の組み方や座席の決め方等は見直す必要がある。

117 **リンゲルマン効果**：釘原直樹著（2013）『人はなぜ集団になると怠けるのか』（中公新書）の17頁に詳しい。言われてみればその通りで、極めて人間らしい。このような社会的手抜きは人数が多ければ多いほど頻発する。

67 「同じでーす」と言わせない

発表させた意見に続いて「同じでーす」と声を揃えて言わせる学級がある。一人一人違う場合でも言わせている。

飛び込み授業の場合は、担任本人の了解を取った上で「『同じでーす』では深く学べませんよ」と伝えている。

同じ事象を見ても、一人一人「感じ方が違う」ことを前提としたい。感じ方の違いは表現の違いと捉え、どんな言葉を使うと自分の考えがうまく表現できるのかと考えを巡らせることが、言語感覚を鋭くさせると同時に語彙も増やすことになる。これが個の違いを認める教育の本質につながっていく。

以下に記す「同じでもよいから言ってごらん」、「同じでもたぶんそっくりな言い方にはならないから」、「同じでも聞くと、どちらがよい言い方かと聞いている人は考えるから」、「言ってごらん。みんなの役に立つのです」等の指示は個を生かすスキルの具体となる。

思考が深まっていく姿が見たい。

68 復習から入らない

「復習から入らない」に徹しよう。

前時に何をしたかを聞くことから始める授業が非常に多い。もう止めよう。いきなり本時に入ろう。子どもは「今日は何を教えてくれるのかな」という期待を持って登校する。朝の会が終わり、いざ授業を始めるとき、そんな期待で教師の働きかけを待っていることを忘れてはならない。

前時の復習から入る必然性を授業者に聞いて見ると意外にも明確な答えが返ってこない。しかし、教科書会社が出している教師用指導書に復習から入ると書かれている場合がある。どうして復習から入るのか、これが原因ではないか。教科書会社には考え直してほしい。いや、執筆する教師の皆さん、学ぶ者の心理を考えて「赤本」を書いてほしい。

善意に捉えるなら、前時の復習から入ることで考える枠組みを作ろうとしていると想像できるが、復習から入る必然性はどこを探しても見つからない。

新任の頃、「どうして復習から入るのか」と先輩に聞いたことがあった。しかし、納得のいく答えは返ってこなかった。がっかりした記憶がある。

本時の内容を理解するために、復習にまで戻る必要になったときに「じゃあ復習して確認しようか」と言えばよい。

69 学習準備をしてから休み時間

これは小学校だけに通用する授業規律かもしれない。

チャイムが鳴り、鳴ってから数分経って教室に教師が入り、それを見て子どもは学習準備に取りかかる……。これで5分以上はロスだ。その後、子どもの気持ちを落ち着かせるために黙想させれば、また時間のロス。

授業が軌道に乗るまでに10分以上かかってしまう。これが1年間続いたとしたら、大変な時間ロスとなることは計算を待たない。予鈴や準備時間を設定している学校は落ち着いて授業を始められる。

70 静かにとは小さな音も聞こえないこと

「静かにしなさい」と言うときはないか。

私は結構多かった。しかし、あるときにハッとした。これは行為を言わないから何回も言ってしまうのだ、と。その後、言い方を変えた。「音を出さないようにしましょう」、「忍者のように歩きましょう」等と言うようにしたのだ。

こうなれば、指示を1回で聞き取らせることができる。このことが実行できれば、その効果は思った以上に大きいことを実感するだろう。

118
感心する：誉めるの「〜だね」ではなく、感心するの「〜なあ」である。つまり誉めるは「偉いね」、感心するは「偉いなあ」である。この違いお分かりいただけただろうか。偉いねは上から目線、偉いなあは共感路線とも言担任時代、4月にその徹底を図った。どんな小さな音も聞き逃さない。少しでも小さな音が聞こえれば、「人が話をしているときは音を出してはいけません」と言い続けた。

この躾だけは諦めずに言い続けよう。落ち着いたクラスになっていく。

蛇足だが、これは全校集会のときにも使える。ポイントは静かにさせた後に「この静けさを聞いてごらん」と言い、体育館内が「シーン」となって物音一つ聞こえない事実を体験させることだ。「シーン」の後マイクなしで話す。しっかりと聞いてくれる。

71 感心する[118]回数だけ注意できる

学級には、何回も注意される子どもがいる。その一方で全く注意されない子どももいる。

ここで、よく注意される子どもの心理を考えてみたい。

「なんでいつも自分だけ注意されるのか」と思うのではないか。これが高じると心の中は穏やかではない。何かのきっかけで教師に反抗する。徒党を組む。その結果、人間関係が悪くなり、ひどいときは教室から脱走する……。

教師に反抗する子どもがギフティッド[119]だったらどうするか。子どもの特性を見間違えないように慎重に対応する必要がある。

感心してから注意することを原則にしよう。感心する回数だけ注意することができると心に決めよう。この原則を守れば、自分のことを嫌いで注意しているのではないと感じてくれるはずだ。

参観する授業のほとんどが、授業者本人が思う以上に「偉いなあー」、「凄いなあ」と感心していない。下手をすると1回も言わない。本人はそのことを自覚すらしていない。


うべきか。この違いは非常に大きい。人を動かすコツだ。人を動かすコツをつかんだ教師とつかまない教師とでは生徒からの評価が違う。言わなくても「この先生いいな」と感じている。

119 **ギフティッド**：ずば抜けた才能ゆえに高い実績を上げることが可能な子ども。潜在的な素質のある子どもも含む。一見学習障害と誤解されやすい、意志が固く強いことが特徴である。周囲の人間と衝突することが多い可能性を持つ。「成長した後には、同じ特性（意志の固さ）が粘り強さや論理的思考力の高さに現れ貴重な強みになるかもしれない」（ジェームズ・T・ウェブ他著、角谷詩織訳（2019）『わが子がギフティッドかもしれないと思ったら』（春秋社178頁）

偉いねえ、すごいねえ、たいしたもんだ、やればできるねえ、おっ、字がうまいなあ、丁寧にやっているなあー、良い顔しているなあ、すぐに取り組んだんだあ、言われる前にノートを出して偉いなあ、友達に優しく教えていて感心します等々、感心する対象は無限にある。これを気軽に言おう。

簡単なようで難しいスキルだが、これを体で覚えよう。授業が格段にやりやすくなる。

とにかく、感心して感心しきることである。

72 配布、準備は子どもにやらせる

朝の会、帰りの会、そして授業中にと、各種のプリントを配布する機会が実に多い。ほとんどの教師は自分で配布している。そんな場面に出会うと、「どうして先生自ら配るのですか」と聞いてしまう。

その理由はこうだ。教師自ら配布していると、教師は忙しく子どもは暇だ。実はこのような場面こそ、思った以上に子どもの本質・本性が見える場面なのだ。貴重な子ども観察の機会を自ら失ってはならない。

ではどうすればよいか。結論は簡単だ。子どもに配布させればよい。

例えば「はい、班の1番の人配って下さい」と指示する。その間、子ども観察ができる。これが貴重な時間となる。プリントを取りに来るときの並び方・待ち方や受け取り方、そして配布の仕方——字の向きを考えて渡しているか、投げるように渡してはいないか等々——を見届けることができる。

マナーに反した配布の仕方をしたとき、見逃さずにすぐに注意ができる。さらに、あれっ、飛ばしているぞ、一体どうなっているのかな、普段は仲が良いのに等々、配布の仕方一つでいじめの兆候かもしれないと注意を向けることもできる。

それやこれやで、人間関係も把握できるのだ。通知表の所見を書くとき、何も思い起こせない場合があ

るだろう。そんなときは配布時の様子を思い出して（その時点で、メモしてあったらなおよい）「相手の気持ちを考えて配布ができる等、思いやりある行動をしています」と書けるという副産物も生まれる。配布場面一つも馬鹿にできない観察場面なのだ。

以下は蛇足。

よく「日記指導しているので、子どもの心を把握している」と言う教師がいる。果たしてそうだろうか。教師の自己満足に過ぎないのではないか。私はそう思う。現実はそんなに甘くはない。子どもは見られているという意識の下に書くから本当のことは書かない。それよりも、授業中の行動観察を丁寧にした方がよい。例えば、普段は見せ合わない相手とノートを見せ合ったり、協働学習の場面でいつも聞きに行く相手とは違う子どもに聞きに行ったりする等、子ども同士の結び付きの実態が把握できる。

このような授業中の行為の観察からも、いじめの兆候は把握できる。可能な限り第3者の立場に立つように心がけよう。

第2節 11の指示スキル

ここで記す11の指示スキルを発揮するしないは非常に影響が大きい。

さて、以下に記す指示スキルは、

❶ 書きなさいと言ったら、すぐに書き始める

❷ 読みなさいと言ったら、すぐに読み始める

❸ 話しなさいと言ったら、すぐに話し始める
❹ 聞きなさいと言ったら、1回で聞き取る

をねらいとする。

この4つが適切に事前指導されていると、授業のテンポに遅滞はない。学力格差への配慮等、やるべきことを的確にやれる。

保護者はこんな学級を望んでいるのではないか。

この4つが確立された学級で、飛び込み授業をすると実に気持ちが良く、私も子どもも学びの充実度が高い。

73 指示を見届ける

指示しても見届けない。

このような教師が驚くほど多い。それを指摘し、実際にやって見せてもまだできない教師がいる。たぶん見届けの価値を感じないのだろう。何とも言えない複雑な気持ちになる。

例えば「顔を上げなさい」、「こちらを向きなさい」と言うのだが、顔を上げた子どもは誰で、上げない子どもは誰かというチェックをしない。言いっ放しだ。これでは、指示は適当に聞けと言っているようなものだ。真面目に指示を守ろうとする子どもは、だんだん言うことを聞かなくなっていく。そんなことを続けたある日突然、「君たちはどうしてきちんとやらないんだ」と厳しく注意しても効果はない。

指示した以上は見届けるべきだ。その不徹底さは学級崩壊[120]の第一歩と心得た方がよい。

120 **学級崩壊**：あちらこちらで見聞きする。後に入った教員は苦労（後に入った経験をした者として、その神経の使い方は並大抵ではない）する。事前に見極めをつけて、担任の交代を、保護者からの苦情を受けて炎上する前にすべきだろう。教師の力量には大きな差がある。それが心配で私学に行かせる例は後を絶たない。

このスキルは基本中の基本だから、私は子どもに「あなたも大事な生徒です。あなただけ指示に従わなくてもよいとは絶対に思いません。大事な人なのだから、こうして待っているのです」といつも言っている。

当たり前だが、学びにはルールが必要だ。集団の中で個が生き生きとするための読む、書く、聞く、話すに関する指示の徹底につながるルールだ。これらが徹底されていれば、例えば「先生、聞こえません」、「もう1度言って下さい」等の声は出なくなり、聞こえないような小さな声でしか発言できない子どもも安心して授業参加できるようになる。

そのためにも、他の授業スキルの徹底に先立って指示の見届けを徹底しよう。

本節で記した指示スキルは教科に関係ない。

〔定義〕 授業規律 lesson order

授業成立の基本的条件のこと。生徒指導的・道徳的な要因を含むもの。普段から授業以前の課題として、以下に記す❶〜⓯を、理由を明確に伝えた上で徹底させること。

これは私が、飛び込み授業をする時も同様で、できるだけ事前に1時間いただきその徹底を図っている。

授業規律の内容は、主に本章の第1節、第2節、第3節等で記しているが、改めて以下に記そう。

❶教室の床のゴミの有無、❷棚などがきれいか、❸黒板がきれいか――月・日・曜日も消す、左側の連絡内容などのメモ書き等も消す、❹返事は「はい」、言葉遣いは「です・ます」を徹底、❺椅子の座り方の指導――深く腰掛ける、❻机の上は、鉛筆一本赤鉛筆一本だけ等、必要最小限に、❼消しゴムは使わない、❽ノートは一行空けて書く、❾共書きの方法、❿席を立つ自由がある、⓫真似・カンニングの勧め――堂々と見せる、覗く。ありがとうと感謝を伝える、⓬服装（長過ぎない袖、腰巻きなし等々）、

⑬音読を疎かにしない、⑭教師の学習に関する指示には無条件に従う。⑮間違いも役に立つ。

授業規律を徹底的に指導すると、指導した分だけ子どもも教師も楽になる。これは間違いない。

〔補説〕4月には授業規律の徹底を丁寧に実践[121]しても、6月、7月と時が経つにつれて、手を抜いているつもりはなくてもその見届けが曖昧になってくる場合がある。このように変わっていくことを子どもは見逃さない。「この先生は最初だけだ」と見切ってしまう。

教師の指示は指示だ。守らせてこその指示である。守らせる気がないなら言わないほうがましだ。

〔関連用語〕**授業の成立** conditions of classroom lesson　学習スキルとしての「読む」、「書く」、「話す」、「聞く」が、教師の指示等に即してすぐに行為に移すことができるような構えとして子どもに身に付いている状態を指す。

授業中に「ではノートに書きましょう」と指示した時、どう書いてよいか分からず思考停止する子どもや「話し合いましょう」と言われても、お互いの顔を見ているだけで一向に話し合いが進まない場合は、その都度スキルを教示していかなければならず、ロスの多い授業となってしまう。

このような学級で授業公開すると、授業が時間通り終わらないだけでなく、授業の良し悪し以前の問題を問わざるを得ず、本質の議論ができない。

74　1指示1項目を原則とする

読者の多くは、1度に多くの指示を出すと、指示通り行動できない子どもが何人も現れるという体験を

121 **丁寧に実践**：学級経営あるいは教科経営を確立する時期の実践は、授業の進度を気にしない方がよい。時間がないからとばかりに「まあ、後にするか」として先に進むと必ず手痛いしっぺ返しを食う。お互いに手の内を公開しながら、学年として共通する項目と、教師1人ひとりの個性に任せてもよい項目を確認しよう。意義も不明だが無くすのもどうかと思われることは思い切って廃止するとよい。例えば挨拶は号令無しにするとか、帰りの会は廃止するとか等々、大胆に見直してもよいのではないか。

しているのではないか。

例えばこうだ。

教室にいる子どもに、体育の授業の準備と準備運動を指示する場面。


——校庭に出たら、ボールを体育小屋から出して、カラーコーンを2つ50m離れたところに置いて、ドリブルしながら3往復しなさい——。


いっぺんに❶校庭に出る、❷体育小屋からボールを出す、❸カラーコーンを2つ出す、❹50m離れたところに置く、❺ドリブル3往復の計5項目の指示だ。

これでは、ワーキングメモリの小さい子どもは覚えきれない。記憶容量よりも指示容量の方が大きいので、オーバーフローしてしまうからだ。

対応は2通りある。

1つ目は、箇条書き風に言う方法だ。❶校庭に出る、❷体育小屋に行く、❸ボールを出す、❹カラーコーンを2つ用意する（注：探す必要があるが、それは指示に入っていないので自己判断に委ねられている）❺50m離れたところに置く、❻ボールを持つ、❼並ぶ❽順番に3往復する、という言い方だ。

2つ目は、1つの指示を出し、その指示を受けた子どもがその指示通りに動いたことを確認して（注：ここで指示の確認を怠ると、個人差がますます大きくなり混乱していく）から、次の指示を出すという方法だ。

どちらが適切かと言えば、小学校低学年あるいはワーキングメモリの小さい子どもの存在を考慮すると後者だろう。1指示1項目の原則は、ワーキングメモリからも裏付けられる指示スキルである。

〔関連用語〕アフォーダンス affordance　人間の活動を誘発し方向付ける環境の性質を言う。周囲の環境が持つ性質や特徴を捉えて適切な行動を取ろうとするのが人間の行為だが、この周囲の環境が持つ性質をアフォーダンス[122]という。環境が人間の行動を決めていくことを提唱したジェームス・J・ギブソンの造語。

授業における子どもの行為を見て「どうしてだろう」と思うときがあるが、このアフォーダンスを知っていると腑に落ちる。授業の見方をワンランクアップさせる用語である。

75　共書き――板書と同時に書き写す

共書きを体験した生徒の感想を読んでいただこう。

――疑問を持って授業に入れる。それは「多くの植物では、気孔は葉の表より裏の方に多く見られる」の共書き文から、以前は思わなかった、「多くの植物の『多く』という言葉から違う植物もある」と考えるようになったからです――。

教師が板書事項を読み上げる。子どもはそれを聞く。その後、教師は板書し、同時に子どもは板書を見ないでノートに書く。これが共書きだ。これは、小学校1年生であっても実行できる。

共書きをしないと、教師が板書している時「先生の字って下手だなあ」などと思う暇な時間を与えることとなる。暇な時間を与えられた子どもは、思考（書く行為は、思考していることと見なせる）を中断する。これは、集中力の途切れを教師が助長しているようなものだ。教師の不作為中断作用と言える。そんな暇を

122　**アフォーダンス**：周囲の壁が本で埋まっている部屋に通されて、長時間待たされたとしよう。たぶん、いやきっと、本を手にすることだろう。このように本を手にとって読みなさいと言われなくても読んでしまうような環境のこと。発想が豊かになり逆転の発想も浮かぶ。ギブソンは凄い人だ。エドワード・S・リード著　細田直哉訳・佐々木正人監修（2000）『アフォーダンスの心理学』（新曜社）をかじって（実はほんの上っ面しか読んでいないが）そう感じた。

与えない同時進行の板書が共書きなのだ。数学の図や理科の実験図のような、字を書かない場合も同じだ。

共書き123は聴写である。聴写なら「先生、見えません」と言えない。聴写は、書く字は漢字、ひらがな、カタカナ、ローマ字、英語の中からどれが良いのかと判断を求められる高度な思考活動である。

共書きだけでも恒常的に実践するなら、かなり集中力が鍛えられ、ひいては学力向上につながる。しかも教師は板書内容を1回しか言わないから、1回で聞き取ろうとする。いやでも教室はシーンとなる。これだけでも立派な生徒指導だ。

気持ちが良いくらいの集中力の高まりを体験できるはずだ。

簡単に例を示そう。

まず、低学力の子どもは、ワーキングメモリが小さい124から次のように文節ごとに区切る。（「／」が区切り）

乾電池と／豆電球1個の／回路では／、／乾電池の／両端で／はかった／電圧と／、／豆電球の／両端で／はかった／電圧は／等しい／。

このようにして共書きを進めるが、冒頭の「乾電池と」部分の共書きの手順は次の通り。

❶ 教師は「乾電池と」と言うと同時に、子どもは「乾電池と」を聞く。

❷ 教師は「乾電池と」を板書し始めると同時に、子どもはノートに「乾電池と」を書き始める。

❸ 板書し終わったら、❶❷を繰り返す。

123 **共書き：**鏑木良夫・松本圭代著（2010）『先行学習における共書きのメタ認知的活動の様相』（第52回日本教育心理学会総会発表資料）

124 **ワーキングメモリが小さい：**湯澤正通・湯澤美紀編著（2014）『ワーキングメモリと教育』（北大路書房）の第4章「ワーキングメモリと授業研究」にその対応が詳細に記述されている。なお、本書の170頁で先行学習にふれていて正直うれしく思った。という訳で受け売りではないが非常に参考になる。ぜひ購入して読んでほしい。

ここで勘違いする向きがあるので一言つけ加えたい。それは冒頭の予習事項を書く時だけが共書きではないことだ。板書事項全てが共書きの対象なのだ。

この一連の手順で進めると「先生、黒板が見えません」と言わなくなる。また、筆速の遅い子どもがいるからといって次の文言を言わずに待つ場合があるが、それはまずい。待つと聴写が視写になり、判断（どんな漢字を使えばいいかと決めること等）しなくても済んでしまう。それでは筆速の遅い子どもは追いつかないと心配するかもしれないが心配無用だ。「遅くなりそうな人はオールひらがなでも構わない」と伝えればよい。

さて、板書し終わったら、遅い子どもが書き終わるまで待とう。早く終わった子どもに「誤字脱字がないか隣の人のノートと比べてごらん」等と言えばよい。その結果、ひらがなで書いた文言が漢字に直っていく。

単に書き写しているだけではないかとか、同じ文言を2度も書いて（予習時と授業冒頭時の2回）も意味がないとか批判する人がいる。でも、考えてほしい。1回書いたら覚えられるとは限らないことを。繰り返し書いてこそ覚えられるのだ。もちろん、効果はこれだけではない。以下を読み進めてほしい。

〔定義〕**共書き** tomogaki: A teacher writes on a blackboard, and the student copies it at the same time.

板書事項を教師と子どもが、教師は黒板に、子どもはノートに同時に書くことを指す。

書き写す行為は、重要語句や気になる語句を意識すると同時に、その語義等の意味を深く考えさせるので、❶語句と語句の関連を考える、❷語句から先行知識を想起する等の認知的な活動も保証する行為と言える。

このようなことから、共書きは、基礎知識や分かり方に関するメタ認知（154頁参照）を活性化させ、目的意識や言葉の意味理解を促進させる効果があり、学習を協働的に進めようとする構えを確かにさせると共に自己効力感を高める働きがある。

読みの視点から言うと共書きは、さっと読み流して簡単に納得あるいは分からないとしてしまう読みや記憶のための読みから、言葉1つ1つの意味を探りながらの精読へと転換させる。このことは、入念に検討して自分なりの意見・考えを持てる「批判的読解」に通じる構えを育む可能性を秘めている。

その他、具体的な効果としては、一斉に書き始めることで教室がシーンとしている、鉛筆と紙のこすれる音だけが響く知的緊張空間の創出等が挙げられる。このような静寂な空間は落ち着く、集中する等、学校生活上においても貴重な時間となっている。

〔補説〕「実践するほどにその効果の大きさに驚かされる学習方法である。共書きはできるだけその授業の目標に沿った良質な文章を選ぶことが大切である。授業の見通しを持たせると共にゴールを意識しながら授業の開始と同時に、思考を促す活動でもある。メタ認知能力の育成にも大きな効果があると感じる」と京都市立伏見中学校の松本圭代氏は言っている。

〔関連用語〕

1 文章理解[125] text comprehension　矛盾や飛躍を埋めて一貫した、しかも自分が持つ知識と整合的な1つの解釈を構成すること。文章の意味は、文章の中に存在するのではなく、文章からの刺激と外界や言語に関する知識との相互作用により能動的に頭の中に作り出されていく。したがって言葉に制約があり、限界があることを意識することも指導時の大切な観点である。

125 **文章理解**：文章理解に関しては、大村彰道監修（2001）『文章理解の心理学』（北大路書房）が良い本だ。

2 視写・聴写 sight-write・listen-write

視写は文字を見て書き写すこと[126]。聴写は聞いて書き取ること。視写は機械的に鉛筆を走らせても間違いなく書き写すことが可能だが、聴写は聞いた瞬間、漢字かひらがなか、カタカナかローマ字、英語かを判断し、記憶の中から該当の文字を引き出すこと。授業では聴写より視写が多用されているが、聴写は確かな記憶量と判断力が必要とされるのでもっと多用されてよい。メタ認知能力も高まるはずだ。

3 読むこと reading

わずかの字面の言語情報と読み手の既有知識や経験を瞬時にかつ無意識的に対比・対照することを繰り返す中で、内容の異同を確認し読み手の中に文章の意味が形成される行為[127]。この行為は主観的な行為であり客観的な読みに到らない。

読むことは、書いてあることが全てではないと理解することであり、自分の書いた文章が読まれると き正しく伝わらないかもしれないと意識する行為である。

76 ノートに大きく書かせる

何も指示しないと、どんな大きさがよいかを考えずに自分で決めた大きさの文字を書くので、時には米粒のような小さな字を見ることがある。しかも薄く書く。読みづらい。他人も読むという視点も与えて書かせる指導が必要だ。子どもの中には、紙がもったいない、お金がもったいない、あるいは自分が読めればよいと言う子どももいるので驚きだ。字が小さいと、払い、止め等が実にいい加減になる。しかも小さくてもそれらしく読めるから、なおさら気にしなくなる。

126 **書き=書く：**文字を記す行為のこと。しかし、どんな文字を当てるのかという観点で見ると、「書き」とは、観察対象、思考対象を自分なりの判断で適切な文字を充てることと言える。

127 **読むこと：**この定義に関しては、塚田泰彦著（2014）『読む技術』（創元社）を参考にした。単に国語教育にとどまらず、手元に置いていてためになる本だ。ここには「読む」に関する定義が少なくとも6つ以上記されていて、個々微妙に違うが、それらを統合し、かつ私のこれまでの授業経験等も入れて、このような定義とした。

その他例えば、ａなのかｕなのか。５なのか６なのか等誤字につながってしまう例は枚挙にいとまがない。数学の式変形の場面なら、変形の途中で間違えてしまう。本人はその原因が分からない。このように間違いの原因を遡ると字の大きさにまで行き着いてしまう。

ノートのマス目いっぱいに大きく書かせよう。払いや止めにも神経が向く。細かいところにも神経を使って書くことは、物事の基本に通じるということを体験させたい。

試しに、ノート１ページに１文字書いてみてはどうか。いやでも払いや止め、どこから書くか等々神経を使うはずだ。

なお、ここでは字の大きさに限って述べたが、図も数式も同様である。

ちなみに、これまでの経験から小学校中学年以上は８ミリ方眼ノートが適切である。

〔関連用語〕ノート notebook　使い方によっては、学習内容の確かな記憶につながる方向性を持つ文房具の１つ。なお、罫は方眼、書きは１行空け――❶間違って書いても修正が可能、❷誤字が残る、❸意味と読みの書き込みが可能、❹漢字で書けない場合でもとりあえずひらがなで書ける、❺間違いと直しがあるので復習時に役立つ等の良さがある――がよい。また、他人が読んでも分かるように書くことを強調して指導することが大切だ。

77　2B以上の濃さで書かせる

薄い字は自己中心性の表れと言っても過言ではない。何事にも困る。コピーする時も困るし、本人だって読みづらくて困る。２Hのような薄い筆記用具を使う子どもがいるが、見やすく勘違いしにくい濃さ、例えば2B以上の濃さがよい。読み手を意識させよう。

これは、教師のちょっとした気配りですぐに改善できる。小学校1年の担任は、濃さまで神経を使っているのに、高学年担任になると指導しなくなる。中学校に至ってはなおさらだ。話がそれるが、握りづらい長さの筆記用具にも思った以上に神経を使わない教師も多い。握るのにも苦労している子どもがいても見逃している。子どもが可哀想だ。

6年生で何事にもきれいな字を大きく、濃く書く子どもがいた。非常に読みやすい。まるで、毎日が硬筆展覧会に出す清書のようで、驚くと共に非常に感動した。これは大いなる優しさの発揮でもあると思った。私は思わず「うまいなあ」と感心してしまった。

たいしたことではないことかも知れないが、濃い筆記具を使わせることに無頓着であってはならない。

78 ボールペンを使わせるともっとよい

鉛筆の代わりにボールペンを使用させる。

2014年3月に文京区立千駄木小学校で6年生を臨時担任したときの経験（飛び込み授業では、その時間限りだから効果を実感できないが、担任になれば継続的に指導が可能なので定着するまで指導ができる）から言うと、思った以上に効果がある。それは、間違えたらいつでも消せるという気楽さがなくなり緊張感が漂うからだ。併せて、テンポ良く書けるようになる。

当初は汚くなるからいやだと思っていたのだが、やり慣れていくうちに気持ちが変化した6年生の感想を読んでほしい。

「ボールペンでするというやり方も気に入っています。初めは、間違えたら二重線で消すというのに納得できませんでした。理由は、二重線で消したらノートが汚くなってしまうと思ったからです。でも、実際にやってみると、とても楽だし、思ったよりノートも汚くなりませんでした。この時から私はこのやり方を気に入りました。このやり方をしてから思ったことは、今まで消しゴムで消していたけれど、この時間は無駄だったし、消しゴムで消すということは二重線で消すより大変だったなということです。」

と、その効果の一端を記している。

次の「79段　下敷きと消しゴムは要らない」と関連するが、発想を変えてみると、身近なところの改善が教育実践の質的向上のきっかけになることが分かる。

79　下敷きと消しゴムは要らない

今や、鉛筆の代わりに小学1年からボールペンを使わせたいと考える管理職が現れる時代だ。下敷きや消しゴムも「なぜ使わせるのか」と考えてみよう。

使ってもよい下敷きは無地の下敷きだ。

ある学級でのこと。ある子どもが、阪神タイガースのシンボルマークと当時4番の金本選手の顔写真とサインが入った下敷きを使っていた。次のページに字を書こうとノートをめくったとき金本の顔写真が目に入った。この瞬間、算数の思考が途切れ、思考の対象が阪神タイガースに変わった。これが問題なのだ。前日に甲子園で金本選手が活躍したのを見ていたとしたら、もう最悪だ。思考が完全に途切れてしまう。

消しゴムを使って間違いを消す。これも問題だ。

家に帰って復習する時に、間違いを残したノートと残らないノートとのどちらが有効かを比べてみよう。ここまで言えばもうおわかりいただけたかと思う。そう、間違いが残ったノートの方が学びは深まるのだ。間違いを残すとノートが汚くなるなんて言わせることなかれ。間違いのないように書かせればよいし、それを意識させて継続的に実践させれば、徐々に間違いが少なくなる。

ある6年生は「確かに今まで復習した時、消しゴムで消してしまった所は、間違えたとも気づかずに素通りしてしまっていました。しかし今は、自分が間違えていた漢字や自分がまとめたノートの次回からの改善の仕方などがとてもよく分かるようになりました。中学で続けることは不可能でしょうが、この方法は、自分が復習ノートに作った時などに活用したいです」と言っている。

1回で間違いなく書ける子どもになっていく。こうなれば長文も楽に書けるようになっていく。

〔定義〕

1 下敷き underlay　集中力を途切れさせる文房具の1つ。特にアニメの主人公やスポーツ選手等が大きく描かれている下敷きは集中力を途切れさせる効果が大きいので、家で使わせよう。もちろん、集中すればそんな絵柄に左右されないことも事実だが、集中している姿は稀なことと捉える方が、子どもの分かりたいという気持ちに沿うはずだ。

2 消しゴム eraser　質の高い復習を阻害しかねないやっかいな文房具。ノートに書き込むとき、間違いを消せば正しい内容のみがノートに記載される。しかし、消しゴムを使わない代わりに2重線を引かせれば間違いが残り、復習時の振り返りの質が違ってくる。ここに着目して消しゴムを捉え直してみたい。

80　1行空けで書かせる

消しゴムを使わせないということと一体のルールである。

字を間違えたら2重線を引かせ、縦書きならその右隣、横書きならその下に訂正の文言を書かせる。こう指導すると、間違って書いた文言が記録として残る。家に帰って復習するときに間違えた文言が目に入るので、反省的な思考が働く。これが良い。消しゴムを使わせて間違いを消してしまうと、復習時にその場面で深く考えることができない。

また、漢字の読みや意味も書き添えることができる。小さく書けば、別解も書けるだろう。分かるという観点を第1とした授業ルールの典型的な例だ。ある時期に小学3年生を対象に8ミリ方眼ノートに1行空けで取り組ませてみた。漢字の意味を空き行に書かせたが、書き込む意味が1つにとどまらなかった。

4月には慣れない子どもも、その良さ便利さにはまると進んで書くようになり、結果として慣れてくる。

81　音読は句読点で間を取らせよう

音読[128]は国語の時間だけだと思っている教師が多い。算数・数学や理科、社会等で音読なんてあり得ないと思いこんでいる。ましてや中学、高校となれば音読は全くない。

本当にこれで良いのだろうか。高校の数学や現代国語でも音読させたい。

試しに黙読をしてみよう。1つひとつの字を追って読んでいくだろうか。意外や意外、そう読んでいな

128 **音読**：音読に関しては、石田佐久馬編著（1975）『音読・朗読・黙読』（東京書籍・絶版）が参考になる。また、NHKラジオテキスト「ことば力アップ」シリーズ（NHK出版）もお薦めだ。

い時もあるのではないか。漢字仮名交じり文の思わぬ落とし穴だ。音読は文を正しく読まざるを得ないので、時には怪しい読み方をする文言が現れる。そこにメタ認知が働き、その文言を調べたくなる。このように音読は、内容の正確な把握に非常に有効な方法だ。今読んでいる文を音読してみると、それが体験できる。

また、音読は句読点以外は休ませない。これも意外と守られていないし、守らせてもいない。ただし朗読させる場合は柔軟な構えが必要だが。

「昨日、ぼくは山に登った」は、「昨日／ぼくは／山に／登った」（斜線は音読中の「間をあける」ところ）と読んでしまう。この傾向は、特に小学校低学年で顕著だ。句読点にあわせて読むと「昨日／ぼくは山に登った」で、休むのは1回だけだ。句読点と句読点の間は、無酸素運動だ。一気に読ませる。息継ぎ記号のないところは続けて一気に歌うのと同じだ。

句読点を守って読むことが自然にできるようになったら、どのように読むと良い読みになるかと問い、読点を自由に決めさせる段階へ進むとよいだろう。

うまく音読できないからといって理解できていないとは決めつけられない。うまく音読できるからといって理解しているとは決めつけられない。ここに音読の落とし穴がある[129]。

〔定義〕**音読** reading aloud　音読は単に声を出す読みではなく、言葉を聞いたとたん頭の中にイメージできる読みのこと。そのような読みは他人にも伝わるようにという意識が根底にある。先行学習では、本時の目標を共書きして確認する場面があるが、その確認の1つとして用いられる学習活動の1つ。

なお、似た用語に「朗読」があるが、朗読は「表現」の範疇に入り、理解を超えた読みと捉えられている。朗読は音読の完成的段階に到達した読みで、音声、言葉遣い、速度等の創意工夫を加え、文章か

129 **～落とし穴がある：**大村はま著（1994）『教室をいきいきと1』（ちくま学芸文庫）に「味わう力と表現する力とは別のもの」（218頁）という項がある。ここを読むと、音読できたから理解できたと決めつけられないという判断と同じだなあと思う。なお、同頁に「味わう力と表現力と両方揃っている人と、揃わない人がいるということです。言えない子どもは、言えないということはマイナスでしょうが、それが味わえたか味わえないかということに関係づけないで考えたいものです」と記される文言も注目に値する。

らの感動、鑑賞を目的に表現したものである。

82　箇条書きで書かせる

時には良い文を書かせようと思わないで指導してみよう。

主語がはっきりしない、述語と合っていない、漢字を使っていない、習ったことをきちんと使っていない等々の観点は捨てて書かせるのだ。

手順は❶箇条書きを示す「番号を数字で書く」、❷思いつくまま「単語でもいいから書く」、❸「❶から❷」を繰り返す、である。箇条書きを子どもは意外と知らない。きちんと教えよう。

箇条書きは時系列表記なので時々刻々と変化していく学習には最適な記録方法だ。

基本的な記録の仕方の1つとして4月には伝えたい。

83　視線の先をチェックする

私はいつも、子どもの視線の先を見ている。例えば、教科書の55頁の「青の字を見て下さい」と言ったとしよう。このとき全員が青の字を見ているかどうかを確認するのだ。もし、1人でも見ていなければ、指摘して視線の先を青の字に向かせる。

これを見逃すことは、その子どもの学習の権利放棄を助長することと同じで、教師として避けるべき態度だ。

たいしたことのないスキルと判断しがちだが、大切なスキルと思っていただきたい。

90点主義

ヒューマンエラー human error という言葉がある。その意味は、意図しない結果が起きる人間の行為のこと。細心の注意を払っても起きてしまう。例えば以下のようなミスだ。

かけ算で、0・62×75＝46・6　正しくは46・5。

約分で、6／48＝3／16。正しくは6／48＝2／16＝1／8。

なお、このミスを肯定的に捉えることができれば、進歩につながる。

小学校算数5年の習熟度別の高学力層の子供を教えるときは、『高学力層だから間違いほとんど起こさないだろう』という前提で授業を進めてしまう。単純な間違いが起きると「こんなミス、次はしないよね」と言って間違いを直させる。しかし、次のテストでも同じようなミスが起きる。

原因は何か。分数の分母と分子の間の線を斜めにチョンと小さく書くからか。はたまたその線を方眼ノートの罫の上に書かないからか……。

ちなみに、ものの本で原因を探ってみると、うっかり、勘違い、ぼんやり、散漫、思い違い、割愛、慣れ、疲労、不注意、意識低下、危機軽視、省略行動、パニック、未経験、その場の空気、心配、早とちり、独りよがり等とある。

このようなエラーは意外にも90点以上取る子供に多い。若い頃は「100点取る力があるのに90点とはねえ。注意力を発揮して100点取れ」等と、今考えると意味のない励ましをしていた。誠に恥ずかしい限りである。

さて問題は、具体的な対策がなかなか思い浮かばないことだ。

もう、これはその子の性格か?! と決めつけたくなる気分になる。それとも、ヒューマンエラーはあるものだと達観するか……。

そう思い込むとき、「先生、先生が言うように大きく隙間を空けて、スカスカに書いて、線の上に書くと分かりやすい」とうれしそうな顔をして言いに来た。これは、日頃から「大きく書きなさい」と言い続けた結果だった。うん、これは、うん、そうだ。対策の1つとなり得るぞ。

ここで、いくつか考えられる対策を記してみよう。しかし、成果はすぐには現れない。字や図を大きく書かせる。3回以上繰り返し書かせる。間違いを消しゴムで消させず、2重線を引かせて間違いを残す、方眼ノートを使わせる等……。

ところで、囲碁では「ダメを押すことは要注意」と言われたりする。どんでん返しの逆転が起きるからだ。しかし勉強、特にテストでは「ダメを押す」は必須の行為として身につける必要がある。それには神経質で臆病で、石橋をたたいても渡らないくらいに慎重になれと言えばいい、か……。

要は、自分なりに二重三重の網を持たせるしかなさそうだ。

ここで閃いた。そうだ! 100点を求めなければ良い。全て90点でOKとしよう。これは我ながら良いアイデアで、きっとこう言えば子供も気が楽になるだろう、と。

こう書きつつ、100点を求める自分もいて、自分の中でせめぎあっている。でも、ぐっと我慢した。

止めましょう100点を目指すのは。90点主義で行きましょう。ミスして90点になったら「よくがんばった。」と言おう。

さあ、あなたは同感? それとも100点主義?

第3節

10の対話促進スキル

対話は、所属集団に共通な言語を作っていく認知的な活動である。友だちとの意見交換を通して意見を確かにしていく経緯を大切にしたい。

しかし、集団で作り上げていくという意識が強いと、集団としての意見作りに励み過ぎとなり、個の考えのレベルアップのためにあるという肝心なことを忘れかねない。

集団は個のために存在する！

84 「分からない」と気軽に言える

「ぜんぜん分からない」、「少ししか分からない」を恥としている子どもが多い。でも、考えてみれば、分からないことを分かるために学校に来るはずだ。理由はどうあれ、子どもは勘違いしている。

授業中に、子どもの理解度を5段階で評定する場面があるが、自分の分かり方を決めるとき、分からないことが恥だと思っている子どもは、この5段階評定がプラスに働かなくなる。かえって「分からないなんていやだなあ。ごまかすか？」と後向きの姿勢を取ろうとして顔を曇らせる場合がある。

そんな子どもがいるのが普通なので正々堂々と「分かりません！」と言える学びの空間にすることは特に大切だ。そのためにも「人間の良さとは全く関係ない」、「分かるために学校に来ているのだ」と言い続けよう。そう、諦めず、焦らず、当てにしないで。

当然だが、これはいじめ予防につながる。

そして「分からないのに分かる振りをする方が、よっぽど心配」と強調しよう。

「分からないから学校に来ているんだよね。全部分かったら学校はいらないかもしれないよ。分からないのが普通なのです」と言おう。

分かりませんと言われれば、教える方は「これを説明すればいいのか」と指導がしやすくなる。子どもも満足する。

分かりませんと言わせよう。

85 真似・カンニングで乗り越えさせる

友と共に学びを深めようという考えが根底にある。自分だけ分かるのはいかがなものか、というスタンスだ。このことは、以下に述べる「席を立つ自由を与え自由闊達な雰囲気を作る」にも関連する。

「分からないときは、分かりそうな人のノートを覗いて真似をしてもかまいません。もちろん、テストの時は、カンニングは絶対にいけません」と言おう。こう言ったら一瞬怪訝そうな顔をするが、すぐに笑顔になる。「へえー、言うじゃん。そうだよね。分からないんだから見てもいいよね。私が見られたら見て、見てと言うなあ。うれしいな」とコメントを寄せてくれた子どももいた。

分からない時に考える時間を与えられても、分からないままの場合が多い。特に中・低学力層の子どもにとっては「考えよう」という指示は、適切な指示とは言い難い。

そんな時「席を立ってもよいから覗きに行きなさい」と言うとよい。そして、覗いたら「ありがとう」と言わせ、覗かれた方には「自分の知識が人の役に立った。自分自身を誇りに思いましょう」と声をかけるとよい。

自分だけが分かるのではなく、友と共に分かっていくという姿勢が身に付けば、学級の雰囲気は協働的なスタイルに変貌していく。格差固定化から脱却する一場面だ。いじめのない学級作りにつながる授業規律であり、自己責任感も高まる。

〔定義〕**模倣** imitation 他者の行為を見てそれと同じ行為をとること。模倣とは他者から見れば、行為の結果のみを真似することに映ることを意味する。なお、同じ模倣でも無意識的模倣と意図的模倣の2つがあるが、ここでいう模倣は、意図的模倣を指す。

模倣には調節、つまり概念の拡張あるいは転換を図る行為が伴う。模倣は人間の身に備わった基本的なスキルの1つである。良いと思う事柄に出会ったら、目的意識がそこに向いている限りにおいて、無意識的に模倣がなされる。

模倣は、学びの第1段階であり、かつ根源的行為である。しかし授業では、自主性をもたせよう、主体的でなくてはならない等の社会的な「空気」が強くなるにつれて、模倣は意識の片隅に追いやられ、果ては悪人扱いされるようになってしまう。

模倣は学びの根源なのだから「分からなかったら隣の人の真似をしなさい」、「真似をされるということは真似されるだけの価値があるのだから誇りに思いなさい。でもそれを声に出してはいけません」と伝えて真似の復権に努めよう。

〔補説〕「目的を持って席を立つ自由を与えるルール」の確立は、分かる授業創りにとっての必須アイテムであると同時に、自由闊達な雰囲気作りに結びつく重要な要素だ。

「話し合いなさい」、「できたら待っていないで、すぐに、できた人同士で比べ合いなさい」、「分からないときは、分かる人のノートを見に行きなさい」等という指示を出したとき、さっと席を立って誰かと組んで、学びを深めていく姿が見られる学級ならば言うことなしだ。

乱れるという心配は杞憂である。

机にしがみつく授業が連続すると、自由闊達な雰囲気は醸成されず、子どもも楽しくない。

実は、飛び込み授業をするほとんどの学級が、学習の促進とは別な観点で座席を決めている。それなら、いっそのこと座席に影響されない行動様式を身に付けさせれば困らないではないか。そう考えた末のスキルだ。

授業ルールの中でも最重要ルールと言っても過言ではない。

86 間違いも役に立つ

発問してもシーンとなったままというのが通常のスタイルになってしまっている学級で授業する時、雰囲気をほぐすのに苦労する。特に学級崩壊を経験した子どもたちの場合は教師への不信感が残り、間違えるのを極端に嫌がるのでなおさらだ。

そんな経験をしていない子どもたちであっても、間違えたら恥ずかしい、間違えたらバカにされる、下に見られていじめを受けるかも……と考えるのか、とにかく間違えを過度に恐れ「シーン」という状態が続く。

ところが「間違った発表でも人の役に立つ」ことを伝えると、心を開いてくれる。私は、人の役に立つとはどういうことかについて以下のように伝えている。

――間違った発表を聞いた時でも、深く考えることができます。「また間違って……」と思うのではなく、「なぜ？　どうして？　そんな答えなの」と思うからです。例えば、「1＋1は10」（実はこの答えは間違っていない。2進法では正しい。）と言われたら、「えー、どうして2じゃないの？」と思いますよね。それが、深く考えている証拠なのです。だから、間違ったら嫌だからとか恥ずかしいから等と思わず、深く考えるきっかけを作っているのだと思いましょう。間違った発表は人の役に立つのです。安心して発表して下さい。間違ったら直せばいいだけです――。

〔関連用語〕**発表** communicate　自分と他人の考えを比較し、思考を深めるきっかけとなる学習活動のこと。また、授業における情報提供の1つ。「自分しか知らないこと」か「みんなも知っていること」に限定して発表させると、聞かざるを得ないので有効である。聞く側の子どもに筆記用具を持たせ、同じだなと思う部分にアンダーラインを引かせたりすると、聞く必然性が更に高まる。挙手させ起立させて正しい答えを言わせるだけが発表ではないことを忘れないこと。

87　発表時はノートの字を見させる

人の顔を見て聞きなさいという指導が流布している。特に小学校低学年で多い。話しますよ。はい、いいですよ。こんな声を合図に一斉に発表者に向く。こんな光景を見ると、これって本当の学びかと疑ってしまう。おいおい学校は分かるところだぞ。そう思ってしまう。顔を見て話すのは、対談か、恋人同士の会話か、インタビュー等の場合だけと心得たい。

確かな学力を求めるなら、聞きながらメモさせるか、自分の記録内容と比べるためノートの文字を見させた方がよい。マナーとは切り離すべきだ。

88 パソコンはやはり辞書代わりが一番

パソコンが1人1台、机上に置かれる時代となった。

かつてOHPという提示器具があった。行政はその使い方の研修会を競って開催した。しかし数年を経ずに下火となった。「分かる」に関係しない器具だったことが明確になってきて、終いには器具そのものが消えていった。パソコンは間違うとそれと同じ運命をたどるのではないか。

「辞書としてのパソコン」が生き残る道とにらんでいる。

高校生が授業中に自由に電子辞書を使っているように、自由に使わせたい。下手にコントロールしない方が良い。

どの教科でも、難しい言葉が出たときや意味理解が曖昧な語句が出てきたらパソコンで即座に調べさせたい[130]。

もちろん、アナログの代表的なツールである国語辞書でも構わない。国語辞書でも慣れるとほぼ10秒以内に確認できる。

――何よりびっくりしたことは、どの教科でも辞書を使うことです。私は、今まで言葉を全然知らなくて、友達や先生が難しい言葉を言っていても「分からない」で終わっていました。でも、今回辞書でたくさんの言葉を知って、言葉は大事だなと思いました。（中略）この1か月で、たくさんの言葉を

130 **即座に調べさせたい：** 分からなかったらすぐに分かるようにすることが、分かるようになる基本だ。授業の進行もあるからと考えて、後で引かせようというのでは、知的好奇心も満足しないし、結果として語彙力も高まらない。中断させてもよいくらいの強い気持ちで辞書を引かせたい。理解とは言葉の意味を理解することだと、言い切ってもよいくらいだ。

知ったり知識を深めたりして、たくさんのことを学ぶことができた充実した1か月だった。――これは、2014年、文京区立千駄木小学校で2月末から卒業式までの1か月間、6年臨時担任として接した子どもが「鏑木先生と過ごした1か月」と題して振り返った文の1つだ。

89 板書を消してはいけない

――将来は全廃される運命にある黒板。時代と共に黒、緑、白（ホワイトボード）と変わっていき、電子黒板へと変わりつつある「黒板」だが、その本質は永遠に変わらない。教える者と学ぶ者の共通のノートであること――。同じ内容を見ることができ、かつそれを元に対話のきっかけを作る道具だ。

書いたり消したりする教師が結構多い。それも何げなくやっている。このような教師は、そもそも「なぜ板書なのか」という問いすら持たない。日常的な教育行為の中で、事実に「なぜ」をつけて自問自答してみる[131]クセをつけよう。

〔定義〕**板書** writing on a blackboard　黒板や電子黒板に主として教師が文字を書く行為を指す。また、黒板に書いた内容そのものを指す。効果として、❶概念の抽象化を図る、❷言葉の範囲や制約を意識する、❸対立や矛盾そして言葉の背後にある知識を想起させる、❹知識と知識の関係付けにつながる思考操作を促す、❺思考の可視化を図る、❻ノートテーキングのモデルを提供する、❼言葉を共有することで対話が促進する等が挙げられる。

なお、ここで記した❶～❼は、まさしく「分かること」の可視化でもある。

131 **事実に「なぜ」をつけて自問自答してみる**：科学ではこのような問は成立しない。「なぜ＋太陽があるの」のような問は、堂々巡りとなってしまうからだ。でも、教育ではそうはならない。「なぜ＋板書か」と考えることで、その意義を見出せるからだ。言い方を変えれば哲学的な問を持つことだ。難しいと言って避けてはいけない。

そのためには、1時間の学習を振り返ることが容易になるように、1度板書したら消すことがないように意図的・計画的に板書したい。

板書は、時として図や表が中心になるが、一般的には言葉がその中核であることは言うまでもない。なお、子どもと共に授業を創っていくという視点から、❶子どもにも解放する、❷何を書き写させるかは時には子どもの判断に任せる等を加えれば、その効果はさらに上がる。

〔補説〕黒板の消し方にも神経を使ってほしい。まず、上から下へを繰り返して消す。この段階では、字が消えるという程度のきれいさだ。さらに、横に消しても粉が舞わないで気管に入る恐れがない状態にする必要がある。つまり、黒板を指でこすっても指の跡が付かないようにするために、その後、左右上下に動かす。白墨を使う際のテクニックで将来はなくなるかもしれない。

最近は電子黒板が多くなってきた。電子黒板の場合は、動的な表現もできる特長を考えると、例えばアニメーションでないと伝わらない場面で使うと効果的だ。

しかし、その本質は思考過程の「見える化と共有化における他者との対話の促進」であることを忘れてはいけない。

板書内容はノートに書かれる事実から、ノートを見ることと板書を見ることと同じと思うかもしれないが、そうではない。共有による対話を促進させる効果がある。ちなみに、ノートは自己内対話が主となる。

〔関連用語〕**板書計画** blackboard plan　指導案を見なくても落ちなく適切な授業展開ができる虎の巻となるもの。適切な板書計画を作るには、展開案を確かなものにする必要がある。したがって、板書計画を作ることができれば、学習指導案作りが容易になる。

90　思考しやすい速さで板書する

どのくらいの速さで板書するか。

私の共書きのスピードは、1分間に24文字程度を基本としている。思考、すなわち言葉の意味を確認しながら書ける速さのマックスなのだ。科学的とは言えないが、参観を何回もしてくれた先生が測ってくれた平均の文字数だ。

思考を保障する速さで板書すべきなのだ。

しかし板書する速さの何が問題なのか。そう思っているとしたら、ちょっと待ってほしい。

教師の板書を共書きしている場面のときの子どもの頭の中はどうなっているのか。書きながら――分かり易いなあ。書く順番がうまいなあ。図と言葉をこのように書けばつながるのか。あれっこんな漢字を使っているぞ。なるほどこんなまとめがあるのか――等々と考えているのだ。

こんな思考の連続を保証する板書スピードだとしたらその価値は計り知れない。この価値を感じてほしいのだ。

たかが板書スピードされど板書スピードである。

〔関連用語〕**筆速** speed to write　板書及び教師の発言等を聴写・視写する速さのこと。

言葉をノートに書き写すことは学力向上を図るための重要な活動だが、授業をスムーズに展開できるかどうかの観点からも重要で、授業分析の1つの視点ともなる。ただし、単語レベルが連続する状況下での筆速には意味がなく、最低でも文節単位が連続するもとでの筆速である。それを1分間に30文字前後で15分間は書き続けさせたい。

〔補説〕 例えば「鉛筆の先から煙が出るくらいの速さで書きなさい」と言ったらどうか。これまでの実践を見るにつけそう思う。そして字の上手い下手はともかく、共書きの継続で、速く書けるようになることを期待するには15分間は書き続けさせる機会を多く設定することだ。書き続けた後に手をぶらぶらさせて「あー手首が痛い」と言わない子どもにしよう。

書く速さは、授業をテンポ良く進める要因でもある。子どもの書くスピードがアップするよう、4月はこのくらいの速さだったけれども3月にはこんな速さになったと言えるように鍛えたい。

小学校6年生のある子どもは、4月は1分間に24字だったが翌年の2月には36字になった。

91　教師はどこに立てばよいのか

教室のどこに立つと子どもの学びは確かとなるのか。

こんな観点で立ち位置を考えたい。立ち位置なんてそんなに大事なのかと思わずに読み進めてほしい。

2つの場合で考えてみたい。

❶ 黒板の前に立って板書したことを説明するとき

黒板の中央に立ってはいけない。最前列の左端及び右端の座席からは板書事項が見えないからだ。また、中央より右側に板書した内容を説明する場合は、黒板の右端に立ち、その逆ならば左端に立つ。これが

「先生、字が見えません」とは言わせない立ち位置だ。見えなければ学習する権利を保障していないこととなり、子どもを大切にしているとは言い難い。人権を大切にするということは、こんな小さなところから始まるのではないか。

❷ 子どもに発表させるとき

子どもを指名して発表させるときがある。指名された子どもが自席で発言するとき、教師はどこに立てばよいのだろうか。

例えば、窓側の最前列の子どもを発表させたとしよう。声が小さくて聞こえにくい場合には、そばに寄り添い発表内容を復唱するとよい。子どもは安心する。また、声の大きさが普通以上なら、対角線上の位置、一番後ろの廊下側に立ち、聞いている子どもを発表する子どもと教師の間に入れるのだ。「聞こえません」と言わせない立ち位置となる。何げない行為だがこんなところにプロとアマの違いが出る。

〔補説〕 立ち位置が難しい体育の例で述べてみよう。子どもが校庭いっぱい広がった状況で個別指導する場合の立ち位置は、個別指導している子どもの向こうに他の子ども全員が見えるように立たないといけない。このように立ち位置を決めると、個別指導中に他の子どもが怪我しそうな状況も把握できるので怪我も未然に防ぐことができる。

92 感想は1行でいいと言う

授業の終末時の自己評価場面で感想を書かせる時、「感想は1行でいいですよ」と言う。

そうすると、ほとんどの子どもは「先生、1行以上書いてもいいですか」と言う。そして、2行、3行、時には4、5行も書く子どもが現れる。これがこの指示の1つ目の効果だ。

それを、例えば「6行以上書きなさい」と指示すると、指示通りに書かない子どもが現れる。それはきっと書く気が起きなくなるからだろう。ちょうど「宿題はしたのか」と言われるとやる気が出なくなるように。

2つ目の効果は、半年くらいは継続すると書く内容に変化が出てくることだ。それは、授業で習得した用語を使うようになる変化だ。その変容が認められたら「習った言葉は使って書きなさい」と言わないようにしよう。

型にはめない学習活動なので負担感も少ない。実に愉快ではないか。

なお、自己評価場面で書かせる以上は、何らかの形でリターンしなければならない。しかし、授業中に読み、コメントすることは不可能だ。自己評価場面の時間は長くても10分程度が限界なので、学級全員を見る訳にはいかないからだ。

それで仕方なくノートを提出させ、一旦職員室に戻ってノートに朱を入れ、その後に返却するという対応が考えられる。しかし、それでも、1年間継続するのはとてもじゃないが厳しい。私はそう思う。学校は「社会のゴミため」と言われる現実を考えると。

この場合、例えば、ノートの提出を10名ずつとする。読んだ証拠は押印する程度にとどめ、次の授業の冒頭で「○○さんの1行感想は、良いですね」と言いながら読み上げて紹介する。こうやるだけで使う言葉にも意識が向き、ひいては、良い文章にしようとする意欲が高まる。併せて日常生活の見直しにもつながる効果がある。

京都市立伏見中学校の松本圭代氏は、このことを実践している。松本氏の話を伺うと、自分の書きぶりを振り返る生徒も現れた結果、言語選択感覚が鋭くなり、成績まで高まるとのこと。うれしいエピソードだ。このように、継続して実践すれば5月と翌年2月の書きぶりを比較させることもできて、なお一層の言語力の高まりが期待できる。

このような取り組みは教師にとっても価値あるものとなる。それは、授業のモニターとなるので、次のクラスではこのように発問してみよう等の「閃き」が得られるからだ。たった1行の感想だけれども奥が深い。

ところで、この「感想は1行でいい」は、もちろん授業終末時と決めなくてもよい。書かせたい、あるいは、知りたいと思う時に書かせてもよい。

感想を書かせる時の常套文句にするとよいだろう。

6年の臨時担任をした時にも発揮した授業スキルだが、1行で終わりとした子どもは29人中、たったの2名だった。

93 机間巡視・指導には6つの仕事がある

机間巡視・指導の後に「さて、誰に言ってもらおうかな」という場面を見るとがっかりする。あの机間巡視・指導は散歩だったのかと。

多くの教師は、机間巡視・指導中に何をしているかと言えば、実態把握とそれに基づく個別指導の2つだ。残念だがその程度ではプロフェッショナルとは言えまい。

自分の行動をカメラで撮って確認してみたらどうか。必然性のある動きをしているか。それとも端から順に見て回るだけなのか。

散歩にならないためにも、以下の定義で記した６つの仕事を実行しよう。

〔定義〕**机間巡視・指導** grasp of activity situation in solution activity 課題が与えられ自主的に解決活動を始めた後の解決活動を保証する行為を指す。教室中をぐるぐる回るのだが適当に回るのではない。子どもの学習が促進するように以下に記す６つの視点で回るのである。

❶ 実態把握……理解度評定で気になった子どもから優先的に把握し❷に移る。
❷ 個別指導……どこでつまずいているか。どんな知識を使ってすっきりした顔になったのか。
❸ 発表者の事前決定と本人への通知……広めると役に立つと思われる記録や発話をした子どもへの事前の発表予約。
❹ 板書者の決定とその実行の指示……広める価値があると判断した考えを板書させる。
❺ 参考意見の発表……思いついたもののどう表記して良いか悩んでいる子どもに対して参考になるようなヒントをクラス全員に聞こえるような声で言わせる。
❻ ミニ教師役の決定とその実行……早く終わった子どもに教え役を担当するよう指示する。

この６つが必要に応じて適宜行われるならば、次の活動に移った時「誰を指そうかな」、「誰か発表してくれる人はいませんか」等の戸惑いの姿を見せなくて済み、かつスピーディに学習が進むので知的緊張感が持続する。

６つの役割を演じる子どもの説明能力や自己評価能力の高まりも期待できる。

第4節

9つの瞬時判断スキル

数多くあるスキルのうち一番高度で、かつ授業の成否を決定付けるスキルである。

その理由は、授業進行中の子どもの顔つき、先行知識、性格、環境構成、子どもの人間関係、教師との相性等々を勘案して、その場面、場面に応じて発揮するかどうかを瞬時に判断するスキルで、このスキルが一番習得困難である。

瞬時の判断スキルは、時々刻々と変化する過程に応じて発揮を求められる。この点で授業はまさしくスリルとサスペンスの連続そのものと言っても過言ではない。うまく展開できたら、もう最高だ。できるだけ多くの授業を見て、そこで発揮されるスキルを観点を定めて分析し、体に染み込ませたいものである。

94 発表の順番にも帰納と演繹がある

発表の順番は机間巡視・指導中に決めるとよい。

机間巡視・指導中に候補者を物色する。そして誰がどんな発言をしているか。誰がどんなことを書いているか等々を把握するのだ。

今、仮に3名の発表候補者を見つけたとしよう。

3名の記述内容が、例えば、抽象的な記述が1つで具体的な記述が2つだとする。それを、第1案として演繹的発表順、つまり抽象、具体、具体の順とするか、あるいは第2案として帰納的発表順、すなわち具体、具体、抽象の順とするかを机間巡視・指導中に決めていく。そして、3人に「発表してもらうからね」と内々に伝える。

このスキルはまさしく瞬時判断スキルの典型だ。難しいと言わず、取り組んでほしい。

なお、この取り組みを確かなものにするには、日頃から子どもの「書き」に接していく必要がある。毎時間、授業で分かったことをノートに書かせて、それを読み続けるのだ。感度が鋭くなり、適切な発表順を瞬時に判断できるようになるだろう。ルーチンワークの形骸化した日記指導とは大きな違いだ。

ところで、発表した子どもが次の発表者を決める事例を耳にするし、見たこともある。この方法は、子どもに丸投げの方法で、少なくとも「分かる」を大切にするならば採用できないスキルだ。もちろん教師力も向上しない。

95 反応のまとめは時系列・類・因果関係で分類する

発問し挙手を求める。多くの手が挙がり多くの考えが出る。このとき表明された考えを、そのままそっくり板書する場合を多く見る。しかしそれでは、多くの考えをまとめる力は高まらない。

このようなときは、発表された多くの考えを次に記す3つの観点で分類するとよい。そして「こんな言葉でまとめていいかな」と言って、まとめる言葉を教師から示して子どもに了解を求めればいい。

ところで、3つの観点とは、

❶ 時系列で ………時間軸に沿ってまとめる

❷ 類で ………何種類かに分類する

❸　因果関係で　………　原因と結果でくくっていく

である。

そして、例えば❶の時系列でまとめられると判断したら、「今言ってくれた発表は、『少しずつ変化している』という言葉で一まとめにできるから、『少しずつ変化』と板書していいかな」と了解を求めた上で「少しずつ変化」と板書する。

このように対応すると、一見バラバラに見える考えも整理され、子どもは「そうか、そんな言葉でまとめられるのか」、「こうまとめるのか、ふーん」等とと感心する。この感心が子どもの言語感覚を鋭くしていく。

もちろん、❷の類、❸の因果関係の場合も同様にしていく。

96　期待通りの答えは鏡のようにはね返す

発問して期待通りの答えが出ると、教師はすぐに食いつき「そうだね」、「なるほど」とつい言ってしまう。こんな場面に出会うと、「判断は先生がするの？　教師が勉強するの？　子どもに判断させるのでしょう」と思う。

ではどうするか。

正しい対応は、期待通りの答えを聞いている子どもにそっくり跳ね返すのだ。教師は鏡になろう。具体的には「…と○○さんは言ったけれど、どう思いますか」と言えばよい。

教師の期待通りの答えが出たとき、それに反応する教師の行為を見て、「そうか、それが答えか」と思う子どもは別にして、「自分はこう言おうと思ったのだけれどもなあ」と考えた子どもにとっては、教師が判定者になると「僕も言わせてよ」と消化不良を起こす。それが積み重なると「なんだ先生が決めるのか。じゃあ言わなくていいか」と諦めの境地となって挙手しなくなり、ひいては適当に聞き流す態度が常態化していく。

期待通りの答えに食いつくと、そんなリスクがあることを肝に銘じよう。

食いつかなければ、言語力が育つ場となる。

〔定義〕リボイシング revoicing

授業中の子どもの発言やつぶやきを、教師が「繰り返し」たり、より適切な言葉に「言い換え」たりすることを指す。聞くことを支援する教師の方略の1つである。自分の発言内容が明確になったり、関連付けて聞くことが可能になったり、深く考えるきっかけになったりする効果がある。

リボイシングのうちの「言い換え」は、語彙が増え言語感覚が鋭くなる効果がある。

これ1つでも意識して発揮していくなら、授業力の向上は間違いない。そのくらい重要なスキルだ。

リボイシングは、教師が意識しないでも実践している場合があるが、意識化を図ることで指導がより的確になるだろう。なお、「別な言い方はないかな」等と聞き返して、教師の代わりに他の子どもに言い換えさせるのも良いリボイシングの方法である。

もちろん教師の繰り返し、すなわちオウム返しも、発言した子どもに安心感を与えたり自分の考えを整理したりすることになるから必須のスキルだが、機械的なオウム返しになることがあって、効果は今一の感がある。

いずれにせよ多用して、無意識的に使えるよう体に染みこませることが実践ポイントである。

97 「たら」で想定外を想定し柔軟に対応する

「たら」とは助動詞「た」の仮定形で「発問しても反応がなかったら～する」の「たら」である。子どもは想定通り動くとは限らないを前提とした、あらゆる可能性を想定した指導の構えのことである。

具体的には「答えが出なかったら、ここの数字を10倍してごらんと示唆する」等のようなコメントを指導案に記述すればよい。記し方としては「～だったら…する」あるいは「～の場合には…する」等である。このような「たら」を指導案に書くと指導の柔軟性が増す。

想定外が許されないことは、東日本大震災で身に染みた教訓のはずだ。指導案上という小さなフィールドでも同じことが言える。

意外なことだが、多くの教師は想定外の「たら」を用意しない。それは、現実問題として、その場で何となく対応できてしまうし、想定外そのものの具体が描けないという理由による。しかし、そのような「何となく切り抜けられる日常」を繰り返していくと、「たら」も限りなく直感的となり、しまいにはその感度も鈍くなって経験だけに頼る教師になってしまう。

「たら」を常日頃から用意することで、いざというときにゆとりが生まれるし、後輩から聞かれたときも、的確な対応方法が助言できる先輩として答えられるようになる。

98 発問してシーン その１：近くと対話

発問して数秒間「シーン」となったとき、何とも言えない間の悪さというか、子どもから見つめられている居心地の悪さを感じることはないだろうか。

すぐにでも脱したいのだが、誰も手を挙げてくれない……。普段は言わない「あれ、普段と違うねえ。黙っていないで誰も言わないの？」、「今日は緊張しているの？」等と声をかけてしまい、ますます「シーン」が続く……。

そんな窮地に立ったとき1人でも挙手してくれるとホッとする。ただただ子どもに感謝となる。

「シーン」となったときは、すかさず「近くの人でいいから話してごらん」と誘うとよい。そして、教室が少しずつざわめき始める。こうなればもうしめたものだ。どんな話をしているか机間巡視して把握に努め、期待通りの話しをしている子どもに「後で言ってもらうからね」等と小声で伝えれば、もうこちらのものだ。

「シーン」を「近くの人と話してごらん」で切り抜けよう。普段発表しない子どもの、掘り出し物的な発言を聞くこともある。

99 発問してシーン その2：起立させる

発問をしても「シーン」となった対応法の2つ目。教師の伝えたいことが伝わったかどうかを確認したい場面で使う。

心ならずも、このような場面になってしまったときは「全員起立して下さい」と言って起立させ、次に「では、分かった人は座って下さい」と言う。

そう指示すると、少なくとも数人は座るはずだ。そこを見計らって「座った人に答えを聞きに行って下さい。誰を選んでも親切に教えてくれるはずです。席の遠い人を選んでもいいです」と言おう。座った人の周りには聞きたい子どもが集まるので「座った人は、丁寧に親切に教えてあげましょう」と続ける。

このようにして、全員参加の雰囲気を醸成すると共に、友との交流を促す。

「分かりましたか」と言い、反応がなければまた「分かりましたか」と繰り返すよりもはるかに効果的な方法である。

発問する。子どもは考える。そして挙手する。指名されて答えを言う……。そんな流れを想定しても想定通りに進まない場合のスキルが「シーンとなったら起立させよう」である。

100 「あれっ」、「やはり」カードと数直線

「あれっ」と「やはり」は、学習対象に接したときに抱く情意を把握する方法の1つである。

目の前の「こと」が意外感を感じさせれば「あれっ」、想定通りあるいは知っていることであれば「やはり」を選ばせる。どちらにも当てはまらないあるいは両方が混在しているという場合には「白紙」を選ばせる

これを授業の進行と共に何回か試みることで、「あれっ」が「白紙」へ、「やはり」が「あれっ」へ等と変化する。この変化を動的評価として積み重ねたら、子ども評価として、あるいは授業分析として貴重なデータとなろう。

数直線は、同じ考えが表出されると想定される学習対象の場合に、その程度と分散を把握するときに使う。仮に考えが分散する場合は対立軸が明確になり、より精緻な議論ができる。分散しないなら教師が対立軸の一方を担えば議論が成立する。

ある問題についての考えや答えが1つしか出ないと想定できるとき、普通なら「これじゃあ話し合いが

成り立たない」と判断して授業が盛り上がらないと嘆く。それを乗り越えることができるスキルである。

101　5段階の理解度評定

これについては、これまでに何回も触れている（58段151頁 関連用語1「評定尺度」参照）ので、瞬時判断という視点で述べていく。

評定後の、例えば「どの子どもに発表させるか」、「どの子どもに寄り添うべきか」等の判断に示唆を与えるのが、この5段階の理解度評定である。

「説明できるくらい分かる」レベルが3名いれば教師が説明するのではなく、3名の内の誰かに説明させても良いし、「少し分かる」が2名いれば、「どこが分からなくて少し分かるにしたか」と聞きに行けば良い。

このようなことは、なにも理解度評定直後の学習活動にとどまらない。例えば授業終了近くの「今日の授業ではっきりしたことや詳しく分かったことは何でしょうか」という問いかけに対する指名にも使える。

102　解決活動は3つに分ける

問題を与えられてすぐに解決活動に移ることのできる子どもにとっては、その問題が過去問あるいは類似問題である可能性が高い。

初めて接する問題なら、そう簡単に行動には移せない。溜めの時間というか、温めの時間というか、そんな時間が必要だ。中・低学力層の子どもたちならなおさらだろう。そんな場合でも自力解決を促すから、子どもは諦めてしまう。

問題を提示したら、やおら「では、3つの立場から1つ選びましょう」と言えばよい。そして、以下の3つの中から1つを選ばせる。

❶ 自力解決……自分1人で解いてみようという人にピッタリです。

❷ 友達と相談しながら解く……何となく解けそうだが自信がない人向きです。

❸ 先生に教わる……「分からない」と正直に言える人であり、偉い人です。きちんと教えます。これを選んだ人は他を選んだ人に親切に教えてあげましょうね。

学級の雰囲気が、自由闊達な雰囲気に変わっていく。(61段参照)

未来予想図 6　感動の卒業式

卒業式は中学校が面白い。

卒業式の前に3送会があります。この3送会は生徒会主催なので実に盛り上がります。大歓声が飛び交い、様々なパフォーマンスが展開されるからです。私も中学校の校長のとき、ベートーベンに似たカツラをかぶらされ、ブラスバンドの指揮をしました。生徒は一体誰だろうと思いつつ聴いてくれます。終わって振り向き、カツラを取ると誰だか分かり、歓声が上がる……。生徒との距離が縮まる良い場面でした。

生徒会は2年生主体で運営され「先輩達を泣かせよう」をスローガンに取り組みます。毎年のテーマだと言い、実に温かい配慮です。

3送会が生徒会主催なら、卒業式は儀式的行事なので学校主催です。3送会に比べればはるかに固い雰囲気です。椅子の座り方、立ち方、歩き方、卒業証書の受け取り方等々、うるさく指導します。しかし、ここでも生徒会長が送る言葉を読み上げるので、ここで泣かせようとばかりに力を入れます。もちろん分かっていても、まず3年生女子が感動して泣き出します。保護者席からは拍手が起こります。実に気持ちの良い空気が流れます。校長としてこのような場面に出会えて幸せな気分になり、校長でいて良かったと思う時間の1つです。

3年生担任そして副担任の苦労は並大抵ではありません。1人の落ちこぼれもなく進学先の高校を決めなければならないからです。もう、あの「ドラゴン桜」そのものです。不合格の報告を聞けば全員で手分けして2次試験対応に乗り出す。合格すれば保護者共々喜び合う。こんな調子だから卒業式は特別な感情が底にあります。

こんな空気の中での卒業ですから、校長としても張り切りました。一生に1度の卒業式だということを強く意識します。卒業証書授与の場面を卒業アルバムに掲載するために写真屋さんにそのことをお願いする。皆勤賞を学校として出せないなら校長賞として出す。校長式辞の時間は約8分から12分間ですが、何かパフォーマンスしようと考えて、トロンボーンで森山直太朗の「さくら」を演奏したり、ゴム動力飛行機を3機飛ばすなど、毎年異なるパフォーマンスをしました。

そして12年間の校長時代、一貫して取り組んだことは、卒業証書を渡すときに生徒一人ひとりを誉めたことです。「生徒会の書記として活躍してくれました。ありがとう」、「あなたの歩き方は実に姿勢良く素晴らしい。新体操のお陰ですね。宝物です」、「バスケットの県大会で素晴らしいディフェンスをして貴重な1勝に貢献しましたね。偉い」等々と誉めるのです。一人ひとりの褒め言葉を覚えるのは大変でした。しかし、卒業証書を渡すとき、誉める言葉を言っているなと分かると保護者席がシーンとなっていくのです。とてもうれしい反応です。そんな中、一番うれしかったことが起きます。それは卒業証書を手渡した直後に、生徒が握手を求めて来たのです。これはもう感動でした。

校長3年目、平成10年度の卒業式のエピソードでした。

卒業式は校長の学校教育への思い、どこまで意気込んで教育したかが現れます。それも「分かる授業」の先に感動があると確信しています。

第５章

教科書を縦横無尽に使えるようになろう

あなたの志は何ですか
教師に一生かける気持ちはどの位でしょうか
専門教科は何ですか
小学校教員採用面接官をした時の
私の質問でした

担任発表後教室に入って
子どもたちに何と言いますか
初めて校長になった時の４月の
職員への問いかけでした

自分の先生が一番だという気持ちに
どう応えるか
向上する姿を見せることができるか
基本的な方針を保護者会で言ってほしい
職員会議での校長としての指示でした

君は理科教育に命をかけられるか
君はプロか？
大先輩に言われ緊張しました

教師は長時間労働者だけれど
楽しい仕事だ

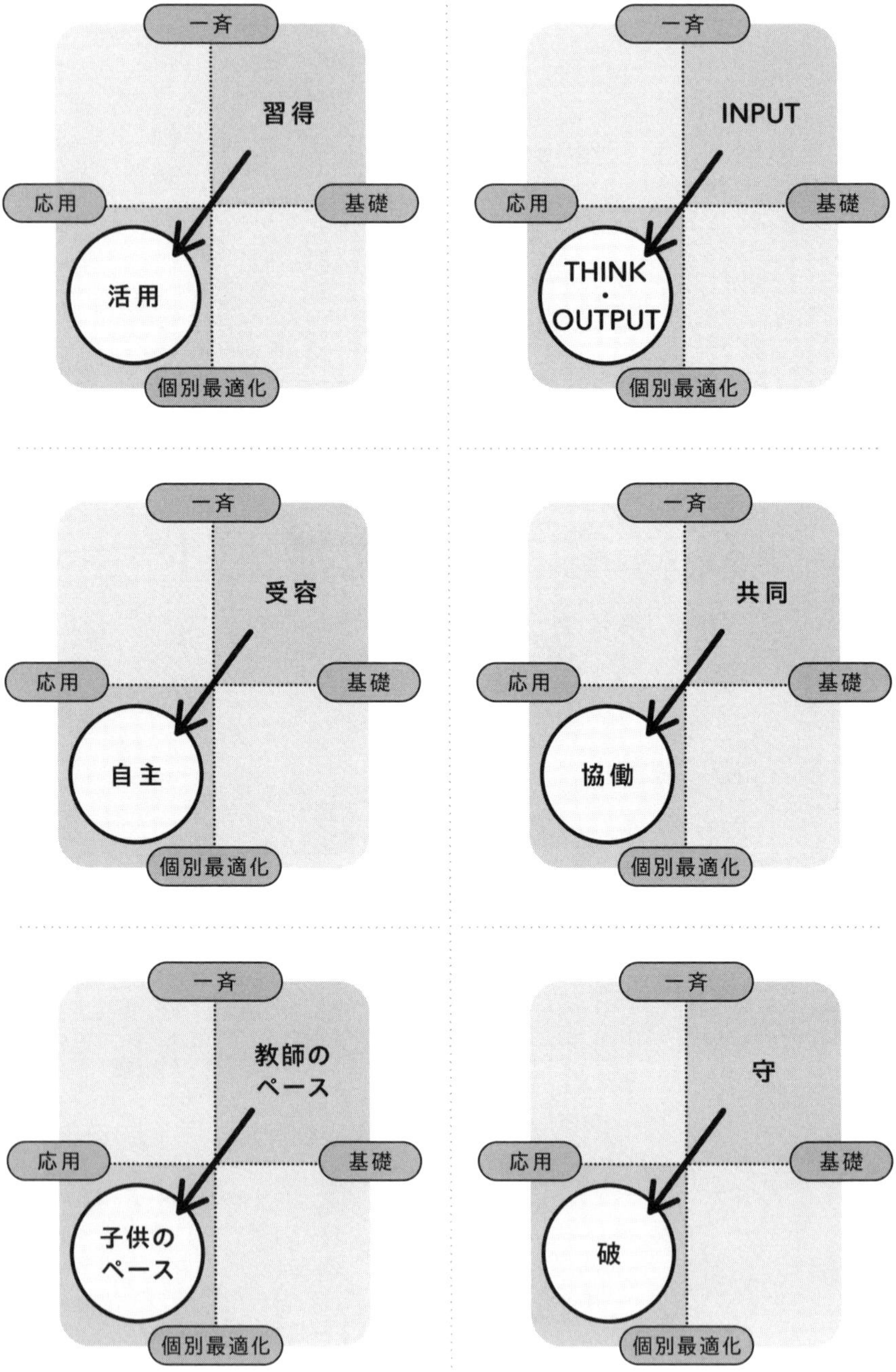

○は学習指導要領が目指すoutput部分で、以前の学習指導要領にはなかった求める学力

図10　読解力を高める先行学習の構造

新しいことを提案したり取り組んだりすると批判を浴びる。それを乗り越えて前に進むエネルギーは、子どものためになるという思いの強さだ。これはいわゆる取引コストを上回るエネルギーを持つことが条件となる。

どんな小さなことでも取引コストは生じる。教科書を縦横無尽に使うことも小さい取引コストが生じるのだ。

負けずに進もう。

〔定義〕**取引コスト** transaction cost 取引そのものが成立するために必要となる、情報収集や危険負担費などの費用。交渉には駆け引きが起こり、相手を調べたり、弁護士を雇ったり、契約履行をめぐって監視したり、頭の固い人たちを説得したりするのにかかる過剰な時間と労力。

103 他学年の教科書を読めば知の系統が分かる

これは、例えば小学校5年の理科の授業をする時、少なくとも4年と6年の教科書を読もうということを意味している。時間がないと言ってはいけない。カリキュラム全体のどこに本時が位置するのかを知ることは、極めて大切だ。知識の系統が見えてくる。

具体的には、4年で習得してきた内容と5年で習得させる内容との関係が分かる。5年の習得内容が6年の習得内容とどう関わるのかが分かる。そして、これを知ることで5年の授業でこう発問しようかとか、ここで4年の習得内容に戻ろうかとか、こうまとめれば6年の学習の素地になる等の構想が明確になっていく。

これら基本的な教材研究は、いわゆる教師用指導書で済むが、それでは普通レベルだ。意欲的な教師ならやはり書店に行って関係する本を購入することを強くお薦めする。お金をかけるとかけた分だけ元を取ろうという気持ちになるので意気込みが違って来る。きっと幅も広がることだろう。

〔補説〕 現在のカリキュラムは、関連する知識同士を可能な限り近くに配置し——例えば単元Aに関係する単元Bを、単元Aの次に配置すること——習得しやすくしているかと言うと、必ずしもそうでもない。

そのことを小学校理科を例に採って見ていこう。

2023年時点、小学校理科の電磁石単元は小学校5年に置かれている。その支えとなる磁石単元は3年である。

5年担任として電磁石単元を授業するとしよう。支える磁石の知識を2年前に学んだものの、記憶が曖昧な子どももいる。そうなると、支える磁石の知識をいつどこで思い出させるか。思った以上に対応に苦慮する。一番簡単な方法は、電磁石単元の冒頭に「磁石のことを思い出そう」と言うことだ。しかし、これはあまりにも単純だ。とてもプロ教師がすることではない。その知識が必要になったときに「磁石の性質はなんだっけ」と問う方が認知の過程に叶っている。ところがそういう問いを発したときに「?」では困るのだ。直ぐに想起してほしいのだ。ところが現実はそうではない。ならば、電磁石の学習の直前に磁石を学習できるようなカリキュラムにすればいい……。

そう考えたいところだが、教材をどの学年に置けばいいのかと考えるときの見逃せない観点が「発達に合う」である。そんな観点で見ると磁石単元を5年に置けばいいとはいかない。

磁石は発達課題的な観点から3年で学ばせるのが適切だという判断があり、それは私も同感するから否定はできない。となると、5年の電磁石の学習指導にとって、この2年間のギャップで生じるリスクは乗り越えなくてはならない思考の壁となる。

しかし、なかなかうまい方法がない。現実には、5年電磁石の学習に入るとき、3年磁石の復習から入るという「工夫」をして逃げるときがある。これは言わばカリキュラム上の齟齬である。

この逃げは発見学習的に展開という制約から出ていることに根本的な問題がある。

私たちはまず、そういうところから疑いの目を向けるべきだろう。学習指導要領の奴隷になってはいけない。仮説と受け止めよう。

104 他社の教科書を読めば発想が広がる

教科書を発行しているのは1社だけではないから、他社の教科書を読んでみよう。値段も安いから入手しやすいはずだ。読んでみると自分が今使っている教科書と、素材、配列、表現、図版等々、異なることが明確に理解できて、視野が広がると共に、その違いの理解がより良い指導法を育む。

違いの中でも一番の収穫は、単元構成が違うことと、教材・教具が違うことを知ることだろう。そうか、教材は違ってもよいのか。なるほど。目的が達成できればよいからだと納得するだろう。

なお、単元配列は指導の力点の違いである。力点の違いとは重点とする目的が違うということだ。重点とする目的が違うということは、どんな見方・考え方を育成するかの違いでもある。

他社の教科書を読もう。

105 失敗の授業を分析すると感度が鋭くなる

まず、今まで良い授業と思われていたことを疑うことから始めよう。良いと思われてきたことを本当に良いと思うのか、である。

例えば、手が多く挙がる授業。発表が活発な授業。子どもがスラスラと難なく難しいことを言ったりする授業。次から次へと発表が連続する授業……。

見た目で判断するのではなく、子どもにとって分かるか否かで良い授業かどうかを判断したい。

ここで、私のちょっぴり慢心があった授業の反省を公開して、良い授業とは何かを考えたい。

ところで、スタージョンの法則[132]というものがある。その法則とは「どんなものでも、その90％はカス（crud）である」というものだ。これを知った時は、うーんと唸ってしまった。では、私の500を越える飛び込み授業もそうなのか。まさか?!

でも、確かにその通りかもしれないと今は思っている。手応えを感じた授業はそう多くないからだ。以下に記す授業もひょっとしてカス（crud）かも……。

今、500を越える飛び込み授業の中から、ベスト10を決めようとしている。そこでも役立つのが「失敗の授業を分析する」である。

❶ 失敗の授業を分析する[133] ――その1

失敗と思っている授業の1つに2013年11月12日の京都府木津川市立棚倉小学校での3年算数「かけ算のきまり」の飛び込み授業がある。

本時の目標は「かけ算では、かけられる数を分けて計算しても、答えは同じになることを理解させる」

132 **スタージョンの法則：** SF作家スタージョン（1918-1985）の言葉から導き出された格言。

133 **失敗の授業を分析する：** 鏑木良夫著『分かる授業の指導案55』（2012）の169-178頁の6年社会「日本国憲法と明治憲法の祝日の違い」参照。最初の飛び込み授業で展開した指導案を、失敗したと思う観点で分析して改善案を作り、それを次の飛び込み授業で試し、再び分析してより良い指導案を作り、3度目の飛び込み授業に臨んだ。そんな指導案改善の過程が、失敗の授業を分析する対象である。

であった。

実は授業中に「これは？」と思う場面があり、即座にこれは上手くいかない、失敗の授業となるかもと予感が走った……。結果は、予想通りだった。ああ……。

話はこうだ。教師の補説まで進んだ時、いつものように「ここまでで分からないことがあったらもう1回説明します。どうですか」と言った。そうしたら3名の子どもが挙手をした。「どこが分からないのですか」と聞くと、3名とも下を向いて黙った。どんな言葉を使って伝えればよいか分からないのかなと思い、それならと、再度説明を試みた。それでも2名が分からないと言ったのでもう1回説明した。

2名は、見たところ学力が振るわない子どもとは思えず、中程度の学力を持つ子どもに見えた（飛び込み授業なので確たる証拠はなかった。直感だ。）ので、中学力の子どもを置いて先に進む訳には行かないと判断し、とにかくまずはここを丁寧に進めるべきだとして続行した。

そんな寄り道をしつつ、最後の自己評価場面まで来た。しかし、授業終了の時間が迫ってきたので「ちょっと分かりづらい授業になってしまいました。反省しています。もう1度学校に来ますから、3学期にもう1回授業しましょう」と言った。子どもたちは喜んだ。それなりの熱心な指導ぶりを評価してくれたのだろう。授業の感想にもそれは表れていた。

授業後の協議会で参観者から「目標を示す共書き文そのものを理解できなかったようだ」との指摘があった。冷静に考えればその指摘は正しく、そうか、そうだったのか、なるほどそれは読めていなかったなあと振り返ることができたのだった。

しかし、授業直後の自分にはそれを冷静に受け止められなかった。いや、そういう意見もありますよねとか何とか、曖昧にした自分がいたのだった。

人はどうしても原因を他に求める。誠に恥ずかしい。

❶子どもが飛び込み授業に慣れていなかった。

❷子どもが先行学習に接するのは初めてだった。

❸教える内容が教科書に書かれていないので、先行学習には不向きな場面だった。

❹子どもの書く力、読む力が弱かった。

❺子どもの語彙量が少なかった。

❻前時までの学習が身に付いていない子どもが多かった。

❼面倒を見ないといけない子どもも予想以上に多かった。

❽カリキュラムに問題があった。4年及び5年の内容と重なり、必ずしも3年で扱わなくてもよいのではないかという懸念を持っていた。

等と言い訳してしまう自分がいた。

普段、格好良いことを言うなら、授業直後でも素直に認めないといけない。曖昧にしてはいけない。やはり、つい他に原因を求めてしまう。我ながら情けない。

授業は、子どもにとっては人生で1回限りだ。教師の方は来年同じ学年を担当すれば改善案で乗り越えられるが、それと混同してはいけない。

そんなことを考える一方で、授業当日は、多くの飛び込み授業はうまく行っているのだから気にするな、たまにはあるさともう一人の自分が言っていた。本当に恥ずかしい。

で、再度当日を冷静に振り返ってみた。

失敗の原因は、目標を示す共書き文で使っている言葉を、子どもが分かっていると思い込んだことだった。

共書き文は以下の通り。

「かけ算では、かけられる数を分けても、答えは同じです。

（40＋50）×5＝（40×5）＋（50×5）」

この文言の「かけられる数」という言葉そのものの理解がまさか曖昧だとは、それこそ想定しなかった。完全な見落としだった。補説の場面で「この式で言うと、かけられる数って（40＋50）ですね」と言うべきだった。

また「分けても」も、もう少し解説すべきだった。分けなくてはいけない必然性が分からないのだ。例えば90×5でいいじゃないかという訳だ。実は、これは予測していたので、「これは90×5なのです。でも、90を40と50とに分けても悪い訳ではないから、「分けても」の「も」となっているのです」と言ったのだが、この言い方自体、2名の子どもにはピンとこなかったのだ。

それにしても、最後は言葉の理解だ。そのためには、読み解く視点をはっきりさせて、そのことを補説段階で教示すればよかったのだ。（59段・過程5：教師からの補説参照）

❷ 失敗の授業を分析する　――その2

2つ目は、小学2年生の算数「かけ算九九をつくろう」の飛び込み授業である。当時の私のレベルがはっきりする授業だ

本時の目標は、

・　6の段の九九を累加や乗数の積などの既習の考えで見直し、6の段の九九の仕組み等をアレイ図をもとに理解させる。
・　6の段の九九を覚えさせる。

の2つだ。

2008年11月6日、私は、福島県郡山市立大槻小学校2年2組の教室で冷や汗をかいていた。

冷や汗❶

子どもの反応が今一、マッチングしないのである。ノートに貼り付けてあるアレイ図（●が縦に6個、横に4個計24個、方形に並んでいる）を示して「6つ囲みましょう」と言えば、すんなり囲ってくれると思っていたら、そうではなかった。机間巡視しなければならないはめに陥ってしまった。これはまずい。これでは予定通り進まない。時間がかかる。そう思ったが、できない子どもを無視して先に進むことは絶対にしたくないし、してはいけないと思い、指導案をいったん放棄しようと開き直った。

冷や汗❷

そんな中「みんなでM君を応援しながら勉強を進めようね」と言ったこととも関連して「予習したことが、一番分からない」という意思表示したM君の反応が気になった。

冷や汗❸

1回目の理解度評定で「ニコニコ顔」マーク（3段階のうち、一番上の段階）に自分の出席番号が記されたマグネットシートを貼った子どもに、どこまで分かったかを知りたくて黒板の前に出して言わせてみた。前に出た子どもは、行き成り6の段の九九を唱え出した。ここは、「まみさんの考え（6つで1かたまりで、それが何個分）」について言ってもらいたかったのだが、時遅し。それも「6 1は6」から始めて「6 9、54」まで行ったから、それで終わりだと思ったら、何と「6 9、54」から再び唱え始め「6 1は6」まで行ってしまった。

その時「これは違うぞ。2年生って、こうだっけ？」と思いつつ実態把握がまだまだ甘いと痛感した。以下に、学んだ成果を記したい。

Ⅰ　本時の目標が曖昧だったことが最大の要因

具体的な目標表現に記すことができるかどうかが授業成功の分岐点だ。

本時の目標は再掲すると「6の段の九九を累加や乗数の積などの既習の考えで見直し、6の段の九九の仕組み等をアレイ図をもとに理解させる」だった。抽象的すぎたので具体的にし、以下に示すように訂正した。

〔案〕6×4＝24です。かける数の4が1つ増えると答えは6増えます。6×5だと、かける数が1つ増えているから答えは24＋6で30となります。

この目標に対して、教科書の記述内容を使って指導の流れを作るなら、

❶予習　累加の考えとしての「まみさんの考え」
❷予習内容の確認
❸理解度評定（1回目）
❹教師の補説と理解確認　アレイ図をもとに半具体物を使いながら理解確認を進める
❺活用課題を解かせる　「まことさんの考え（※1）」を提示し、「まことさんの考えが分かりますか」と問う
❻感想を書かせる
❼理解度評定（2回目）

となる。

この案は、飛び込み授業の直後に立案できたので、その後の協議会で提供できた。しかし、本来なら失敗する前に、このような展開案を作るべきだったのだ。そこに至らなかった自分の実態把握の甘さを恥じるのみであった。

実際に展開した授業の指導案では「まみさんの考え」も「まことさんの考え」も予習内容とし、かつ6の段の九九も覚えてくるというものので、あまりにも質も量も過大だった。しかも、活用課題は「4×6」と6の段の九九を、教科書の「物知りコーナー」に記されている「3×8」との異同を問う課題だった。

※1まことさんの考え

6×1	=6
1ふえる	6ふえる
6×2	=12…6+6
1ふえる	6ふえる
6×3	=18…12+6

今思うとあまりにも「無謀」だった。恥ずかしい。

II　料理の仕方を間違えた

発見学習的に編集されている教科書の内容を、先行学習用に組み立て直すことはよいとしても、その組み立て方がまずかったということである。

III　改めて授業分析の観点を確認する

その観点を5つほど挙げることができる。また、どの観点がうまく進まない主要因なのかも見極める必要がある。

・発見学習的に編集されている教科書の読み解き方は万全か
・臨機応変に対応できる授業スキルを持っているか
・教材研究の深さはどうか（赤本レベルかそれともそれ以上か）
・子どもの実態把握は確かか
・本時の目標の表記は適切か（どんな言葉で綴っていくか）

IV　検討課題

❶「九九をつくろう」は、先行学習で展開するのにふさわしい場面だったか
❷「九九をつくろう」は単元名である。では、指導内容は単元名のように、本当に「作らせる」でよかったのか。大胆に言えば、かけ算九九は「覚える」で十分なのではないか。九九の構造は、九九を覚

えてからでよい。今はそう考える。

106 問題解決的学習も極めて二刀流になろう

事実からスタートして、気付きと練り上げで積み上げていった結果、あるまとまりに到達し、そのまとまりと教科書に書いてある文言とが一致する。このような授業をしたとき、子どもから「先生、教科書ってすごいことが書いてある！」という発言が飛び出た。この時はうれしかった。ただし、教科書をしまわせていたが。

問題解決的学習の良さは、この発言が示すような高揚感を感じ取らせることができることだ。この体験は、今後の学びが大きく変わっていく可能性をはらんでいる体験で、全ての子どもに体験させたいものだ。

ところで、問題解決的学習で展開するということは、現実的には教科書に沿って展開していく指導を意味する。したがって、内容を事前に知ることができるので「先生知っているよ」の声が挙がることは覚悟しなければならない。

そこで、教科書を見られても困らない指導の工夫が求められるのだが、その工夫の1つが「教科書を超える」である。教科書には書いていないことを学びの対象に加えるのだ。そうすると教科書はそれを解決する基礎的な知識を提供するものとなる。

〔関連用語〕

1 **暗黙知** tacit knowledge　状況的学習で獲得される知識を意味し、その知識は主観的という特徴がある。言語化しにくい見えない学力の1つである。また、教えられなくても獲得できる知識でもある。

この知識は、環境に適合し思い通りに行動するための、環境から学ぶ知識と解釈できる。なお、可視化されないので、子ども同士あるいは教師と子どもとの間で、同じ理解をしていると勘違いすることが起こり得る知識だということを念頭に入れて授業に臨む必要がある。

❷ 状況的認知 situated cognition

人がある状況に置かれているとき、状況を見たり考えたり、状況を引き起こしたり、あるいは状況に対してなんらかの態度をとったりして知識獲得が図られる。人の知識獲得をこのように捉えた場合の認知の様相を状況的認知という。

状況的認知に関しては、行為と環境が相互依存的な関係だとする前提がある。人の発達が個人的になされるのではなく、社会的になされるという側面を強調する認知表現である。

ところで、アフォーダンスという用語があるが、人が環境から影響を受けるといった意味では、アフォーダンスと同類の言葉と捉えてよいかもしれない。

107 理解・分かる・できる

言葉の意味を曖昧に使う人が多すぎる。

暗黙の了解のような空気[134]が漂っているのが教師の世界だ。「理解」と「分かる」と「できる」の違いを曖昧なままにして使っている例が、その典型だろう。

曖昧のまま使っていると、お互い分かっているはずだという暗黙の了解が、別な流れを作ってしまう質問を発することを遠慮させてしまう。この例で言うなら「理解とは何ですか」という質問である。

134 **空気**：この雰囲気という空気はかなりの力を持っていて、時にはあらがいにくくなるほどだと言われている。なお、この力については、山本七平著（1997）『空気の研究』（文藝春秋社）に詳しく出ている。

このような遠慮が積み重なると「分かるとは何か」、「できるとは何か」、「理解との違いは何か」等々とたたみかけられると答えに窮してしまう自分になってしまう。
日頃からその違いを意識し、「理解とは何ですか」を堂々と問える空気の中に身を置きたいものだ。

〔定義〕 **理解・分かる・できる**

1 理解 understanding comprehension 与えられた言語表現に対する意味表象を心に得ること。したがって、理解できたことは外化して初めて言語化される。「分かる」の漢語的表現。記憶の再構成でもある。なじみのない文脈で確実に、かつ臨機応変的に使用できること。なお、「理解」は目で見ることはできない。

2 できる be able to do 目的を達成する行為そのもののこと。人は行為を見てあの人は分かっていると判断したりするが、必ずしも本当に分かったとは判断できない。テストで100点取ったとしても、理解して100点取ったのか、記憶して100点取ったのか区別することができないように。

〔補説〕 自分が分かったということを確認するには外への発信が不可欠だ。しかし、外に発信した途端、本人の意図や意識から離れてしまい、その行為からしか判断されず、時には行き違いが生じる。
算数・数学の問題を解く場面で考えてみよう。問題の内容にもよるが、試験1週間前から暗記に没頭し無事答えられたとする。理解した結果かどうか一切不明でも、正答を書けば「できる」と判断される。一方、問題文をじっくりと読み込み、これまでの知識の中から関係する知識を想起し、活用して問題解決に当たった結果、正答を得たが、誤字脱字のため誤答と判断された。これは「できない」と判定される。

このようなことがないように、私たちは「できる」という見える行為から「分かる」、「分からない」という見えない行為の内面を推し量り、的確に行為と思考の一体化を図り取る眼力を培う必要がある。

〔関連用語〕知識 knowledge　知識とは、外界と交渉する道具のことである。また、ものについての明瞭な意識のこと。ものについて何らかの意味で正しく代表している概念。もともと存在する事柄の実態、つまり、その内容、性質、価値、意味、原因、理由、結果といった事実そのもので、正しく伝わる可能性を持つ言語で表記される。このことから「事実や手続きに関する情報の集合」ともいえる。

これに関連して、知識を獲得することとは、対象から得られた知覚表象135によって成立する知識と、これまでの記憶表象から導き出される知識とを比較検討して再構成することを指す。

ところで、知識は使ってみて初めて「こんな知識を知っているのだ」と自覚することができる。したがって、使わないときは意識に上らない。なお、知識は本質的に主観的であり、純粋・絶対的・客観的な知識はあり得ない。なぜなら、経験と対象の切り取り方が1人ひとり異なるからだ。ここに言葉の意味に幅を持たせている理由がある。逆説的に言うなら、1人ひとり異なるので幅を持たせないと共有できない、となる。

108　学習指導要領は仮説である

学習指導要領を読み解く時のスタンスとして、❶最低基準であること、❷仮説であること、という立場に立つことを確認したい。この立場に立つと気が楽になって思った以上に読み解ける。私は、絶対基準的

135 **知覚表象 representation**：知覚に基づいて意識に現れる外的対象の像を指し、これは、事物の経験に代わるものでもあり、概念や心象（イメージ）を代用する働きも含む。特に、外界を先行経験との相互関係から受け止め、かつ自分の感情を安定させる観点から意識にのぼらせるもの（知覚表象）で、主観的なものである。その他に、記憶表象、想像表象のような、必ずしも目の前に具体物がなくても意識されるものがあって、視覚的なものと言語的なものがある。

に読み取っていた時代も長く、それはそれで当時の判断としては決して間違いではないとは思うが、自由闊達な授業を創ることは厳しくなってしまった体験を持っている。

したがって、最低基準という規定は授業を柔軟にさせるし、先行学習における活用課題の作り方にとっても、この捉えはありがたい。実に多くのバリエーションが組める。

しかし、相変わらず金科玉条のように捉える向きも多く、授業の硬直化につながっていくので要注意だ。学習指導要領は仮説である。

〔定義〕**学習指導要領** government guidelines for education　わが国の公教育を担当する小・中・高等学校、特別支援学校の小・中・高等部の学校教育における教育課程編成上の全国的な基準として告示されているもの。世の移り変わりと共に、その内容は基準と言いつつ変化する必然性を持つ。「仮説である」としての立場を貫かないと、その進歩はない。

未来予想図 7　『現代文解釈の基礎 新訂版』

『現代文解釈の基礎』は2021年に復刻版として発行されたちくま学芸文庫の本です。1500円です。帯には「よみがえる至高の現代文教本」とあります。著者は遠藤嘉基・渡辺実という京都大学の先生です。1963年に発行されました。私が高1のときです。読んだとき「ああ、高校時代に出会っていれば」と思いました。文の解釈の方法が丁寧に書かれているからです。きっと当時普通高校に行って大学入試を目指した友人は読んでいたのだろうなと思いました。工業高校だったので全く縁のない本でした。

今、読み解く力の向上ということで板橋区教育委員会が立ち上げた読み解く力開発推進委員会に学識経験者として参加しています。ここの話題の中心が読み解くなので、この本が発行されたと知ったとき「これは即買うべきだ」と閃いたのです。

手にしたとき、もう唸りました。それが「ああ、高校時代に出会っていれば」でした。

本書は大学入試の学習参考書です。しかし、そのレベルは今の高校ではなく、大学で学ぶ本だと思いました。やはり、高校生の全体的なレベルは下がっていますね。

内容は、文学的文章と論理的文章の2つに分かれています。私は論理的文章に着目しました。最初は解釈の基本として「一語一語の内容」、次が「一文一文の内容」3つ目が「段落の要旨」、最期に「全体の論旨」となっています。これを知って国語の教科書もこうなっていれば良いのにと心の底から思いました。あまりにも総花的な内容となっていて日頃から国語の教科書の内容に不満を感じていたからです。

本書は永遠のベストセラーとなるでしょう。今も、そしてこれからも学校の主目標は「読めない子どもを減らす」だからです。

購入した直後にNPO法人授業高度化支援センターのメンバーに購入を勧め、早速ゼミで活用しました。

今後折に触れて本書を紐解こうと思います。

高1のときに出会っていたら国語のテストの点数は上がっていただろうなと思いましたが、直ぐにそんなことはないと思い直しました。多分難しすぎて買っただけになっているだろうなと思うからです。

ところで、本書、序文の「改訂版にあたって」には、「本書を精読されると……」と記されていて、精読を勧めています。もちろん、それを実現するには、かなり高度な読解力が求められます。

このことは、何と数学の本にも記されています。

それは、飯高茂編・監修（1999）『微積分と集合そのまま使える答えの描き方』（講談社）です。この本の「まえがき」に「世界的な数学者の小平邦彦博士の話として、大学生に『この定理を20回写しなさい』と言った」と言う意味の文言が記されています。そこで実際にやってみたのです。そうしたら、もう7回目からかなり分かるようになってきたのです。だから20回やれば、かなり身に付きます。嘘ではありませんでした。

「読書百遍意自ずから通ずる」ですね。やはり、なのです。下手な授業するくらいなら、教科書の丸写しを勧めるべきですね。新任の時代は、丸写しの授業でも良いのではないか。改めてそう思います。

ああ、ものの本質は教科に関係ないなと思いました。

第 6 章

いじめ予見感覚を鋭くする

火事と同じで予防と初期対応が一番だ
ぼうぼうと燃え盛ってからではアウト

性善説では説明しにくい現実が
次から次へと起こる
いじめ対応一つで職を失う現実

ゆとりが
分かる授業が
いじめ予防となる

教材研究と人間への熱い眼差しが全て

相変わらずいじめ問題が後を絶たない。

見逃すことなく初期段階で適切に対処すれば深刻な状況にならずに済む。見逃すと新聞の第1面に載る騒ぎとなる。

いじめは、そう簡単に「なくならない」、「減らない」を前提に、つまり腹をくくっていじめ予防に全校的にかつ組織的に取り組む必要がある。

いじめの兆候を把握したら、即対応――授業を中断し毅然とした態度で、授業が終わってから等とのんきな事を言わない――しなくてはならないことを、全教職員で確認する事が大事だ。

ところで、教育活動のほとんどは授業である。そう考えるといじめ予防と授業とを分離して捉えるのは現実的ではない。

そこで本章では、いじめ予見感覚を鋭くする手立てを、分かる授業とのつながりで述べていく。なお、本章は第5章までにふれてきた内容を元に述べていく。

109 違いを認める感覚の涵養

いじめ予見感覚を鋭くするには、何と言っても「違いを認める」構えを育成することである。

人は社会的な存在である。1人では生きていけない。しかも、1人として同じ人間はいない。これは「違いを認める」ことが生きる上で基本となるということを示している。

ところで、授業は一斉指導だから、当然人との関わりが生じる。そう捉えると、授業における子ども同士の関わり合いは社会の縮図そのものである。その上で、分かる過程で友達と違う――そうか、同じだと思っていたけれど、よく話してみると違うんだね――から、学びが深まるし、学びが楽しいのだと感得させたい。

さて、違いがあっても違和感を持たずに、自分の考えを深く見つめ直すことができるならば、自分と違うことを大事にするような人となる。この意識が生まれれば、もう立派ないじめ予防となる。

しかし、違いを認めることは簡単なことではない。違いを認めないことで戦争が起こる事実を見れば分かることだ。

大人でも似たような仲間が集まるように、無意識的に違いを排除しようとするのが普通の感覚なのだ。それは、似たような仲間と共感し合う方が、気持が良いと分かっているからだ。

その点、学級は違う者同士の集まりだから、違いを認める感覚の涵養には最適な場である。

110 「心の窓」で兆候をキャッチする

「心の窓」とは、帰りの会に書く1日の振り返りのことだ。

そこに、普段はテーマ無しで書かせる。しかし教師が今日1日を振り返って気になること、例えば友人関係で何かあったなと直感したら、「今日は友達について書きましょう」等と指定して、テーマに沿って書かせる。

小学校3年生のある日のある子どもの「心の窓」には、

——今日、〇〇君は私と話していません。机を後にぶつけてくるのです。いやです。なおしません。言っても動かさないので、だまってとおくへ動かしました——

と書いてあった。

このようなことを把握したら翌日の「心の窓」では『席が近い友だち』というテーマで書きましょう」と指示するのだ。最悪の場合はいじめに進む可能性があると「過剰に想定」し、それに応じた対応策を立てておくと良い。もちろんそれだけでは判断しかねるときは、翌翌日も同じテーマで書かせるとよい。

111 いつ見るのか

結論から言えば、子どもを観察する機会を多くして、人間関係の把握に努めることだ。それには、まず第3者の立場に立つ（72段 194頁参照）ことを推奨したい。

では観察場面を挙げてみよう。授業以外の清掃指導、給食指導、遊びの時間等の観察も大切だが、ここではそれには触れない。

授業中の観察可能な場面は前記の72段以外では次の通り。

❶ 分からない時の相手を選ぶとき（42段「低学力の子どもも参加できる」参照）
❷ 理解度評定のとき（58段「過程4：1回目の理解度評定」、62段「過程8：自己評価―2回目の理解度評定」参照）
❸ 問題を2名以上で解決するとき（61段「過程7：活用課題」参照）
❹ 分からないと言うとき（84段「分からない」と気軽に言える」参照）
❺ 真似をする相手を選ぶとき（85段「真似・カンニングで乗り越えさせる」参照）
❻ 間違えた発言の反応を見るとき（86段「間違いも役に立つ」参照）

112 変化を見逃さない感覚を身に付ける

いじめ予防に限らず変化を見逃さないという感覚は、教師に求められる基本的な能力であろう。それは、絶対条件と言ってもよい。この感覚が鈍いと学級が荒れ、ひいては学級崩壊につながっていく。

何としてでも、鋭い感覚に高めないといけない。

子どもの態度・言動は、家庭状況の裏返しであり、教師と子どもとの波長の違いであり、子ども同士の人間関係の影響と言ってよいだろう。

いじめは八つ当たり、自尊感情の低下、不満やストレス等が原因となって、仲間はずれ、たかり、ゆすり、誹謗中傷等となって表れる。

このようなことがあるのが普通と腹をくくろう。それでは性善説とは違う立場ではないかと思うかもしれない。時には人間不信の性悪説に立つ事も潔しとして、人間関係の微妙な変化を把握していこう。

このことを、協働学習の場面で考えてみたい。

友達と協働学習を進める時、誰と組むかを日頃の人間関係を視野に入れながら決めていく。相手は自分の言い分を聞いてくれるか。この言い方で相手は分かってくれるか。ここは難しいから教えてと言えば教えてくれるか。分からないよと言った時、優しく教えてくれるかな……。こんなことを念頭に入れながら瞬時に判断して相手を決めていく。

ここに、相手と自分との違いを認める意識が働く。それは、違いを認めないと会話すら成り立たないという気付きそのものである。この気付きこそ、自分の行動規範と違う行動を相手がとっても、違和感を持つことにつながらない感覚なのだ。

こんな想定をして、協働場面を観察してほしい。このような積み重ねが変化を見逃さない感覚を鋭くしていく。

113　いじめ予防はやはり学級経営が基本

「学級経営がうまいね」、「良い学級経営をしているな」等のように使われる学級経営という言葉。いじめ予防も学級経営次第だ。

4月に学級のルールをどう伝えるか。黄金の3日間等と言われる学年最初の3日間で伝える内容と伝え方が、この1年を左右することは間違いない。

大切な授業規律は何か。自主的な組織をどう作るか、人間関係の持ち方等々、担任の腕が問われる。公正公平をベースとして担任の教育にかける思いを精一杯伝えよう。

〔定義〕**学級経営** class management　教師が出張等で不在のときに、まるで教師がそこにいるかのような学びの空間となり、自主的な行動——違いを認めつつ違いがないような行動様式——が取れるように組織立てすること。自主管理できること。

〔補説〕授業は学級経営そのものだと言われる。しかし、それは授業そのものが学級経営そのものだという意味で言っているのではない。授業を通して、より良い学級経営が可能となるという意味で言っている。したがって、学級経営がうまくいっている学級で飛び込み授業をすると、まるで自分の学級で授業しているように感じ、実に気持ちがよい。これなら先行学習そのものの善し悪しまで議論できると心の底から思う。

教師の指示通りに動くこと。一言で言えばこれに尽きるのではないか。話し合いましょうとの指示にお互い顔を見合わせているばかりの班があるとしたら、話し合いとはこんな行動をすることだよと教えないといけない。うまくいかない学級はそこの指導を手抜きしている。

学級経営とは、学級内で起こるいろいろな場面でどう行動すれば良いのかを知らせ、納得させ、具体的な行動に移させることと言えよう。

なお、このことは授業場面だけとは限らない。朝の会、帰りの会、集団行動の場面等々、学校生活全般がその対象だ。

未来予想図 8　本代をただにしよう

昭和41年、私は工業高校を出て現NTTの電気通信研究所に就職し超多重伝送研究室に配属されました。初年度は勉強が仕事ということで、数学や電気工学の授業を受けました。研究室では原書の輪読会もありました。

研究に関係する本なら値段の高い本でも、研究所内の図書室に申し込めば全て無料で手に入れることができました。それに刺激されて、漱石全集、日本科学技術史、東洋文庫、日本歴史講座等々、自費で買いました。世界的名著である高木貞治の『解析概論』にも出会いました。

そこで提案です。教師一人一人に本代を年6万円支給しましょう。月5千円です。職員室の机の上に本を置かせるのです。これだけでも「ああ、こんな本を読んでいるのか」と知的刺激が得られます。これが今の職員室にないのです。

本代を支給する制度を作るだけで教師の力量は向上するでしょう。

政治家の皆さん、超党派で「教師に本代を支給しよう連盟」を作ってください。急がば回れです！

展　望

やりたいことは何か

宇宙エレベーター
時速２００キロメートルで８日間
上空３万６千メートルの静止衛星まで
２０４０年に実現

既成概念・固定観念をはずそう

部下を育てることができる
慰労することができる
学力を向上はもちろんだ

視野を広げ
学際的な視点に立ち
未来を志向しよう

あなたはどんな学校を作りたいのか
やりたいことを形にしよう

第1節

やりたいことを見つける

校長になったのに、自分から動かない。周りを見てそろそろと動く。そこに主体性はない。校長になった楽しさは自分なりの考えで学校を作ることが出来ることなのに、その楽しさを放棄し、苦しさばかり味わっている校長の何と多いことか……。

校長選考のやり直しが必要だ。脱線した。元に戻ろう。

かつて花まる学習会のスクールＦＣで小学5年生と6年生の理科を教えたことがある。学校とは違うので当然だが、理科室もない中、可能な限り実験を心がけた。単なる驚きを中心とする科学教室とは一線を画し、原発問題を問うディベートも実践した……。

実に楽しかった。学校教育の枠をはずすとこんなこともできるのかと、改めてその面白さを感じた。そんな体験は「前例に囚われない」姿勢に拍車をかけた。

114 教科書を超える学びにどんどんチャレンジした

水に食塩を溶かすと食塩水になる。したがって、食塩水は、食塩を溶かす前の水より溶かした食塩分だけ重くなる。これは理屈では当たり前で、大学の先生からはそんな当たり前のことを何を今更と思われるかもしれない。しかし、事実は小説よりも奇なりなのだ。1グラムの食塩を入れると食塩水は1グラム増える。「うわー、ホントだ入れた分だけ増えるんだ！」と歓声が上がる。

では「水100グラムが入っているビーカーに、色をつけた食塩水100グラムを一番下からそっと入れるとどうなるか」と問い、理由を言わせてから実験すると、見事に2層に分かれる。そして、それを静かに放置しておくといつの間にか2層がなくなり、色も単一な食塩水となる。お陰で鏑木先生の授業は楽しいと言ってくれた。

なお、先行学習になぞらえるならば、「水100グラムが入っているビーカーに、色をつけた食塩水100グラムを一番下からそっと入れるとどうなるか」という実験は活用課題に該当する。

115 科学物語を読み解かせた

理科は、入口は非言語的刺激だが出口は言語的な処理をする教科と定義している。そこで求められるのが、非言語的な刺激を言葉に置き換える能力だ。理科と言えども言語力の育成が必要なのだ。しかし残念だが、活字に接する機会は大きく減っている。

新聞を読まない、本がない。インターネットで十分だという風土が蔓延しつつある。お金がないから読まないというレベルではない。

活字に触れないまま大人になったらと思うと、もう、ぞっとする。そこで、科学読み物を読むことを子どもに課すこととした。公立学校では、こんなことも理科授業ではできない。

具体的には、科学読み物を全文視写させる。それを元にその通りに実験してみるといった流れだ。例えば、池内了編（2000）『科学と科学者のはなし寺田寅彦エッセイ集』（岩波少年文庫）に「茶碗の湯」がある。ここには、茶碗に熱湯を注ぐと湯気が登り、それを湯気の向こうに黒い紙を置いて日光に透かして見ると、湯気の向こうに虹のようなものが見えると書いてある。その通りに体験させると虹のようなものが見える。

このような取り組みの他にファーブル著・吉野源三郎他訳（２００５）『フシダカバチの秘密』（光村ライブラリー中学校編）のような中学生向きの文章を全文視写させた。もちろん語彙が増えていくことに期待してのことた。

116 理科なのに作文講座

高学力と目される子どもでも意外に文が書けない。能力がないのではない。指導されていないだけだ。理科でも語彙力が基本となる。そんな考えで取り組んだ。学校ではあり得ない時間だ。「作文の技術」というプリントを自作して指導した。論理的で分かりやすい文を書くためには、段落と段落との関係に筋道が通っていることが大事だと指導した。

そのためには、接続詞を効果的に使う必要があることを伝え「しかし」、「すると」、「むしろ」、「すなわち」……について事例を通して解説した。

このようなことは小学校の理科では指導しない。国語にお任せで、その連携もない。公立学校に、この辺りの自由さがあればと思わずにはいられない。例えば、小・中学校の理科で作文の授業をしてみてはいかがか、ということだ。

「基礎を学ばせ、それを元に考えさせる理科」の授業を受けていない子どもたちが塾に来ている。公立学校の危機だと改めて実感した私は、補完的な展開をせざるを得なかった。

ところで、公立中・高一貫校に合格するには、論理的な文章力が必要だ。そう思って作文講座を設けたのだが、よくよく考えてみれば、受験するしないに関わらず必要な技能だ。学習指導要領の理科の内容に作文の項を設けてほしいと心の底から思った。

実験を体感し、その時に感じた思いを自由に書けること。

これに尽きる。

そのためには語彙を増やすことだ。

117 知の総合——博物館説明活動

学校で実践できない活動に博物館説明活動がある。

博物館の展示物の中から1つ選び、それを実際の展示物の前で解説する活動だ。知の総合にふさわしい取り組みと位置づけた。子どもたちは恐竜を選んだり、H2ロケットを選んだりと実に多様だった。

さて、本プログラムは、説明とはこういうことだということを、私が展示物の前で実際にそのモデルを示すことから始めた。

東京上野にある国立博物館で実践した。具体的には次の通り。

❶ 国立博物館に行って説明する物の決定と情報収集　午前10時から午後4時までの1日。
❷ 教室で原稿書き2時間で半日。
❸ 再度国立博物館で本番。午前10時からリハーサル。午後1時から4時まで本番で1日。

配当時間は計2日半だ。

学校では、理科見学や社会科見学等は、年間総時数との関係でほとんど行われていない。

この企画は非常に好評だった。展示物そのものについての知識や発表の技法だけでなく、人前で展示物を説明するので度胸も付く。文字通り見えない学力が高まる学習の場となった。

118 科学講座

全国あちらこちらで取り組まれている講座かもしれないが、いわゆる科学講座と称して❶豚の心臓や目玉の解剖、❷ファラデーの「ろうそくの科学」体験、❸電気花火作り、❹「地球史・スノーボールアース」の解説に取り組んだ。

これらは、現役時代に総合の時間や理科で浮いた時間に実践した内容だが、一部の内部抵抗を押し切って実践した記憶が蘇る。

また退職後、1年間理科専科で勤務した文京区の小学校で実践し保護者からも評価が高かった。しかし、気の合う校長が急遽異動してしまったので、次の校長に継続を申し出たら、あっさり禁止された思い出のある取り組みだ。もちろん、その時は「こんな夢も希望もない無能な人が校長になるからだ」、「だから公教育は良くならないのだ」と怒りに似た気分を押さえられなかったことを思い出す。

つくづく学校は校長次第だと思ったものだ。

脱線してしまった。

全国どこの学校も取り組ませたい内容だ。

119 ささやかなカリキュラム開発

3年目には、5年と6年の内容を1つにして展開した。これは、同じ内容、例えば5年の「流れる水の働き」と6年「地層」の内容を直接つなげて展開するという具合だ。5年「ものの溶け方」の次に6年「水溶液」を展開したこともあった。

直感的だが、概念が途切れなく形成され、確かな学力として身に付いた気がする。もちろん先行学習風に展開したことは言うまでもない。

このように、学校教育に提言できるものは多い。

私が機会を得て校長になれるなら、すぐにでも取り入れたいと思っている。

第2節 ――MBAコースの代わりに

大変僭越だが以下に紹介する本は読んだ方がいい。言わば読書版MBA（経営学修士 master of business administratioin）コースだ。

現職そして退職後、校長選考を受ける副校長・教頭先生に対して選考のサポートをしたことがある。校長選考を受ける人の見識がそれまでの教師生活の集大成と捉えるなら、それまでの研修では少なくとも「何をするために校長になるのか」という意味の「志の涵養」に関する研修が決定的に不足していると言わざるを得ない。ついでに言うなら、人の動かし方に関する知見も不足している。

では、その原因は何か。副校長・教頭の現実に押しつぶされてしまうのか。はたまた、いきなり校長になることを考え出したからか。

私は次のように考えている。若い頃からの知的刺激、上昇志向刺激不足、そして健全な競争意識下に身を置かないことだと。

「校長になる」は手段なのだ。何をしたくて校長になるのか。その「何」を見つけるためにも常識を疑う姿勢を身につけてほしい。

120 『戦艦大和ノ最期』 吉田満著 講談社学芸文庫 1994

GHQから発禁になった本である。

死ハスデニ間近シ、遮ルモノナシ
死ニ面接セヨ
死コソ真実ニ堪ウルモノ
コノ時ヲ逸シテ、己ガ半生、二十二年ノ生涯ヲ総決算スベキ折ナシ
アアワガ怯懦ナルヲ
今ニシテ酒気ヲ招キ、モッテ耳目ヲ掩ワントハ
蛮勇と衒気ニカクレ死ニ怯エタル戦友ヲ嘲笑セントハ （25頁）

徳之島ノ北西二百浬ノ洋上、「大和」轟沈シテ巨体四裂ス
水深四百三十米
今ナオ埋没スル三千ノ骸
彼ラ終焉ノ胸中果シテ如何 （165頁）

やりたいことをやれないで死んでいく無念さに共感して夜中まで読み続け、涙ぐみながら読了してしまった。

胸を打つ本だ。あまりの理不尽さに適切な言葉が思い浮かばず、戦没した方々には申し訳ないが「胸を打つ」としか表現できない。

3000名以上の兵士が、死ぬと分かっていての戦艦大和への乗艦である。私は、数年前に「肺癌です」と言われて、頭が真っ白になったことがあった。焦った。まだやりたいことがあるのに死ぬのかと思ったら、もう混乱というか、心が乱れた。大和に乗艦した方は、それ以上の混乱というか、うまく言えない。

筆者は東大の学生で学徒出陣した。多くの魚雷を受け沈没・爆発した大和から、運良く生還した1人だ。この文章は漢字とカタカナ交じりの文章だが、死が眼前に迫る迫真の文となっていて心を打つ。

1996年4月に新任校長として着任した埼玉県草加市立青柳中学校の学校便りに読後感を掲載した。死ぬと分かって家を出ることのない現代人に、「今を生きる意味——一期一会」を伝えたかったのだ。肺癌は初期のもので手術もうまく行き、こうしてこの文章を書いている。この幸せをありがたく思わなかったら、戦艦大和に乗り込んだ兵士に申し訳ない。

121 『勝海舟と福沢諭吉』 安藤優一郎著 日本経済新聞出版社 2011

帯には「海舟は江戸の人か 諭吉は明治の人か」とある。

何と言っても、ハイライトは徳川将軍絶対君主制を主張し、諭吉は幕臣であることに誇りを持っていたというくだりだ。この事実は、恥ずかしながら本書を読むまで知らなかった。

それ以降『学問のすすめ』の見方が変わった。丁寧に読んでいくと、やはり、福沢諭吉のような人でも都合の悪いことには触れていない。それを私は、公明正大ではないと非難しない。かえって極めて人間的な行為と共感する。

人間は自己防衛に走るのが普通だと理解するのにふさわしい書物が『学問のすすめ』だったのだ。通常言われている読み方とは全く異なる読み方だ。福沢諭吉の人間味をもっと深く味わえるだろう。

〔**補説**〕『名ごりの夢—蘭医桂川家に生れて』（今泉みね（1855-1937）著　ワイド版東洋文庫9　平凡社）に「福沢諭吉さんのお背中」がある。著者の今泉みねは、幕末期の蘭医桂川保周（21歳の時、あの『解体新書』の翻訳に参加している）の娘である。当時の蘭学者は時代の先端を行っている人間と思われていたから福沢諭吉も蘭学を学んだ。その論吉が師事した蘭学者が桂川保周だった。その時代の学びは、師匠の家に通って学ぶのが普通だったので、当時5歳の今泉みねは福沢諭吉に出会うこととなる。

今泉みねは、福沢諭吉におんぶされている。

『勝海舟と福沢諭吉』を読み進めていったら今泉みねという人の話しが出てきて、そう言えばこの人の本があったなあと思って本棚を見たら『名ごりの夢』があったという次第だ。

ところで、本書は1970年に購入している。今からもう50年以上前だ。もちろん、50年後に役立たせようと思って購入したわけではない……。

本はいつ役立つか分からない。捨てられない理由の1つだ。関係ないと決めつけない方がよいと改めて実感した。

122

『基礎日本語辞典』 森田良行著 角川書店 1989

この辞書は当たり前だと思っている用語、例えば「入れる」で言うと図解入りで4ページにもわたって、意味分析の観点から詳しく解説している。私はこの辞書に初めて接したときに言葉にならない何とも言えない感動がこみ上げてきた。こんな辞書が世の中にあるのかと瞠目した。

この辞書の存在を知り直ぐに購入したが、あるとき台湾旅行をして台北にある書店を覗いたら何と、この本があるのだ。へえーと思って手に取ったら海賊版だった。凄いと思った。

著者が勤務する大学に入って日本語を学んでも良いなあと思った。それ以後自分なりには辞書オタクになりつつある。

〔定義〕**言葉の意味分析** semantic decomposition term 主体は何か、対象や相手は何か、どんな文型か、文型と意味との関係は、有情と非情、意志的と無意志的、瞬間動作と継続動作、部分的か全体的か、行為・作用の方向や道筋の観点で言葉を分析することを指す。

例えば、「上に行く」と「登る」とでは何が同じで何が違うのか。わずかだが行間を読めるような気分を感じるようになった。

そう記しつつ、無駄な言葉がない的確な文章をなかなか書けないので悩んでいる。

123

『ファスト＆スロー』 ダニエル・カーネマン著 村井章子訳 ハヤカワ・ノンフィクション文庫 2014

行動経済学の本だ。

人間は合理的に思考して不合理的な結論を得るとのコメントが目に入り手にした。この本は心理学の本だったのだ。へえー、行動経済学とは心理学なのかと感心し、自分にはまだまだ知らない世界があり、もっと視野を広げなくてはいけないと気を引き締めた記憶がある。

だからと言うわけではないが、経済を回している方々の意識・考えを知ることは無駄ではないと考え、経済同友会有志の方々が作っている「教育を語る会」に参加している。

上下で800ページ以上の大著だ。それを赤線を引きながら一気に読んだ。上巻の第5章「認知容易性」、第19章「わかったつもり」、第20章「妥当性の錯覚」、第21章「直感対アルゴリズム」は特に面白い。実践研究の指標ともなる章だ。

授業中に、意味不明というか勘違いというか理解に苦労する発言に出会うときがある。その対応も、この本を読み終わった自分と読み終わる前の自分とでは違う。ゆとりというか許容というか幅が広がった気がする。

畑村洋太郎が言う失敗学[136]の発想につながる考え方で面白い。授業を良くしたいと思う人の必読書と言ってもいいだろう。若い頃はこのような経済学の本が授業に役立つとは全く思わなかったが、食わず嫌い・無駄だと決めつけないでまず、接する姿勢を忘れずに実践に励みたいと改めて思う。本書を読んだ後に、ダン・アリエリーの『予想どおりに不合理』[137]を買ってしまった。現金は盗まないが鉛筆なら平気で失敬するというコメントが決め手だった。

124 『エンジニアの昆虫学』 八木寛著 新潮選書 1994

136 **失敗学**：例えば『失敗学のすすめ』（2005 講談社文庫）がある。「客観的失敗情報は役に立たない」は、思わずうんうんとうなずきながら読んだ経験があり、まさしく目からうろこの本である。同氏には、『直感で分かる数学』（2004 岩波書店）というシリーズ本が3冊あるが、こちらお薦めの本である。常識に囚われたくないと願う人には必読の書だ。

137 **予想どおりに不合理**：2013年にハヤカワノンフィクション文庫から出版された本。『ファスト&スロー』より易しく書いてある。人間の奥深いところにある心を見抜く本だ。

これがまた目からうろこの本なのだ。

例えば、18項目目に「カマキリとジャンボ機」がある。カマキリの神経とジャンボ機の操縦系は同じで、カマキリから学んだと言った方がよいかもしれない。例えば、操縦席から油圧調整装置を経由して尾翼のフラップを自由に動かして、思うように飛行するのだが、そのルートが実は1本ではないのだ。カマキリのように何本もある。つまり、1本故障しても困らないようにできているのだ。

カマキリの雄は雌に体を食べられながらも交尾を続けることができるのだが、その仕組みは、神経系が1本ではなく、何本もあるからなのだという。

このように読み進めていくと、へえー、なるほど等と感心するのだ。この感心が心に残る。確かな記憶として忘れていなければ思い起こすことが容易になる。

本書を読むと、一見関係のないことがつながっていく。これは快感だ。

125 『失敗の本質』 戸部良一他著 中公文庫 1991

サブタイトルは「日本軍の組織論的研究」とある。30年以上も前の教育委員会に勤務した時代に購入した本だ（今もベストセラーになっている）。目の前の本棚に置いている。

第3章の「失敗の教訓——日本軍の失敗の本質と今日的課題」は、繰り返し読んだ。その内容は東日本大震災でも通用するもので、逆に言うなら、戦後何年も経っても、未だにリアルな分析をしつつ、それを生かせない組織が多いと言うことだ。

その中には学校という組織も当てはまると考えている。上に立つ人としてふさわしくない人が校長になっている現実がある。言うならば、そのような人でも上に立てるくらいの軽さがある組織が学校と言えよう。このことは何としても改革したい。この改革なしには、これからの学校教育は失敗することは確実で、太平洋戦争の敗因と軌を一にする。このことを肝に銘ずる必要がある。

「組織が継続的に環境に適応して行くためには、組織は主体的にその戦略・組織を革新していかなければならない」、「フィードバックと反省による知の積み上げができない」、「組織としての自己革新能力を持つことができなかった」等々が記されている文庫版後書きはは短文だが印象に残る名文だ。

目標は自分が創るものだ。見い出すものだ。

失敗と分かっていて実行した、あのインパール作戦（叔父が戦死している）のような取り組みを見るにつけ、自己革新する人よ出よと声高に叫ばずにはいられない。

世の管理職よ、いや、これからの学校を背負おうとする若者よ、本書を読んでほしい。

126　『空気の研究』　山本七平著　山本七平ライブラリー①　文藝春秋　1997

これまた、目からうろこの本だ。この本を知ったのは、私を評価してくれた勤務地の市教委・教育次長の方が手にしていたのを見たのがきっかけだ。

空気の研究？　まさかこの空気？

気になって本屋に行って手に取ると、雰囲気のことだった。

具体的には「空気とは非常に強固で、ほぼ絶対的な支配力を持つ判断の基準であり、それに抵抗する者を異端として、抗空気罪で社会的に葬る程の力を持つ超能力」のこととある。

10歳のころ、私は父と一緒に銭湯に行った。その帰りに「ねえ、どうして戦争に反対しなかったの？」と質問したら、父は一瞬考えてから「……博愛主義だから…」と言って答えをはぐらかした。何かしらその口調にもう質問して困らせるなどでもいうような雰囲気を感じたことを今でも鮮明に覚えている。２等兵として中国大陸に出征し、捕虜になった後、舞鶴に帰還して東京に戻ってきたら焼け野原で会社は倒産……。

今思うと酷な質問だった。申し訳なく思っている。で、反対できなかったのは、この空気のせいだ。学校の改革が進まないのも空気のせいではないか。そう思ったからこそ、校長になったとき「社会の先頭に立って学校経営しよう。社会の後追いはしないぞ」と心に誓い、以後ぶれずに邁進した。

それにしても空気の強さは並大抵ではない。

空気をいち早く見抜き、それにどう対応するか。その対応次第で、上に立ったときの楽しさが決まる。

127 『私教育再生』 安彦忠彦著　放送大学叢書０４６　左右社　２０１９

私教育というと幕末の緒方洪庵の「適塾」（正式には「適適斎塾」）を想起する。よく考えれば、私が主催するＮＰＯ活動法人授業高度化支援センターも私教育の一つだ。緒方洪庵と同じ？　まさか……。でも、自負だけはある。

本書は、公教育と私教育との境目はどこにあるのかを明確にして線を引き、公教育が私教育にまで首を突っ込んでしまうことへの危惧を論じている。

学校でできることは何か。その問いは時代を超えて探求する問いだ。一方、家庭の教育力の低下は目に余るほどだ。だからと言って、公教育の範疇を家庭教育や塾教育等まで含めるというところまで広げるなら、行き着くところは全ての私教育は公教育の傘下となる……。このような踏み込みはいかがなものかと指摘している。

教育の基本的なスタンスは、筆者の言うとおりだ。どこかで歯止めをかけないと教師の仕事は今以上に拡大しブラック化がますます進んでしまう。これは避けなければならない。

子どもの発達を表（『私教育再生』の165頁、本書では109頁）に現している。そこを読むと、6・3・3制からの発展的解消が見えてくる。その元となるピアジェの考えと似ているようで違う発達の捉え方は、非常に新鮮で納得してしまう。長く現場で授業をしていると小学校4年と5年の境目をはっきりしていると実感するからだ。

小学校4年と5年に区切りを入れて、小1から小4まで、小5から中2まで、中3から高3までの4・4・4制に変えるべきだ。時代の先を行こう。

128 『ベネッセ表現読解国語辞典』 沖森卓也他編 ベネッセコーポレーション 2003

1冊しか辞書を持っていない人が多い。1冊しか持っていない30代前半。3冊持てと言われた。語釈が明快な辞書。読みが正確な辞書。例解が豊富な辞書。いわゆる五万語辞書をジャンル別に持てと言われたのだ。それに付け加える辞書が、意味理解が的確な辞書だ。

表現読解と名付けられた本書は、重要用語――確実さの度合い、頑張るの言い換え、程度の物差し等々――の語釈が奥深い。それも大きなスペースを取って解説している。実にユニークで丁寧な記載だ。高校の国語教科書的な辞書とも言える。ぜひ手元に置いて朱線を引き続けたい。

129 『知的複眼思考法』 苅谷剛彦著 講談社 1996

文庫本として講談社＋α文庫にある。

2003年に購入した本だ。しかし、その輝きは失っていない。

著者が東大の教授の頃、駒場キャンパスまで行って講義を参観した。終わったら「小学校の授業みたいでしょう」と言われた。確かに壇上に立つだけではなく、フロアーに降りて手当たり次第に学生に発言させていた。板書は博士課程1年の院生にさせていた。これ1つ取っても、知的複眼思考法を実践しているなと思った。

本書の中でも「批判的読書のコツ20のポイント」はコピーして手帳に貼って、いつでも読めるようにしている。このページだけでも1000円出す価値がある。

「問題解決的学習のみで良いはずはない」、「記憶ばかりの授業があって良い」、「アプリオリを疑う方がいい」等、多くの書き込みをしている本で、本棚の真ん中に置いている。

130 『言志四録』(全四巻)　佐藤一斎著　川上正光全訳注　講談社学術文庫　1978-1981

幕末に編まれた箴言集だ。数多くの箴言本の中でも、手元に置いていい本だ。

私が時々目を通している論語、孫子、荀子あるいは菜根譚等々、箴言集は中国の古典だが、これは日本の著だ。幕末に生きた佐藤一斎(1772-1859)が著者だ。これを訳した人は川上正光と言う人だが、この人は『電子回路』という本を書いている人で、同名の類著がある中でこの本を手にしたのは、電気通信工学を学んだので著者を身近に感じたからである。

佐藤一斎の生地、岐阜の岩邑に行くと、家々の表札の横に言志四録の中の心が動く言葉が掲げられていて驚く。このくらい浸透しているのだ。うらやましい。

全部で4巻あり、1巻が言志録、2巻が言志後禄、3巻が言志晩録、4巻が言志耋録（げんしてつろく）と呼ばれている。難しそうだが、読んでいくうちになじんでいく。

落ち込んだときに開くといい本だ。

おわりに

3回目の校正が今終わり「おわりに」を書いています。

ある文の述語をどうするかだけで、辞書を何冊も引き引き1時間もかかるなんて……。いつものことながら、ああ、ホントに書くって難しいと感じています。

そのようなとき、手帳にはさんである切り抜きを読み返します。司馬遼太郎の文です。

文藝春秋1992年4月号に掲載された文で、当時「文の甲子園」という高校生の作文を集めて表彰しようという賞があり、その審査員であった司馬遼太郎が候補作を読んで書いた「次回のために」という文です。

……本来、魅力的であるはずの言語……正直でないために退屈になる……正直には、勇気と鍛錬が要る。ユーモアもそこから生まれる。また正直のつらさから、切羽詰まったあげくの修辞も出てくる。

おそらく羽化したての濡れたような言葉であるにちがいない……。

「羽化したての濡れたような言葉」とは、何という言い方でしょうか。憧れます。

本書の文中には羽化したての言葉は多分ないでしょう。しかし、濡れたような言葉は少しあると思っています。切羽詰まったあげくの修辞は多くあります。

今75歳です。今年（2022年度）は週に理科9時間＋算数4時間で、来年度（2023年度）は週に理科

14時間＋国語3時間です。このように、今日まで現役だからこそ書ける修辞もあると思っています。とにかく自分の言葉で書いたことだけは確かです。また随一ではなく唯一な本です。

さて、「おわりに」を書こうというときに思い浮かんだことは、3つありました。

まず、この本の賞味期限はいつまでか、です。このことは執筆前から考えていたことで、時代と共に消え去る本にはならないと自負しています。次の学習指導要領のときも、いやその次のときも通用するでしょう。時代を超えた本質を追究しているからです。

2つ目は、用語辞典色を濃く出せたか、です。人生最後の本は用語辞典を出版したいと思っていたので、この点はかなり満足しています。脚注及び用語の解説も多く入れることができたからです。言葉の意味を明確にしたので、議論が空中戦になることはないでしょう。

3つ目は、これまでの学びの集大成になったか、です。これまでに出版した本の総まとめみたいなったと思います。言い方を換えると、自分自身の生き様が出たか、です。この点は、まあ実現したかなと思っています。

これらを総まとめすると「校正をするために一字一句を見直さなくてはいけないのに、思わず読みふけってしまった」となりましょう。

あとは授業をするときや授業の話しをするときに、いつも手元にあるかどうかです。使ってこそ、読んでこそ価値を発揮するからです。2冊持って下さい。勤務先用と自宅用です。いや3冊が一番望ましい持ち方でしょう。3冊目は鞄の中に入れておくのです。これで完璧です。疑問に思ったとき使いたいとき手元にあるかないかで差が出ます。

数年前に授業の質的向上を願ってNPO法人授業高度化支援センターを立ち上げました。そこでは前著『もっとわかる授業を！』を主なテキストとして学びを進めてきました。これからは本書がメインのテキストとなります。以前にも増して学びが深まるでしょう。

今、本書を出版できたことで、あと5年は現役を続けられそうです。

本書の刊行に当たり、多くの先生方のご協力をいただきました。私の先行学習を見たり実践したりして貴重なコメントをいただいた相馬亨氏、伊藤孝行氏、鷹取正人氏、松本圭代氏、本田智氏、北藍子氏、中島進介氏、柴﨑優美氏、山﨑正義氏、土江田美穂氏に心から感謝申し上げます。

また、本書の刊行に当たり、当初のいい加減な文章を嫌がらずに読み通してくれた東京都板橋区立舟渡小学校の中島進介氏、そして誤字脱字等の点検をしてくれた同小の小池俊介氏、佐藤歩氏及び佐藤亜樹氏に感謝申し上げます。

最後になりましたが出版の喜びを与えていただいた、ひつじ書房の海老澤絵莉氏、その後任の相川奈緒氏に感謝申し上げます。お陰様で世に通じる内容となりました。ここに心からの感謝を込めてお名前を記します。ありがとうございました。

皆さん、教育実践を楽しみましょう。

2023年　春　　鏑木良夫

引用文献・参考文献

※章をまたがっている場合には初出の章に掲載した。

はじめに・前提・背景

- 湯澤正通・湯澤美紀編著（2014）『ワーキングメモリと教育』（北大路書房）
- D・P・オースベル、F・G・ロビンソン著　吉田章宏・松田彌生訳（1989）『教室学習の心理学』（黎明書房）
- 市川伸一著（2008）『教えて考えさせる授業の創造』（図書文化社）
- 市川伸一・鏑木良夫編著（2009）『教えて考えさせる授業　小学校』（図書文化社）
- 木下竹次著（1923）『学習原論』（目黒書店）
- 苅谷剛彦著（2014）『教育の世紀―大衆教育社会の源流』（ちくま学芸文庫）
- 浅野裕一訳（1992）『孫子』（講談社学術文庫）
- 城繁幸著（2004）『内側からみた富士通「成果主義」の崩壊』（光文社ペーパーバックス）
- 新井紀子著（2019）『AIに負けない子どもを育てる』（東洋経済新報社）
- 水原克敏著（2019）「新制中学校カリキュラムの形成過程―コア・カリキュラムから総合カリキュラムへ」（『早稲田大学教職大学員紀要』第11号2019年3月）

第1章　先行学習にふれて

- 鏑木良夫著（2013）『先行学習における情意を視点とした認知過程分析』（未発表資料）
- マイケル・サンデル著　鬼澤忍訳（2021）『実力も運のうち　能力主義は正義か』（早川書房）

第2章　先行学習の意義

- 鈴木宏昭著（2020）『類似と思考』（ちくま学芸文庫）
- 鈴木宏昭著（2016）『教養としての認知科学』（東京大学出版会）
- 川上昭吾著（2003）『教えの復権をめざす理科授業』（東洋館出版社）
- 日高晃昭編著（2007）『教えることをためらわない理科授業』（私家版）
- 篠ヶ谷圭太著（2011）「学習を方向付ける予習活動の検討」（『教育心理学研究』第59巻3号）355-366頁
- 小宮山博仁著（2000）『塾』（岩波書店）
- 富田一彦著（2012）『試験勉強という名の知的冒険』（大和書房）
- 週刊ダイヤモンド　2014年3月1日号『受験に勝つ！　塾&予備校徹底比較』（ダイヤモンド社）
- 河合敦著（2013）『都立中高一貫校10校の真実』（幻冬舎新書）
- 小林公夫著（2013）『公立中高一貫校』（ちくま新書）
- 波多野完治編（1963）『授業の科学「第4巻授業方法の科学」』（国土社）
- 三宅なほみ・白水始共著（2003）『学習科学とテクノロジ』（放送大学教育振興会）
- 横田増生著（2013）『中学受験』（岩波新書）
- 広岡亮蔵編著（1969）『発見学習』（明治図書）
- 苅谷剛彦著（2002）『知的複眼思考法』（講談社）
- 本田宗一郎著（2005）『やりたいことをやれ』（PHP研究所）
- J・S・ブルーナー著　鈴木祥蔵・佐藤三郎訳（1960）『教育の過程』（岩波書店）
- 藤田哲也編著（2007）『絶対役に立つ教育心理学』（ミネルヴァ書房）
- 荻須正義著（1986）『理科―覚える理科から求める理科へ』（小学館）

・市川伸一著（1995）『学習と教育の心理学』（岩波書店）
・麻柄啓一他著（2006）『学習者の誤った知識をどう修正するか』（東北大学出版会）
・野家啓一著（1993）『科学の解釈学』（新曜社）
・鏑木良夫著（2004）『理科を大好きにするラクラク予備知識の与え方』（学事出版）
・日本教育心理学会編（2003）『教育心理学ハンドブック』（有斐閣）
・安彦忠彦・梅本大介（2016）「次期学習指導要領の方向性とその吟味」（『神奈川大学教職課程研究室神奈川大学心理・教育研究論集』第40号）
・田島充士・茂呂雄二著（2006）「科学概念と日常経験知間の矛盾を解消するための対話を通した概念理解の方法」（『教育心理学』第54巻第1号）12－24頁
・苅谷剛彦著（1998）『学校って何だろう』（講談社）
・ノーウッド・R・ハンソン著　野家啓一・渡辺博訳（1982）『知覚と発見』（紀伊國屋書店）
・H・I・ブラウン著　野家啓一・伊藤春樹訳（1985）『科学論序説』（培風館）
・トーマス・クーン著　中山茂訳（1971）『科学革命の構造』（みすず書房）
・鏑木良夫著（2013）『先行学習における情意を視点とした認知過程分析』（未発表資料）
・鏑木良夫著（1989）『The情意』（初教出版）
・鶴岡義彦他（2013）「理科教育における帰納的・発見的アプローチに対立する諸見解について」（『千葉大学教育学部研究紀要』第61巻）271－282頁
・植田一博・岡田猛編著（2000）『協同の知を探る』（共立出版）
・ドミニク他編著　立田慶裕監訳（2006）『キー・コンピテンシー』（明石書店）
・鏑木良夫（2006）「先行学習で学習意欲を高める」（第48回日本教育心理学会総会発表資料）

・井口尚之編（1996）『新理科教育用語事典』（初教出版）
・戸田正直著（1992）『感情』（東大出版会）
・湯澤美紀・河村暁・湯澤正通著（2013）『ワーキングメモリと特別な支援』（北大路書房）
・茨木のり子・水内喜久雄著（2004）『茨木のり子詩集落ちこぼれ』（理論社）
・鈴木翔著・本田由紀解説（2013）『教室内カースト』（光文社新書）
・夏目漱石著（1986）「私の個人主義」（三好行雄編『漱石文明論集』岩波文庫所収）
・鏑木良夫著（2021）「考えることが楽しくなる発問」小山義徳・道田泰司編『問う力を育てる理論と実践』第13章（ひつじ書房）

第3章　先行学習の方法

・無藤隆他著（2004）『心理学』（有斐閣）
・池田久美子著（2011）『「視写の教育」』（東信堂）
・遠藤嘉基・渡辺実（2021）『現代文解釈の基礎新訂版』（ちくま学芸文庫）
・J・ダンロスキー、J・メトカルフェ著　湯川良三他訳（2010）『メタ認知　基礎と応用』（北大路書房）
・永野重史著（1971）『予習は有害である』（光文社カッパホームス）
・水野正司著（1991）『予習の技術』（教育技術文庫20　明治図書）
・市川伸一監修・鏑木良夫編著（2010）『教えて考えさせる理科小学校』（図書文化社）
・鏑木良夫著（2012）『分かる授業の指導案55』（芸術新聞社）
・鏑木良夫編著（2013）『分かる授業の指導案80』（芸術新聞社）
・西林克彦著（1997）『「分かる」のしくみ』（新曜社）

・西林克彦著（1994）『間違いだらけの学習論』（新曜社）
・上野直樹著（1999）『仕事の中での学習』（東京大学出版会）
・山梨正明著（1998）『比喩と理解』（東京大学出版会）144頁
・鈴木宏昭著（2021）『認知バイアス』（講談社ブルーバックス）
・小林寛子著（2013）『科学的問題解決における仮説評価活動および概念形成活動を促す指導法の検討』（学位論文）
・鏑木良夫（2022）「活用課題における立場選択はどんな情意を生成するのか」（NPO活動法人授業高度化支援センター第11回授業高度化セミナー発表資料）
・鏑木良夫著（2009）『先行学習における理解と思考を深める教師の働きかけ』（平成20年度日本学術振興会奨励部門 課題番号20906005報告書）
・印南一路著（2002）『すぐれた意思決定』（中公文庫）
・比留間太白・山本博樹編（2007）『説明の心理学』（ナカニシヤ出版）
・村山航著（2003）「テスト形式が学習方略に与える影響」（『教育心理学研究』第51巻第1号）1-12頁
・山崎正一・市川浩編（1970）『現代哲学事典』（講談社現代新書）
・横野清著（2015）『小学ポピーの記述問題に強くなる作文・表現力ワーク素案』（新学社）
・ウィギンズ他著 西岡加奈恵訳（2021）『理解をもたらすカリキュラム設計』（日本標準）
・赤松弥男編著（1982）『理科単元別授業の構成と能力の評価各学年』（初教出版）
・工藤浩著（1983）『程度副詞をめぐって』（渡邊実編「副用語の研究」明治書院）
・黒野伸一著（2020）『国会議員基礎テスト』（小学館文庫）
・畑村洋太郎著（2005）『失敗学のすすめ』（講談社文庫）

- 安彦忠彦著（２０１２）『子どもの発達と脳科学』（勁草書房）

第４章 「分かる」を支える39の授業スキル

- 湯澤正通・湯澤美紀編著（２０１４）『ワーキングメモリと教育』（北大路書房）
- 水口啓吾・湯澤正通（２０２０）「授業デザインがワーキングメモリの小さい生徒の授業態度に及ぼす影響―先行学習を取り入れた授業に焦点を当てて」（『発達心理学研究』第31巻第2号）67－79頁
- ジェームズ・T・ウェブ他著　角谷詩織訳（２０１５）『わが子がギフティッドかもしれないと思ったら』（春秋社）
- エドワード・S・リード著　細田直哉訳・佐々木正人監修（２０００）『アフォーダンスの心理学』（新曜社）
- 鏑木良夫・松本圭代著（２０１０）「先行学習における共書きのメタ認知的活動の様相」（第52回日本教育心理学会総会発表資料）
- 釘原直樹著（２０１３）『人はなぜ集団になると怠けるのか』（中公新書）
- 大村彰道監修　秋田喜代美他編（２００１）『文章理解の心理学』（北大路書房）
- 塚田泰彦著（２０１４）『読む技術』（創元社）
- 石田佐久馬編著（１９７９）『音読・朗読・黙読』（東京書籍）
- 大村はま著（１９９４）『教室をいきいきとＩ』（ちくま学芸文庫）

第５章 教科書を縦横無尽に使えるようになろう

- 山本七平著（１９９７）『「空気」の研究』（文藝春秋）
- 野中郁次郎他著（１９９１）『失敗の本質』（中公文庫）

・鈴木貫太郎著（2021）『大学入試不朽の名問』（講談社ブルーバックス）

第6章　いじめ予見感覚を鋭くする

なし

展望　やりたいことは何か

・池内了編（2000）『科学と科学者のはなし　寺田寅彦エッセイ集』（岩波少年文庫）
・ファーブル著　吉野源三郎他訳（2005）『フシダカバチの秘密』（光村ライブラリー中学校編）
・吉田満著（1994）『戦艦大和ノ最後』（講談社学芸文庫）
・安藤優一郎著（2011）『勝海舟と福沢諭吉』（日本経済新聞出版社）
・今泉みね著（1935-1937）『名ごりの夢―蘭医桂川家に生れて』（ワイド版東洋文庫9　平凡社）
・森田良行著（1989）『基礎日本語辞典』（角川書店）
・ダニエル・カーネマン著　村井章子訳（2014）『ファスト&スロー』（ハヤカワ・ノンフィクション文庫）
・ダン・アリエリー著（2013）熊谷淳子訳『予想通りに不合理』（ハヤカワ・ノンフィクション文庫）
・畑村洋太郎著（2004）『直感で分かる数学』（岩波書店）
・八木寛著（1994）『エンジニアの昆虫学』（新潮選書）
・戸部良一他著（1991）『失敗の本質』（中公文庫）
・山本七平著（1997）『空気の研究』（山本七平ライブラリー①　文藝春秋）
・安彦忠彦著（2019）『私教育再生』（放送大学草書046　左右社）
・沖森卓也他編（2003）『ベネッセ表現読解国語辞典』（ベネッセコーポレーション）

・苅谷剛彦著（1996）『知的複眼思考法』（講談社）
・佐藤一斉著　川上正光全訳注（1981）『言志四録』（全四巻　講談社学術文庫）

おわりに

・司馬遼太郎著　『次回のために』（文藝春秋1992年4月号所収）

ち

つ

て

と

に

の

は

ひ

ふ

ほ

索 引

著者紹介

鏑木良夫（かぶらぎ・よしお）

ＮＰＯ活動法人授業高度化支援センター 代表　授業インストラクター
板橋区読み解く力開発委員会委員　一般社団法人教育のための科学研究所客員研究員

１９４８年生まれ。東京都立北豊島工業高等学校卒業。現ＮＴＴ電気通信研究所研究勤務、ＰＣＭ通信研究に従事、その後埼玉県で教員として勤務。小・中学校の校長を経て、退職後は全国の学校（小・中・高・大）で多くの飛び込み授業をして授業を楽しんでいる。ＮＨＫのワクワク授業、エデュカチオ、噂の保護者会等に出演。日本教科教育学会会員、日本カリキュラム学会会員、日本ワーキングメモリ学会会員、日本初等理科教育研究会元副理事長、同顧問。元光華女子学園光華小学校校長。著書に、『The情意』（初教出版）、『理科を大好きにするラクラク予備知識の与え方』『教えて考えさせる先行学習で理科を大好きにする』（学事出版）、『教えて考えさせる理科 小学校』（図書文化）、『教えて考えさせる授業 小学校』（共著・図書文化）、『分かる授業の指導案55』『分かる授業の指導案80』（芸術新聞社）、『もっとわかる授業を！』（高陵社）、「考えることが楽しくなる発問」（『「問う力」を育てる理論と実践』ひつじ書房）その他。

メール：kabubu4@gmail.com

ＮＰＯ活動法人授業高度化支援センターに入りませんか。

メールを読むだけでもＯＫです。鏑木までメールを下さい。

【ＮＰＯ活動法人授業高度化支援センター】

小・中・高・大の教師、大学院生、社会人等の勉強したい人が約１００人。授業をより良くするには認知心理学の知見は必須のものだという点で共通する人の集まりです。先行学習を中心に学んでいます。ＭＬでの情報発信、東京、京都や富山等でゼミナール、高数ゼミ、年1回の夏の授業高度化セミナーの開催等で勉強しています。対面またはＺＯＯＭの参加形式です。年会費５０００円、入会金１０００円。

読解力を高め自信をつける先行学習
——決め手はあなたの指導技術

The Way Prior Learning Improves
Reading Comprehension and Confidence:
Success Depends on Your Teaching Skills
Kaburagi Yoshio

発　行	2023年3月31日　初版1刷
定　価	2400円＋税
著　者	©鏑木良夫
発行者	松本功
ブックデザイン	三好誠（ジャンボスペシャル）
印刷・製本所	株式会社 シナノ
発行所	株式会社 ひつじ書房

〒112-0011 東京都文京区千石2-1-2 大和ビル2階
Tel.03-5319-4916　Fax.03-5319-4917
郵便振替 00120-8-142852
toiawase@hituzi.co.jp　https://www.hituzi.co.jp/

ISBN978-4-8234-1154-0